U1045177

权威·前沿·原创

皮书系列为
“十二五”“十三五”国家重点图书出版规划项目

高等教育蓝皮书

BLUE BOOK OF HIGHER EDUCATION

中国高等教育发展报告（2019）

ANNUAL REPORT ON THE DEVELOPMENT OF CHINA'S HIGHER EDUCATION(2019)

主　编 / 陈万灵　郑春生

社会科学文献出版社
SOCIAL SCIENCES ACADEMIC PRESS (CHINA)

图书在版编目（CIP）数据

中国高等教育发展报告．2019／陈万灵，郑春生主编．-- 北京：社会科学文献出版社，2019.12
（高等教育蓝皮书）
ISBN 978-7-5201-5882-4

Ⅰ．①中…　Ⅱ．①陈…　②郑…　Ⅲ．①高等教育-发展-研究报告-中国-2019　Ⅳ．①G649.21

中国版本图书馆CIP数据核字（2019）第288335号

高等教育蓝皮书
中国高等教育发展报告（2019）

主　　编／陈万灵　郑春生

出 版 人／谢寿光
责任编辑／陈晴钰
文稿编辑／陈晴钰　陈　颖　薛铭洁

出　　版／社会科学文献出版社·皮书出版分社（010）59367127
地址：北京市北三环中路甲29号院华龙大厦　邮编：100029
网址：www.ssap.com.cn
发　　行／市场营销中心（010）59367081　59367083
印　　装／天津千鹤文化传播有限公司

规　　格／开　本：787mm×1092mm　1/16
印　张：22　字　数：331千字
版　　次／2019年12月第1版　2019年12月第1次印刷
书　　号／ISBN 978-7-5201-5882-4
定　　价／198.00元

主要编撰者简介

陈万灵　博士，教授，博士生导师。现任广东外语外贸大学经济贸易学院教授、高等教育研究中心主任；兼任中国国际贸易学会理事，广东省新兴经济体研究会副会长兼秘书长，广东省农村经济学会常务理事。曾被广东省委高校工委、广东省教育厅评为“广东省1998年南粤教坛新秀”；获得教育部2010年度“新世纪优秀人才”资助。

主要研究领域：国际贸易与经济发展。主持教育部哲学社会科学研究重大课题攻关项目2项，国家社会科学基金1项，省（部）级课题10多项，主持政府政策咨询、企业委托研究项目20多项。在《经济研究》《改革》等专业刊物上发表论文90余篇，出版专著2部，主编教材1部。研究成果获得广东省哲学社会科学优秀成果奖（政府奖）二等奖2次（2005年论文类、2017年专著类）和三等奖1次（2015年调研报告类）。

郑春生，博士，副研究员，硕士生导师。现任教育部区域和国别研究培育基地广东外语外贸大学加拿大研究中心副研究员；兼任广东外语外贸大学高等教育研究中心研究员，中国大学文化学会理事，中国加拿大研究会理事。

主要研究领域：高等教育政策、区域和国别基地建设、加拿大教育、教育对外开放和中加人文交流。主持教育部规划等省（部）级课题4项，教育部委托课题2项，其余课题12项；参与国家社科基金重点、外交部等课题4项。在《社会科学家》等发表论文20余篇，出版专著、教材（副主编）、编著各1部，参编《21世纪初中国大学生调查系列丛书》6部，《加拿大发展报告》（蓝皮书）6部。研究成果获中国高等教育学会成果奖三等奖（专著类），中南地区大学出版社优秀教材二等奖，中国及广东省高校校报研究会言论类一等奖（第二作者），论文获新华文摘摘要转载，调研报告服务国家领导人出访，咨询报告获教育部采纳。

摘要

《中国高等教育发展报告（2019）》是首部深入阐述中国高等教育发展状况的蓝皮书，由广东外语外贸大学高等教育研究中心编写，参与报告撰写的学者来自广东外语外贸大学、教育部教育发展研究中心、福建社会科学院、武汉理工大学、合肥学院、顺德职业技术学院、河北大学、燕山大学、江苏省教育科学研究院等。

《中国高等教育发展报告（2019）》由1篇总报告，4篇分报告、4篇区域报告和5篇专题报告组成，对中国高等教育、应用型本科、外语院校本科、新建本科、中国高等职业教育，以及京津冀、粤港澳大湾区、广东省等区域高等教育等状况进行了深入分析。全书内容涵盖中国高等教育各相关领域。

一是全面阐述中国高等教育各个领域的现状。2018年，高等教育规模继续保持稳定发展态势，高等教育内涵式发展有序推进，“双一流”建设速度加快，高等教育教学秩序全面整顿，高等学校师资队伍建设迈上新台阶。应用型本科高校已自发开展多年应用型本科教育实践，地方本科高校组建各种类型联盟合作统筹资源，新建本科院校教师队伍发展取得成绩。高等职业教育方面，2018年是中国高职教育酝酿重大改革的一年，高等职业教育已经占据了中国高等教育的半壁江山，中国特色的高职教育模式、特点和路径日益清晰。

二是对高等教育问题与挑战进行剖析。中国高等教育改革成效初步显现，但中国高等教育区域发展不平衡问题依然严峻，应用型本科院校转型遭遇挑战，高等职业教育产教融合有待深化，高等教育信息化任重而道远。应用型本科院校分类发展、政策目标与政策实施背离以及合作联盟重形式轻内容阻碍了应用型本科教育的发展。新建本科院校师资队伍结构仍不合理；培养培训力度不够；“双师双能”型教师和实验师资薄弱；教师信息技术能力不强，影响教学效果；应用研究能力薄弱，难以支撑和引领区域创新发展；教师自我转型动力缺乏等。外语院校存在国际化组织人才培养机制部分缺失、教学质量保障体系不够完善、教学方式方法过于陈旧、生师比普遍偏高、课程资源不足等诸多问题。

三是提出了未来应对挑战的相应对策。2020 年，预测中国高等教育即将迎来普及化的关键点，高等教育在内涵式发展和质量提升的道路上前进，“双一流”建设高校责任更为清晰，高等教育对外开放战略作用凸显。高等教育肩负教育强国建设的重任，建议进一步推动优质教学资源集聚，提升本科教育质量；加强高校师资队伍建设，促进教师专业发展；凸显中国特色，发挥高校智库作用；积极推动区域高等教育融合发展，提升集群效应；把握教育对外开放政策及“一带一路”倡议，着力提升高等教育国际化水平等，为“新时代”中国社会经济高质量发展提供强有力支撑。在应用型本科教育方面，需要立足渐进发展方式，加强人才培养专业规范化以及组合设计应用型本科教育政策。在新建本科院校师资队伍建设方面，应通过持续提升师资数量优化结构。

本书注重现实问题的剖析和政策问题的追踪，在研究领域和方法上也有所突破，对于丰富中国高等教育的理论研究、政策分析和战略评估都具有现实意义和重要价值，本书可以为国内各级政府、高校、科研机构、企业、社会各界提供参考和借鉴。

目 录

Ⅰ 总报告

Ⅱ 分报告

Ⅲ 区域报告

Ⅳ 专题报告

总 报 告

General Report

B.1

中国高等教育发展报告（2019）*

郑春生 谭 敏**

摘 要： 2018年，党中央国务院对高等教育做出全面部署，出台了一系列指导性文件，中国高等教育规模继续保持稳定发展态势，高等教育内涵式发展有序推进，“双一流”建设速度加快，高等教育教学秩序得到全面整顿，高等学校师资队伍建设迈上新台阶。2019年，高等教育即将迎来普及化的关键时期，并在内涵式发展和质量提升的道路上前进，“双一流”建设高校责任更为清晰，高等教育对外开放战略作用凸显。但高

* 广东省哲学社会科学“十二五”规划2014年度学科共建项目“区域和国别研究人才培养机制——基于全国42个培育基地的实证研究”（项目号：GD14XJY26）成果。

** 郑春生，博士，教育部国别和区域研究培育基地广东外语外贸大学加拿大研究中心副研究员，硕士研究生导师，主要研究方向为高等教育政策、区域和国别基地建设、加拿大教育、教育对外开放和中加人文交流；谭敏，博士，福建社会科学院社会学所副研究员，主要研究方向为高等教育、社会学。

等教育区域发展不平衡问题依然严峻，应用型本科院校转型遭遇挑战，高等职业教育产教融合有待深化，高等教育信息化任重道远。有鉴于此，应进一步推动优质教学资源集聚，提升本科教育质量；加强高校师资队伍建设，促进教师专业发展；凸显中国特色，发挥高校智库作用；积极推动区域高等教育融合发展，提升集群效应；把握教育对外开放政策及“一带一路”倡议，着力提升高等教育国际化水平等，为“新时代”中国社会经济高质量发展提供强有力的支撑。

关键词： 高等教育　教育质量　内涵发展　中国

一　中国高等教育发展总体状况

自1978年改革开放以来，中国社会经历了剧烈变革，取得了世界瞩目的成就，中国高等教育事业也从改革开放前的停滞状态步入快速发展期。2018年适逢中国改革开放四十周年，是中国社会发展的重要一年，对于中国高等教育而言，2018年也是不平凡的一年。

这一年，党中央国务院对高等教育做出全面部署，出台了一系列指导性文件，全国教育工作大会召开，第八届教学成果奖评选结果公布，《教育信息化2.0行动计划》印发，教育部等五部门联合发布的《关于深化高等教育领域简政放权放管结合优化服务改革的若干意见》、《关于全面深化新时代教师队伍建设改革的意见》等政策落地，中国高等教育规模持续增长，高等教育各项工作取得新的突破性进展。

根据2019年7月24日教育部发布的2018年全国教育事业发展统计公报数据，截至2018年，全国各类高等教育在学总规模达到3833万人（其中，普通高等学校本专科在校生2831万人），高等教育毛入学率达到48.1%。全国共有普通高等学校2663所（含独立学院265所），比上年增加32所，增长

1.22%。其中，本科院校1245所，比上年增加2所；高职（专科）院校1418所，比上年增加30所。全国共有成人高等学校277所，比上年减少5所；研究生培养机构815个，其中，普通高校580个，科研机构235个。普通高等学校校均规模10605人，其中，本科院校14896人，高职（专科）院校6837人。①

总体来看，1978～2018年，中国高等教育规模呈持续发展态势，全国高校数、本专科毕业生数、招生数、在校生数、教职工数、专任教师数、毛入学率持续增长，不断突破，2018年再创新高（见表1）。

表1　1978～2018中国高等教育规模变化统计数据

年份	高校数（所）	本专科毕业生数（万人）	本专科招生数（万人）	本专科在校生数（万人）	教职工数（万人）	专任教师数（万人）	毛入学率（%）
1978	598	16.5	40.1	85.6	51.8	21	1.55
1979	633	8.5	27.5	102	57.4	24	2.07
1980	675	14.7	28.1	114.4	63.2	25	2.22
1981	704	14	27.9	127.9	66.6	25	2.16
1982	715	45.7	31.5	115.4	73.0	29	1.96
1983	805	33.5	39.1	120.7	76.3	30	2.09
1984	902	28.7	47.5	139.6	80.4	32	2.37
1985	1016	31.6	61.9	170.3	87.1	34	2.91
1986	1054	39.3	57.2	188	93.1	37	3.56
1987	1063	53.19	61.68	195.9	96.9	39	3.6
1988	1075	55.35	66.97	206.6	99.3	39	3.7
1989	1075	57.62	59.71	208.2	100.4	40	3.67
1990	1075	61.36	60.89	206.1	100.5	39	3.45
1991	1075	61.43	69.99	204.4	100.9	39	3.2
1992	1053	60.42	75.41	218.4	101.4	39	3.47
1993	1065	57.07	92.4	253.6	102.1	39	4.68
1994	1080	63.74	89.98	279.9	104	40	5.7
1995	1054	80.54	92.59	290.6	104.1	40	6.86
1996	1032	83.86	96.58	302.1	103.6	40	8.03
1997	1020	82.91	100	317.4	103.1	40	8.84
1998	1022	82.98	108.4	340.9	103	41	9.76
1999	1071	84.76	159.7	413.4	107	43	10.5
2000	1041	94.98	220.6	556.1	111.2	46	11.2

① 中华人民共和国教育部：《2018年全国教育事业发展统计公报》，2019年7月24日，http：//www.moe.gov.cn/jyb_ sjzl/sjzl_ fztjgb/。

续表

年份	高校数（所）	本专科毕业生数（万人）	本专科招生数（万人）	本专科在校生数（万人）	教职工数（万人）	专任教师数（万人）	毛入学率（%）
2001	1225	103.63	268.3	719.1	121.4	53	12.9
2002	1396	133.73	320.5	903.4	130.4	62	15.0
2003	1552	187.75	382.2	1109	145.3	72	17.0
2004	1731	239.1	447.3	1334	161.1	86	19.0
2005	1792	306.8	504.5	1562	174.2	97	21.0
2006	1867	377.47	546.1	1739	187.3	108	22.0
2007	1908	447.79	565.9	1885	197.5	117	23.0
2008	2263	511.95	607.66	2021	205.1	124	23.3
2009	2305	531.10	639.49	2144.7	211.2	130	24.2
2010	2358	575.42	661.76	2231.8	215.7	134	26.5
2011	2409	608.16	681.50	2308.5	220.5	139	26.9
2012	2442	624.73	688.83	2391.3	225.4	144	30.0
2013	2491	638.72	699.83	2468.1	229.6	150	34.5
2014	2529	659.37	721.40	2547.7	233.6	153	37.5
2015	2560	680.89	737.85	2625.3	236.9	157	40.0
2016	2596	704.18	748.61	2695.8	240.5	160	42.7
2017	2631	735.83	761.49	2753.6	244.3	163	45.7
2018	2663	753.31	790.99	2831.03	248.6	167	48.1

资料来源：根据 1978 ~2018 年教育统计数据整理计算。

从中国普通高等学校数量看，1978 ~2018 年，中国普通高等学校数量持续增长（见图 1）。1985 ~2000 年，普通高等学校数量一直保持在 1000 所左右；2000 ~2007 年，由于扩招，普通高等学校数量快速增长，增加了近 1 倍；1978 ~2018 年，普通高等学校数量继续增长，从 598 所增加到 2663 所，增加了 2065 所。

从学生情况看，1978 ~2018 年，中国普通高等学校在校生规模持续增长（见图 2）。从 1978 年的 85.60 万人增加到 2018 年的 2831.03 万人，增长了 32.07 倍。普通高校毕业生人数从 1978 年的 16.50 万人增加到 2018 年的

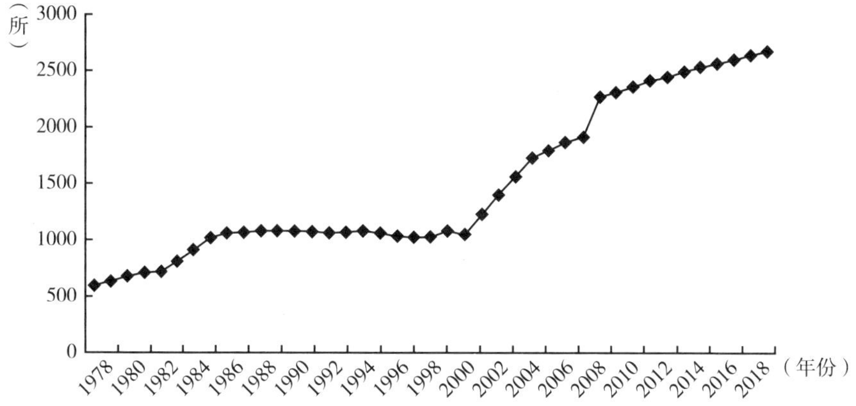

图1　1978～2018年中国高校数

资料来源：根据1978～2018年教育统计数据整理绘制。

753.31万人，增长了44.66倍。高等学校本专科招生数从1978年的40.10万人增加到2018年的790.99万人，增长了18.73倍（见表1）。

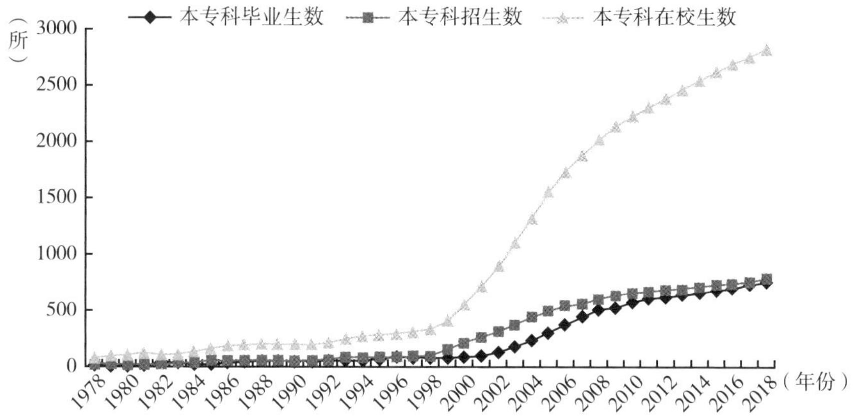

图2　1978～2018年中国本专科招生数、在校生数、毕业生数

资料来源：根据1978～2018年教育统计数据整理绘制。

从教师情况看，1978～2018年，普通高等学校教职工数不断增长，从1978年的51.80万人增加到2018年的248.6万人，增长了3.8倍；专任教师从1978年的21万人增加到2018年的167万人，增长了7倍（见表1）。

二　中国高等教育发展现状与特点

2018 年，围绕高等教育内涵式发展，中国高等教育取得多方面的进展。高等教育规模继续保持稳定发展态势，高等教育内涵式发展有序推进，“双一流”建设速度加快，高等教育教学秩序得到全面整顿，高等学校师资队伍建设迈上新台阶。

（一）高等教育规模继续保持稳定发展态势，总规模再创新高

2018 年，中国高等教育保持稳定发展的基本态势，高等教育机构、教职工、学生数等都有一定数量的增长。高等教育机构方面，2018 年全国共有研究生培养机构 815 个，其中普通高校 580 所，比上年增长 0.34%；科研机构 235 个，比上年增长 0.85%。2018 年全国共有普通高等学校 2663 所，比上年增加 32 所，增长 1.22%，含本科院校 1245 所，比上年增加 0.16%，高职（专科）院校 1418 所，比上年增加 2.16%，其他普通高教机构 22 所，比上年减少 8.3%；成人高等学校 277 所，比上年减少 1.77%；民办的其他高等教育机构 786 所，比上年减少 1.75%（见表 2）。从数据分析可见，2018 年中国研究生培养机构（含普通高校）、科研机构、普通高等学校数（含本科院校、高职专科院校）均呈上升趋势，而其他普通高教机构、成人高等学校、民办的其他高等教育机构数则呈下降趋势。

从教师情况看，2018 年全国普通高等学校共有教职工 2487544 人，比上年增长 1.82%；本科院校教职工 1800964 人，比上年增加 1.61%，高职（专科）院校教职工 685266 人，比上年增加 2.35%，其他普通高教机构教职工 1314 人，比上年增加 16.08%；成人高等学校教职工 38027 人，比上年减少 8.17%；民办的其他高等教育机构教职工 19681 人，比上年减少 5.75%。2018 年全国普通高等学校共有专任教师 1672753 人，比上年增长 2.42%；本科院校专任教师 1174334 人，比上年增加 2.07%，高职（专科）院校专任教师 497682 人，比上年增加 3.24%，其他普通高教机构专任教师

737 人，比上年增加 3.66%；成人高等学校专任教师 21908 人，比上年减少 8.68%；民办的其他高等教育机构专任教师 9107 人，比上年减少 5.56%（见表 2）。数据分析可见，教职工及专任教师方面，研究生培养机构（含普通高校）、科研机构、普通高等学校（含本科院校、高职高专院校）呈上升趋势，而成人高等学校、民办的其他高等教育机构则呈下降趋势。值得一提的是，其他普通高教机构总数减少，但教职工人数和专任教师人数均有所增加，即此类机构平均教师规模有所扩大。

表 2　2018 年中国高等教育机构基本情况

单位：个，所，人，%

高等教育机构	学校数		教职工数		专任教师数	
	总数	同比增长	总数	同比增长	总数	同比增长
研究生培养机构	(815)	0	—	—	—	—
普通高校	(580)	0.34	—	—	—	—
科研机构	(235)	0.85	—	—	—	—
普通高等学校	2663	1.22	2487544	1.82	1672753	2.42
本科院校	1245	0.16	1800964	1.61	1174334	2.07
高职(专科)院校	1418	2.16	685266	2.35	497682	3.24
其他普通高教机构	(22)	-8.3	1314	16.08	737	3.66
成人高等学校	277	-1.77	38027	-8.17	21908	-8.68
民办的其他高等教育机构	(786)	-1.75	19681	-5.75	9107	-5.56

资料来源：①根据教育部 2017 年、2018 年统计数据整理计算；②“（）”内数据为不计校数。

从学生情况看，2018 年全国共招收普通本专科 7909931 人，比上年增长 3.87%。其中本科 4221590 人，专科 3688341 人；在校生 28310348 人，其中本科 16973343 人，专科 11337005 人；毕（结）业生数 7533087 人，其中本科 3868358 人，专科 3664729 人；本专科生授予学位数 3807417 人；本专科生预计毕业生数 7876732 人，其中本科 4125184 人，专科 3751548 人。

全国共招收研究生 857966 人，比上年增长 6.43%。其中，博士 95502 人，硕士 762464 人；全国毕（结）业生 604368 人，其中博士毕业生 60724

人，硕士毕业生 543644 人；授予学位研究生共计 702077 人，其中博士 59368 人，硕士 642709 人；预计毕业研究生 818394 人，其中博士 172824 人，硕士 645570 人。

全国共招收成人本专科 2733119 人，比上年增长 25.64%。其中，成人本科 1400380 人，成人专科 1332739 人；成人本专科在校生 5909878 人，比上年增长 8.61%；全国成人本专科毕（结）业生 2177408 人，其中本科 995851 人，专科 1181557 人；授予学位本科生 145383 人；预计毕业生 2292125 人，其中本科 1060953 人，专科 1231172 人。

全国共招收网络本专科生 3209064 人，其中本科 1044360 人，专科 2164704 人；在校生共计 8256553 人，其中本科 2825757 人，专科 5430796 人；自考助学班毕（结）业生 57241 人，在校生 160028 人；普通预科在校生 44019 人；研究生课程进修班毕（结）业生 10283 人，在校生 25618 人；进修及培训毕（结）业生 13544955 人。

2018 年留学生毕（结）业生 130539 人，授予学位 28754 人，共招生 163835 人，在校生 307501 人（见表 3）。

表 3　2018 年中国高等学校学生情况

单位：人

学生类型	毕(结)业生数	授予学位数	招生数	在校生数	预计毕业生数
研究生	604368	702077	857966	2731257	818394
博　士	60724	59368	95502	389518	172824
硕　士	543644	642709	762464	2341739	645570
普通本专科	7533087	3807417	7909931	28310348	7876732
本　科	3868358	3807417	4221590	16973343	4125184
专　科	3664729	—	3688341	11337005	3751548
成人本专科	2177408	145383	2733119	5909878	2292125
本　科	995851	145383	1400380	2971134	1060953
专　科	1181557	—	1332739	2938744	1231172
网络本专科生	1949189	78215	3209064	8256553	—
本　科	681915	78215	1044360	2825757	—
专　科	1267274	—	2164704	5430796	—

续表

学生类型	毕（结）业生数	授予学位数	招生数	在校生数	预计毕业生数
自考助学班	57241	—	—	160028	—
普通预科生	—	—	—	44019	—
研究生课程进修班	10283	—	—	25618	—
进修及培训	13544955	—	—	—	—
留学生	130539	28754	163835	307501	—

注：研究生招生、在校生指标包含全日制和非全日制研究生；在校生、授予学位数包含全日制、非全日制研究生和在职人员攻读硕士学位学生。

资料来源：根据教育部2018年统计数据整理。

（二）一系列政策陆续出台落实，高等教育内涵式发展有序推进

本科教育的振兴直接关系到中国创新型人才培养的成效和高等教育事业的成败，加快建设高水平本科教育是2018年高等教育发展的重要议题。

2018年6月，教育部召开“新时代全国高等学校本科教育工作会议”，会议强调，要深入学习贯彻习近平新时代中国特色社会主义思想和党的十九大精神，全面贯彻落实习近平总书记5月2日在北京大学师生座谈会上重要讲话精神，坚持“以本为本”，推进“四个回归”，加快建设高水平本科教育、全面提高人才培养能力，造就堪当民族复兴大任的时代新人。工作会议明确了本科教育是大学的根和本，提出将“人才培养的质量和效果”作为检验一切工作的根本标准，高等教育必须“内涵发展更深一些”“领跑发展更快一些”“公平发展更实一些”“变轨超车更坚定一些”“创新发展更紧迫一些”。①

面对高水平本科教育建设的重点、难点问题，教育部于2018年9月17日出台了《关于加快建设高水平本科教育，全面提高人才培养能力的意见》（“新时代高教40条”），提出“以本为本”，为中国本科教育提供了战略性指导原则：坚持立德树人，德育为先；坚持学生中心，全面发展；坚持服务需

① 中华人民共和国教育部：《以本为本，推进四个回归，建设中国特色、世界水平的一流本科教育》，2018年6月21日，http://www.moe.gov.cn/jyb_xwfb/gzdt_gzdt/moe_1485/201806/t20180621_340586.html。

求，成效导向；坚持完善机制，持续改进；坚持分类指导，特色发展。该意见提出，经过5年的努力，“四个回归”全面落实，初步形成高水平的人才培养体系，建成一批立德树人标杆学校，建设一批一流本科专业点，引领带动高校专业建设水平和人才培养能力全面提升，到2035年，形成中国特色、世界一流的高水平本科教育，为建设高等教育强国、加快实现教育现代化提供有力支撑①。

同时，“六卓越一拔尖计划2.0”正式实施，这是新时代中国高校的“领跑计划”，要求打造“一流本科、一流专业、一流人才”示范引领基地，争取到2022年形成覆盖全部学科门类的中国特色、世界水平的一流本科专业集群②。提出建设高等教育强国必须坚持“以本为本”，把本科教育放在人才培养的核心地位，放在教育教学的基础地位，放在新时代教育发展的前沿地位③。至此，本科教育被提升到前所未有的高度。

（三）体制机制改革全面推进，“双一流”建设速度加快

根据党中央国务院的部署，“双一流”建设高校在人才培养、师资建设、科研攻关、国际合作等多领域进行了改革创新，取得了良好成效。

在教育教学方面，“双一流”建设高校不断创新教育理念和教育方式方法，深化一流人才培养模式改革。如北京大学全面推进机制体制改革，学生可在全校范围内选修课程，在学部内，学生可自由转专业，自主设计主修和辅修专业，学校支持各类跨学科项目、交叉项目建设，建设成效显著；南京师范大学致力于探索小班化、跨学科人才培养模式，开设“陶行知实验班”“李旭旦实验班”等。

在教育评价方面，一流大学和一流学科建设成效显著，相关高校着力加强教育、教学质量评估，将学生职业发展状况作为优化人才培养方案的重要参考。

---

① 《教育部关于加快建设高水平本科教育　全面提高人才培养能力的意见》，《中华人民共和国教育部公报》，2018年9月15日。

② 《教育部：全面振兴本科教育　大力发展“四个新”》，光明网，2019年2月27日，http：//www.sohu.com/a/297911864_162758。

③ 陈宝生：《坚持“以本为本”推进“四个回归”　建设中国特色、世界水平的一流本科教育》，《时事报告（党委中心组学习）》2018年第10期。

在师德师风建设方面，2018 年绝大多数高校，如北京大学、北京师范大学、国防科技大学、中南大学等新出台或修订了师德师风建设办法，实行师德师风“一票否决制”。

在科研创新方面，“双一流”建设高校在国家重大科研项目方面共承担 61% 的国家自然科学基金资助面上项目、73% 的国家社会科学基金重大项目。北京大学主持的“细胞编程和重编程的表观遗传机制”研究、天津大学主持的“精准微创手术器械创成与制造基础”项目、武汉理工大学主持的“光纤传感网关键器件与技术研究”项目等都产生了具有代表性的科研成果。

在国际合作方面，“双一流”建设高校全面参与“一带一路”建议，极大地拓展了海外教育资源，多途径、多形式地开展国际教育与文化交流。如 2018 年，厦门大学发起建立“21 世纪海上丝绸之路大学联盟”，发布《厦门宣言》，为与“海丝”沿线国家的高校开展对话与合作搭建了良好的平台。

（四）狠抓本科教育工作，高等教育教学秩序全面整顿

为加快振兴本科教育，构建高水平人才培养体系，阻断高等学校存在的懒散懈怠之风，教育部于 2018 年 8 月 22 日印发了《关于狠抓新时代全国高等学校本科教育工作会议精神落实的通知》，提出全面整顿教育教学秩序，严格本科教育教学过程管理。

此次整顿行动主要聚焦四个方面，一是加强课堂教学管理，二是加强学习过程管理，三是切实提高毕业论文（设计）质量，四是强化教师教学主体责任。① 经过一段时间的集中整顿，各地方和各高校的教育教学秩序有了明显改善，高校毕业生质量问题也得到了更多重视。

2018 年，根据学籍管理规定，因为学分不达标，华中科技大学 18 名本科生未能获得本科毕业证书。这一专项行动一方面将本科教育质量作为评价和衡量高校工作的重要依据，推动其结合“放管服”改革加强对地方高校

---

① 《关于狠抓新时代全国高等学校本科教育工作会议精神落实的通知》，2018 年 8 月 22 日，http：//www. moe. gov. cn/srcsite/A08/s7056/201809/t20180903_ 347079. html。

本科专业设置的统筹管理，另一方面，该行动有助于各高校加强需求、招生、培养、就业全链条统筹，加快其建立专业有进有出的动态调整机制和自律自查自纠的教学质量评价体系。

（五）高校人才体制机制改革创新进一步推动，高等学校教师队伍建设迈上新台阶

针对高校教师的发展、评价与管理问题，2018 年中国出台了许多具体举措。如为了进一步推动高校人才体制机制改革创新，2018 年 9 月，教育部废止了 2011 年出台的《“长江学者奖励计划”实施办法》，并发布了新的《“长江学者奖励计划”管理办法》，渗透全过程管理理念，突出政治引领、立德树人、需求导向、依法管理和选用并重。

在教师评价体制方面，2018 年 9 月 10 日，习近平总书记在全国教育大会上指出：“要深化教育体制改革，健全立德树人落实机制，扭转不科学的教育评价导向，坚决克服‘唯论文、唯帽子、唯职称、唯学历、唯奖项’的顽瘴痼疾，从根本上解决教育评价指挥棒问题。”2018 年 11 月 7 日，教育部办公厅印发通知，要求部属各高等学校、部省合建各高等学校开展清理“五唯”的专项行动，涉及项目评审、人才评价、机构评估事项，如职务职称晋升、项目基地评审、重点建设学科确定、人才培养指标分配等方面逐项检查、分析和整改。

在师德师风建设方面，2018 年 11 月，《新时代高校教师职业行为十项准则》出台，将“潜心教书育人”“遵守学术规范”“积极奉献社会”等写入其中，并用“十不得”划定高校教师职业规范的基本底线，十项准则明确了新时代高校教师的职业规范，是建设政治素质过硬、业务能力精湛、育人水平高超的高素质教师队伍的重要举措，也为高校教师自我约束与外部监督提供基本遵循。①

---

① 中华人民共和国教育部：《教育部印发新时代教师职业行为十项准则，进一步规范教师职业行为》，2018 年 11 月 16 日，http：//www. moe. gov. cn/s78/A10/moe _ 601/201811/t20181115_ 354886. html。

三　中国高等教育的未来发展

（一）高等教育即将迎来普及化的关键点

根据 1978～2018 教育部公布的数据，1993 年之前，中国高等教育毛入学率基本保持在 5% 以内，扩招以来，中国高等教育进入快速增长期，2002 年达到 15%，进入了大众化阶段。教育部《国家中长期教育改革和发展规划纲要（2010～2020 年）》要求高等教育毛入学率从 2009 年的 24.2% 提升到 2015 年的 36%，2015 年《中国高等教育第三方评估报告》显示，高等教育毛入学率达到 37.5%，提前完成了预定 36% 的阶段目标。因此，2017 年 1 月国务院印发的《国家教育事业发展“十三五”规划》就已经把高等教育毛入学率达到 50% 作为 2020 年实现的预期指标。

从 1978 年到 2018 年，高等教育毛入学率从 1.55% 增加到 48.1%，增长了 30.03 倍。根据 2019 年 7 月 24 日教育部最新发布的《2018 年全国教育事业发展统计公报》数据，2018 年中国普通高等学校毛入学率持续上升，比上年提高 2.4 个百分点，达到 48.1%。高等教育即将迎来普及化的关键点（见图 3）。

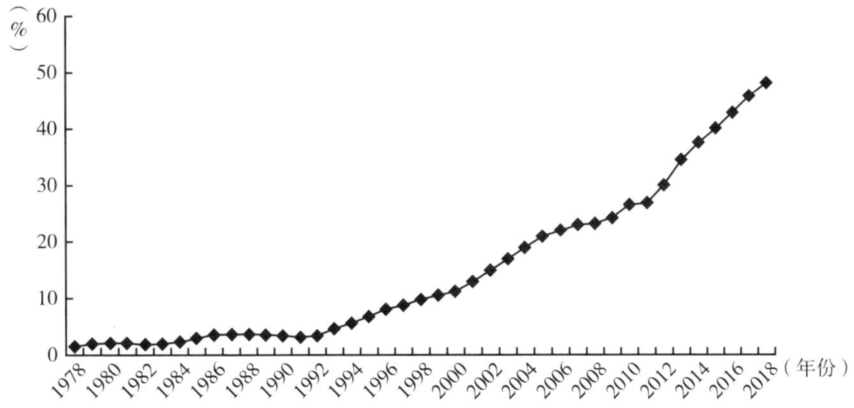

图 3　1978～2018 年中国高等教育毛入学率情况

资料来源：根据 1978～2018 年教育统计数据整理绘制。

（二）高等教育在内涵式发展和质量提升的道路上前进

2017 年 9 月，中共中央、国务院发布的《关于开展质量提升行动的指导意见》首次将实施“高等教育质量保障新文化建设工程”写入文件。十八大报告提出“推动高等教育内涵式发展”，十九大报告进一步提出要“实现高等教育内涵式发展”。

2018 年，中国高等教育内涵式发展的相关改革工作继续稳步推进。2018 年 1 月 30 日，教育部发布了《普通高等学校本科专业类教学质量国家标准》，对普通高校本科专业目录中全部 92 个本科专业类、587 个专业从概述、适用专业范围、培养目标、培养规格、师资队伍、教育条件、质量保障体系、附录等八个方面提出定性与定量相结合的具体要求。

这一标准涉及全国高校 5.6 万多个专业点，是中国发布的第一个高等教育教学质量国家标准，其重要意义在于为政府管理、高校办学、社会监督提供了标准，为高校提升人才培养能力提供了依据，也为中国高等教育内涵式发展奠定了基础，中国高等教育的发展重点由外延式规模扩充全面转向内涵式质量提升。①

（三）“双一流”建设高校责任更为清晰

为加快提高中国高等学校的综合实力，提升国际竞争力，2017 年教育部、财政部、国家发展和改革委员会三部门联合印发了《统筹推进世界一流大学和一流学科建设实施办法（暂行）》。从院校发展分类来看，目前 1243 所本科院校中，“双一流”建设高校中的一流大学建设高校 42 所，一流学科建设高校 95 所，2017 年普通高校本科招生人数为 410.7 万人，每年大约有 45.6 万人能够进入“双一流”高校接受本科教育。

为了保障“双一流”建设的顺利实施，2018 年 8 月 8 日，教育部、财

① 中华人民共和国教育部：《〈普通高等学校本科专业类教学质量国家标准〉有关情况》，2018 年 1 月 30 日，http://www.moe.gov.cn/jyb_xwfb/xw_fbh/moe_2069/xwfbh_2018n/201801/t20180130_325932.html。

政部、国家发展改革委又联合下发《关于高等学校加快“双一流”建设的指导意见》，进一步明确了“双一流”建设必须以坚持中国特色、世界一流为核心，以服务需求、提高质量为主线，以立德树人为根本任务，走内涵式发展道路。该指导意见从指导思想、基本原则、办学方向、人才培养、学科建设、教师队伍、科学研究、管理制度、评价机制等24个方面较为系统地规定了“双一流”建设实施的指导思想①，“双一流”建设高校责任更为清晰，“双一流”建设成为中国高等教育发展的重要战略。

（四）高等教育对外开放战略作用凸显

没有国家层面的强力推进，就没有中外教育交流近年来的快速发展。近年来，随着新一轮教育对外开放的展开和“一带一路”倡议的实施，中国教育对外开放迎来了新的发展机遇，交流总量猛增，交流范围拓展，体现了政府在教育交流顶层设计、战略谋划、协同推进加以落实过程中的重要作用。当前国际交流日益频繁、教育对外开放进一步扩大，为中外教育交流提供了新契机。

在中国特色社会主义进入新时代后，中外教育交流事业要有新气象、新作为，而中外教育交流提升到较高层次的积极面是存在的，也恰是时候。未来，需要进一步扩大教育对外开放，一是加强政府部门之间的协调，协同推进、统筹落实；二是加强教育交流传播的顶层设计，打造国际传播品牌，借此提高教育交流的知名度和认知度，设立统筹教育传播工作的专门机构，注重议程设置，开展全媒体传播，充分利用社交媒体这个新型媒体平台，加强教育交流合作方的国家媒体的互动；三是由教育部牵头，依托高校及研究机构等，组织教育领域专家开展相关研究。

此外，应发挥孔子学院（学堂）在教育国际化中的作用。孔子学院已成为中国文化“走出去”的一张闪亮名片和代表性符号，未来，可以依托孔子学院和海外中国文化中心建立海外教育交流基地，建立教育交流长效机

① 中华人民共和国教育部：《关于高等学校加快“双一流”建设的指导意见》，2018年8月8日，http：//www. moe. gov. cn/jyb_ xwfb/moe_ 2082/zl_ 2018n/2018_ zl56/。

制。同时，依托中外教育交流高层磋商机制等，为孔子学院谋求更深远、更长久、更广阔的发展空间。

四　问题与挑战

2018 年，高等学校“双一流”建设速度加快，高等教育内涵式发展有序推进，高等学校教育教学秩序得到全面整顿，高校教师队伍建设迈上新台阶。但同时，中国高等教育仍面临一些困难和挑战。

（一）高等教育区域发展不平衡问题依然严峻

受经济社会发展制约和历史因素影响，中国各地的高等学校在教育投入、师资队伍、办学条件等方面存在巨大差异，东中西部高等教育区域之间发展不平衡，京津冀、长三角、粤港澳大湾区区域内部发展不平衡等问题未得到根本解决。在最新的 42 所“双一流”高校名单中，仅在原有的 39 所“985”高校基础上增加了郑州大学、云南大学、新疆大学 3 所中西部高校。中国 39 所“985”高校中，东部为 26 所，中部为 6 所，西部 12 省市只有 7 所，占比分别为 67%、15% 和 18%；112 所“211”高校中，东部为 71 所，中部为 17 所，西部为 24 所，占比分别为 64%、15% 和 21%，呈现东部密集、中西部稀疏的格局。可见，秉持优先发展的“双一流”建设战略并没有改变中国高等教育区域发展不平衡的基本格局。

从中国行政区划来看，中国内地高等教育大省主要集中在山东省、河南省、广东、江苏四省。从地缘共同体来看，京津冀、长三角、粤港澳大湾区等地缘上的共同体高等教育集群效应明显。京津冀区域高等教育资源丰富，尤其是高水平大学、“双一流”建设高校占比较高（占总数的 26.28%），但内部“双一流”建设高校和国家重点学科的数量及所占比例均差距巨大；大湾区的高等教育发展水平很不平衡，发展水平较高的高等教育机构集中在中国香港和广州两地。

除了高层次院校分布的区域差距外，各省份在师资条件、经费投入、高等教育入学机会方面也存在许多不平衡。数据显示，各地方师资力量存在差距，山东、江苏、广东等省份不仅高校专职教师总量大，而且学历高、职称高的师资人才也多，相比之下，西部省份只有四川、陕西的师资队伍比较强。河南省高校的师资规模很大，但相应的博士学位、高级职称人才却明显偏少（见图4）。

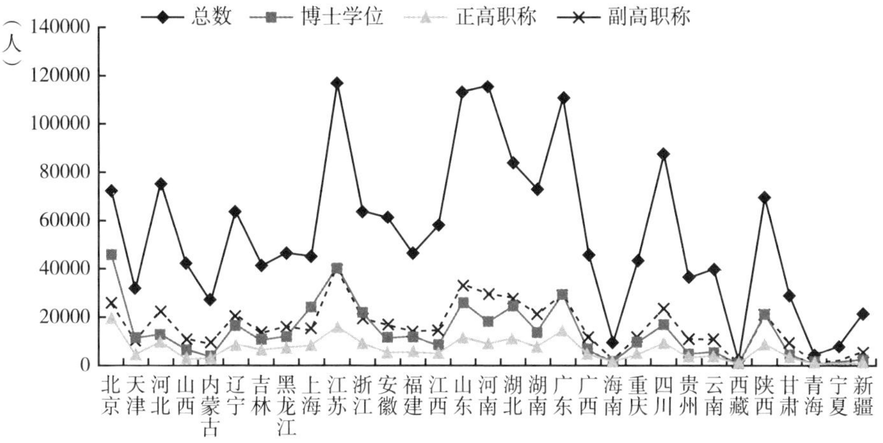

图4　各地方专任教师数及学历、职称情况

资料来源：根据教育部2018年统计数据整理绘制。

教育部2017年全国教育经费执行情况统计数据显示，各地方高校大学生生均预算教育事业费中，两类地区处于领先地位，一类是北京、上海、广东的生均经费大幅领先，另一类则是西藏、青海、宁夏等民族地区；但中部地区的生均经费普遍偏低，如山西、吉林、河南、江西、湖南等皆处于最低层级（见图5）。

教育部2018年统计数据显示，各地方每十万人口高等学校在校生数中，各地区存在较大的高等教育入学机会差异。北京、天津、吉林、上海、江苏、湖北、重庆、陕西每十万人口高等学校在校生数超过了3000人，而内蒙古、西藏、青海、新疆等西部民族省区的高等教育在校生数最少，甚至不足2000人（见图6）。高等教育区域发展不平衡的矛盾长期未得到缓解，直接制约了各地方经济社会文化的发展和全国教育生态的良性运行。在“双

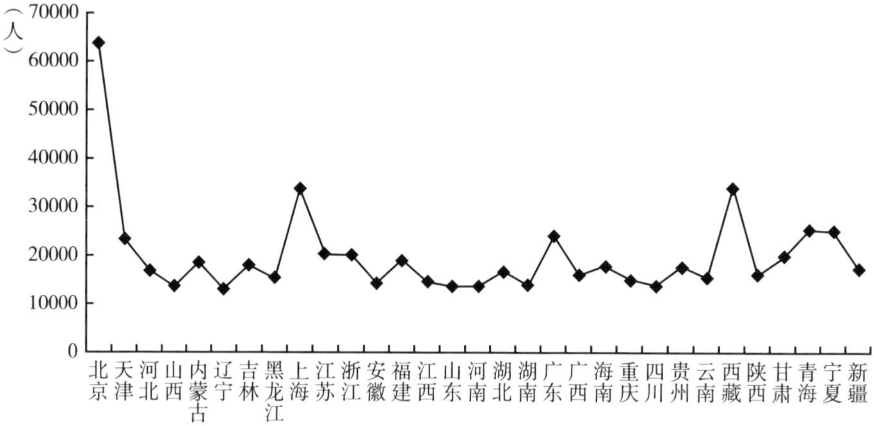

图5　各地方普通高校生均一般公共预算教育事业费

资料来源：根据教育部2017年全国教育经费执行情况统计数据整理绘制。

一流”建设鼓励高校拔尖和脱颖而出的大背景下，亟待实施更为积极的高等教育区域均衡发展战略。

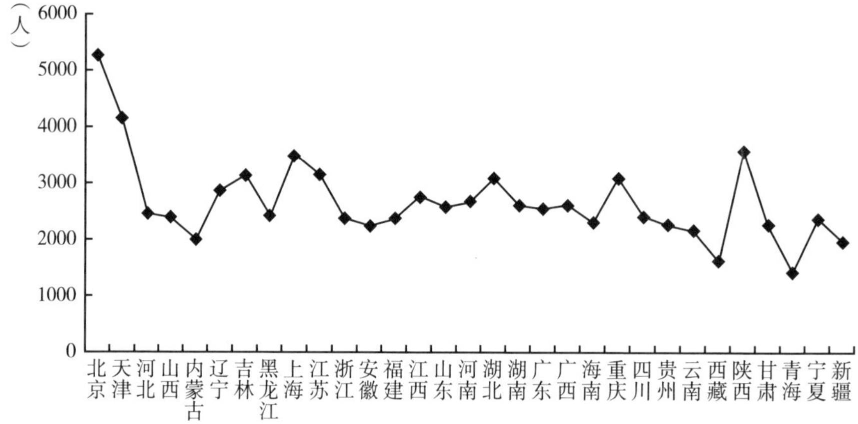

图6　各地方每十万人口高等学校在校生数

资料来源：根据教育部2018年统计数据整理绘制。

（二）应用型本科院校转型遭遇挑战

2015年，教育部联合国家发展改革委、财政部出台了《关于引导部分地方普通本科高校向应用型转变的指导意见》，为应用型本科高校发展指明了方向。此后，全国绝大多数省份出台了引导部分高校向应用型转变的政策措施。目前，全国已有300多所地方本科高校参与改革试点，大多数试点是学校整体转型，部分试点是通过二级学院进行改革。在一系列政策的推动下，一批高校办学定位更清晰，特色更凸显，应用型人才培养模式更符合产业需求。

随着院校分类发展界限清晰，各省份“专升本”招生规模逐渐增大，“中职－专科高职－应用型本科－专业学位研究生”纵向衔接的普通教育与职业教育相融通的学制体系得以落实，定位于研究型大学的“双一流”高校逐渐退出应用型本科教育实践。如合肥学院、南京工程学院等部分地方老牌本科院校在政策引导下逐渐成为应用型本科教育改革实践的主体，而另一部分地方老牌本科院校则有可能观望，在学术型人才培养和应用型人才培养选择前摇摆不定。

在转型过程中，部分院校仍无法适应变革的需要，存在定位不清、缺乏特色、配套跟不上等问题。具体来看，一是院校治理结构守旧，特别是社会组织、行业、企业未能深入参与学校管理、专业建设和人才培养的过程中去，使得院校转型无法及时与社会经济发展需求形成良性互动；二是专业设置在继承和巩固传统优势学科的同时，创新性、特色性和适应性不足。部分院校仍片面追求专业设置齐全，忽视内涵建设，与区域产业发展脱离；三是人才培养模式脱离实际，重形式轻内容，“旧壶装新酒”，既无创新的实施方案也无保障的配套措施；四是应用型本科师资队伍建设相对滞后。

建立起合格的师资队伍是应用型本科院校办学水平提升的前提，应用型本科院校改革对教师素质的要求提高，但现实中师资问题经常成为制约应用型人才培养质量的瓶颈，比如教师结构不合理、理论水平与实践能力不对称、教师评价考核制度和科研评价制度不完善等。这些院校发展面临的问题极大地阻碍了地方本科高校向应用型转变，影响了中国高等教育的结构优化。

（三）高等职业教育产教融合有待深化

2018年中国高等职业教育受到前所未有的重视，这是中国高等职业教育重大变革的一年。以产教融合、校企合作、工学结合为特色的中国高等职业教育发展模式、路径与特点日益清晰，产教协同发展和校企共同育人的格局基本形成，为中国高等教育大众化做出了卓越贡献，有力地促进了社会公平。产教融合已经成为促进高等职业教育发展、强化创新型人才和技术技能人才培养的一项重要方针，是统筹推进教育综合改革的一项重要制度安排。

当前，中国高职院校的产教融合仍存在一些问题。一是办学理念有待进一步更新。2018 年中国特色职教制度不断完善，教育教学改革不断深化，国际影响日益扩大，但随着中国经济发展进入结构调整、社会发展进入转型的关键期，职业构成、需求和外部劳动力市场正发生日新月异的变化，而职业院校常常囿于传统教育理念的思维与行动惯性，对经济形势与市场需求的敏感性有待进一步加强，应尽快跟上时代步伐、更新办学观念，避免将教育教学封闭在狭小的校园内、处于地方经济社会发展的边缘地位。

二是产教融合的实践能力需要加强。产教融合得益于多元办学与开放办学，不少职业院校既缺乏参与社会的积极性与主动性，也缺乏对市场情况的精准判断和对接能力；课程、师资、教学模式和方法需要进一步对接产业升级和劳动生产方式变化的新形势，否则最终培养出来的人才创新性不足，无法充分满足社会发展需要。

三是高职院校产教融合的资源有限。2018 年职教发展基础进一步夯实，重大项目建设和基本财政保障取得阶段性成果，但受制于经费影响和体制限制，中国的职业院校对行业资源、社会资源的吸纳能力和利用率长期偏低；行业企业、社会机构作为直接面向市场、面向行业的体制外单元，其掌握的行业知识可以为课程资源建设和教学改革提供服务，而高职院校常常只能利用校外的间接资源、二手资源和非系统资源。

四是高职院校面临体制机制的束缚。2018 年，中国高职教育专业对接产业发展水平提升，高职教育服务产业发展能力持续提升，但产教融合仍有待更有力的政策推动和体制机制改革的有效推进。与社会职业人才培养机构相比，高职院校需要进一步借鉴机构对接市场、机制灵活的特点，真正做到面向市场办学。以政府指令为主导的办学管理模式使得高职院校发展产生惰性和依赖性，一方面使得院校自身缺乏应有的成本意识、绩效意识、市场意识和危机意识，另一方面企业、行业等利益相关者无法真正进入高职院校的治理体系，相关的教育教学改革也难以深化。为此，亟待构建高等职业教育的多元办学格局，在坚守教育立德底线的同时，高职院校要面向社会、分析市场、开放办学，顺应经济发展潮流而不盲从，发展高校与企业行业的深度合作关系，理顺高校与社会培训、企业培训机构的良性竞争和互补关系，最终提升产教融合的效能。

（四）高等教育信息化任重道远

高等教育信息化是深化高等教育改革的重要内容和突破口，经过一段时间的发展，中国已经基本形成与国家教育现代化发展目标相适应的教育信息化体系，信息技术在高等教育领域得到广泛应用，但关注点依然集中在量的变化上，需要更多关注质的变化，对教育变革的引领作用发挥得亦不明显。

2018 年 4 月，教育部出台《教育信息化 2.0 行动计划》，促进教育信息化 1.0 向 2.0 时代转变。目前，中国高等教育信息化之路还存在许多深层次问题，一直未得到足够重视。一是协同创新度不高，部门单独行动、协调不畅，尚未向跨部门协同创新转变，政府、学校、企业和其他社会团体的共同参与协作不足。二是高等教育信息化理念尚未普及。尽管政府对教育信息化的重视度不断加强，但部分教育部门、高校和教师对高等教育信息化的贯彻落实没有明确认识，存在教育设施为建而建、信息化应用与创新意识不足等问题。三是硬件建设与课程教学缺乏深度融合。部分地区信息化教育方式仍停留在初级阶段，信息化教育教学模式创新与推广不足，无法有效支撑教学与学习方式的变革。四是信息化设施的维护与实践成效问题被忽视。大量的信息化平台和软硬件设施需要长期维护，对其投入使用的情况和带来的实践成效缺少科学的评估体系，导致高等教育信息化重前期轻后期、重硬件轻软件、重功能实现轻融合应用等问题。

只有信息技术与教育教学的全面深度融合，以信息化引领高等教育理念和教育模式的创新，才能充分发挥教育信息化 2.0 在中国高等教育改革和发展中的支撑与引领作用。

五 对策建议

（一）推动优质教学资源集聚，提升本科教育质量

要想打造优质本科教育、全面提高人才培养质量，发挥优质资源的集聚和共享效应是重要的一环。随着网络技术和信息技术的迅猛发展，多媒体课程与教学资源建设成为关系高校教育教学质量提升的核心因素之一，优质教学资源的集聚和共享能够帮助高校师生打破时空限制，方便灵活地获取信息，建立以学习为中心、以学生为中心的新型教学模式。

中国现有的资源集聚和共享平台普遍存在重硬件轻软件、共享性开放性差、重复率高、优质资源偏少、技术标准不统一等问题。为此，一要筛选、盘活现有的课程资源，加快一流专业建设。各高校应科学谋划专业布局和课程结构，适时停办停招特色不鲜明、竞争力不强的专业点，将财力物力集中于更具特色或优势明显的专业，打造系统化、科学化的一流课程体系。二要推进优质课程资源的校际共享和校外汇聚。将区域内或校际联盟的各校优质资源遴选统筹，通过校际学分认定和转换等方式扩大高校学生教育教学资源的选择范围。三要大力发展线上线下混合式课堂，利用教育信息化技术推动优质高等教育资源的共建共享，搭建在线课程资源平台，建设共享型的信息化课堂教学平台、实践实训平台、教师发展平台、虚拟仿真实验教学项目等。

高校资源联盟或平台的建设应破除保护主义和保守主义，以 MOOC 开放、共享、创新的发展理念推动课程资源共享，以翻转课堂等教学模式创新推动高校教育教学改革。

（二）加强高校师资队伍建设，促进教师专业发展

高等教育内涵式发展的基础在于打造一支德才兼备的高素质教师队伍。2018 年 9 月 10 日习近平在全国教育大会上做重要讲话，针对高等教育改革发展问题明确指出：要深化教育体制改革，健全立德树人落实机制，扭转不

科学的教育评价导向，坚决克服“五唯”。

从这个意义上说，中国高校师资队伍的培养需要考虑以下几方面内容：一是树立以教育教学为先的教师评价导向，扭转片面地以科研业绩为先的考核标准，支持和鼓励高校教师潜心教学和育人工作。高校基层教学组织建设应以“教研为本”，树立教师在教研活动中的主体地位，关注教师的需要，为教师开展教学研究创造便利条件。二是开展试点改革，发挥示范效应。在全国范围内开展高校教师教学发展中心的调研和评估，选取部分试点高校进行高校教师发展的创新性改革，选择具有示范性和引领性效应的教师发展中心或基层教学组织工作单位予以表彰，发挥以点带面的辐射效应。三是推动高校教师教育方式方法的创新。强化对高校教师教育教学的相关研究，注重小班化、启发式教学的运用，将“互联网＋”、“智能＋”等新型教育模式融入高校教师发展的全过程。四是关注中西部地区高校的教师人才稳定问题。欠发达地区高校长期面临优秀教师“孔雀东南飞”的困境，师资引进乏力、在职教师流失、教师培育资源有限等问题极大地制约了此类高校的内涵式发展，亟待更多人才支持政策的辅助。

（三）凸显中国特色，发挥高校智库作用

高等学校智库建设是中国特色新型智库的重要组成部分，应在国家与地方治理能力现代化进程中发挥重要作用。早在2014年教育部就印发《中国特色新型高校智库建设推进计划》，对高校智库建设做出全面部署。党的十八大以来，党中央高度重视中国特色新型智库建设，智库建设被提到国家战略高度。近年来，部分高校积极打造新型高端智库，如同济大学与地方联合推动建设“环同济知识经济圈”，产值到2018年已达415亿元，开创了“三区融合、联动发展”的校地合作模式等。但总体来看，中国高校智库建设仍存在体制机制不完善、科研梯队建设不足、协同平台建设滞后、成果转化率影响力偏低等诸多问题。

高校智库若要在国家与地方层面更好地发挥战略研究、决策建言、人才培养、舆论引导、公共外交等方面的重要功能，需要注意以下几个方面的问

题。一是革新理念。社会服务是高等学校的三大职能之一，但长期未得到充分重视，导致高校很难树立起主动适应社会的服务意识。为此，高校应充分发挥学科和人才密集的优势，增强建设新型高校智库的积极性和创造性，提升高校智力服务的能力。二是整合资源。在全国、地区或校际范围内将各个高校、学科、研究领域的优势加以统整，构建更为系统有效的决策咨询网络和学科人才体系。同时加强与其他智库机构，如国际智库、官方与半官方智库、民间智库的往来与合作，增强高校智库的决策力和影响力。三是贴近现实。高校智库应走出象牙塔，开展具有实践性、实战性的调查研究，加大加快开放的力度和步伐。坚持问题导向，实现基础研究与对策研究有机结合，使研究成果真正满足理论与现实的需要。四是破除体制机制障碍，实现高校传统职能与智库功能的有机对接。高校智库应以解决现实重大需求问题为核心评价指标，以智库服务对象为评价主体，探索建立第三方遴选、协议制管理、后期赎买式资助、实际用户评价、动态流动等创新型机制。

（四）推动区域高等教育融合发展，提升集群效应

从国际经验来看，区域或湾区的发展都离不开高等教育的强大支撑和科技的集群效应，世界级湾区如东京湾区、纽约湾区、旧金山湾区均拥有世界一流大学，为全球高等教育及科技创新中心；日本东京湾区是高等教育集群效应最为显著的都市群，聚集了日本大部分的高等教育资源，特别是优质资源；旧金山湾区科技发达，拥有硅谷（Silicone Valley）、斯坦福、加州大学伯克利分校等知名大学。

目前，中国集群地带除长三角、京津冀地区之外，还有雄安新区、海南自贸试验区和粤港澳大湾区。受政治、经济、文化、科技等教育外部社会环境及资源配置等教育内部因素的影响，在发展进程中，未来区域或湾区应提供与集群地带发展战略定位相适应的高等教育支撑，需要在战略布局、体系构建、经费投入等方面推动区域或湾区高等教育融合发展，助力区域或湾区的开发与发展。

长三角地区作为中国经济社会发展水平最高的地区之一，也是高等教育

区域协同发展成效最为显著的地区。雄安新区明确定位为承接北京非首都功能，在高等学校和科研机构方面，重点承接著名高校在新区设立分校、分院、研究生院等，承接国家重点实验室、工程研究中心等国家级科研院所、创新平台、创新中心等。[①] 粤港澳大湾区经济协同发展程度较高，广深港澳四个核心城市均汇聚了代表性高校，是除京津冀地区、长三角地区之外的中国高等教育集群地带，需要在不同体制下实现高等教育合作。集群地带既为相关区域或湾区高等教育发展提供了机遇，也提出了区域竞争下的内生需求等新要求和新挑战，需要推动区域或湾区高等教育融合发展，提升科技集群效应。

（五）把握教育对外开放政策及“一带一路”倡议，着力提升高等教育国际化水平

加快布局高等教育对外开放战略有助于提高中国高等教育的整体办学水平，有助于满足人民群众多样化、高质量的教育需求，也有助于更好地服务于经济社会发展全局。习近平在2018年9月10日召开的全国教育大会上的讲话中针对高等教育改革发展问题明确指出：要深化教育体制改革，要扩大教育开放，同世界一流资源开展高水平合作办学[②]。

把握“一带一路”倡议，着力提升高等教育国际化水平，一是充分发挥高等教育在“一带一路”建设中的重要作用，推进与“一带一路”沿线国家和地区的教育合作与交流，整体提升中国高等教育的对外开放格局，办出中国特色、世界水平的现代高等教育。二是提升高等教育国际化的质量、效率和评估标准，严格规范教育教学管理，加大评估力度，保障人才培养质量。三是提高课程内容的前沿性，革新教学方法和教育管理方式，促进跨文化学习，提升学生的语言技能和国际意识。四是促进高等教育对外开放的双向交

---

① 中华人民共和国国务院新闻办公室：《河北雄安新区规划纲要》，2018年4月23日，http://www.scio.gov.cn/tt/zdgz/document/1627988/1627988_1.htm。

② 《坚持中国特色社会主义教育发展道路，培养德智体美劳全面发展的社会主义建设者和接班人》，《人民日报》2018年9月11日，http://paper.people.com.cn/rmrb/html/2018-09/11/nw.D110000renmrb_20180911_2-01.htm。

流，在引入优质国际教育资源的同时，加快留学事业发展，推动国内优质高等教育资源的输出，促进教育领域合作共赢。五是制定中长期高等教育国际化发展规划，明确指导思想、具体目标、准入标准、试验项目和实施步骤，全面提升高等教育国际交流与合作水平，扩大教育对外开放的广度和深度。

参考文献

陈宝生：《坚持“以本为本”推进“四个回归”建设中国特色、世界水平的一流本科教育》，《时事报告（党委中心组学习）》2018 年第 10 期。

胡建华：《中国高等教育学科发展 40 年》，《教育研究》2018 年第 9 期。

刘进、闫晓敏、张力玮：《“一带一路”学生流动与教育国际化会议综述》，《世界教育信息》2018 年第 9 期。

眭依凡：《引领高等教育内涵式发展：高等教育研究适逢其时的责任》，《中国高教研究》2018 年第 8 期。

王伯庆、陈永红：《中国本科生就业报告（2019）》，社会科学文献出版社，2019。

袁靖宇：《准确把握教育对外开放的科学方法》，《光明日报》2019 年 7 月30 日。

杨东平：《中国教育发展报告（2019）》，社会科学文献出版，2019。

朱兴德：《“一带一路”沿线教育市场格局》，《神州学人》2019 年第 6 期。

赵磊、蒋正翔：《智库助力“一带一路”建设五年回眸》，《光明日报》2019 年 2 月 18 日。

《2018 年全国十大教育新闻揭晓》，《中国教育报》2018 年 12 月 27 日。

《2019 年教育热点 10 大关键词》，《中国教育报》2019 年 2 月 28 日。

《全国普通高校本科教育教学质量报告（2017 年度）》，高等教育出版社，2019。

《广东教育改革发展研究报告（2019）》，高等教育出版社，2019。

中华人民共和国教育部：《2018 年全国教育事业发展统计公报》，2019 年 7 月 24 日，http：//www. moe. gov. cn/jyb_ sjzl/sjzl_ fztjgb/。

《2018 年中国高等教育年度报告十大关键词》，《中国教育报》2018 年 12 月 24 日，http：//paper. jyb. cn/zgjyb/html/2018 - 12/24/content_ 511104. htm? div = -1。

中华人民共和国教育部：《2018 年来华留学统计》，2019 年 4 月 12 日，http：//www. moe. gov. cn/jyb_ xwfb/gzdt_ gzdt/s5987/201904/t20190412_ 377692. html。

吴岩：《在高等学校专业设置与教学指导委员会第一次全体会议上的讲话》，2019 年 6 月 27 日，http：//gjs. njit. edu. cn/info/1064/1599. htm。

分 报 告

Study Reports

B.2
中国应用型本科教育发展报告

周群英*

摘　要： 基于地方本科院校数量和招生规模，应用型本科教育是中国本科教育的主体。对国家教学成果奖获奖项目进行分析，可以发现部分高校已自发开展多年应用型本科教育实践。为发展应用型本科教育，地方政府颁布各项政策以推进地方高校开展试点改革，形成了职业教育和应用型本科教育一体化、产教融合、国际合作等多样化人才培养模式；地方本科高校组建各种类型联盟，合作统筹资源，深化应用型本科教育实践。然而，院校分类发展、政策目标与政策实施背离以及合作联盟重形式轻内容阻碍了应用型本科教育的发展。如何发展应用型本科教育，需要立足渐进发展方式，加强人才培养

* 周群英，博士，武汉理工大学高等教育发展研究中心副教授，研究领域为大学课程与教学。

专业规范化以及组合设计应用型本科教育政策。

关键词： 应用型本科　产教融合　高校联盟　地方本科院校

2015年11月，教育部、国家发展改革委与财政部共同颁布《关于引导部分地方普通本科高校向应用型转变的指导意见》（下文简称《指导意见》），该政策的出台使中国的应用型本科教育改革实践由之前的各地方政府和院校自发自为探索阶段进入了中央政府政策引导和促进阶段。2016年3月政府工作报告再次强调“推动具备条件的普通本科高校向应用型转变”。2017年印发的《教育部关于“十三五”时期高等学校设置工作的意见》中明确“以人才培养定位为基础，中国高等教育总体上可分为研究型、应用型和职业技能型三大类型”。[①] 在这一系列政策指引下，各级地方政府纷纷制定政策促进加强应用型转变的指导意见或具体实施方案，不断加大对地方本科院校向应用型转变的财政倾斜性投入，大力发展应用型本科教育。回顾应用型本科教育改革实践与进展，找出应用型本科教育实践面临的障碍，切实提高应用型本科教育质量，是助推地方本科院校完成应用型转变的切入点和有效路径。

一　应用型本科教育是中国本科教育的主体

根据《国际教育标准分类法（2011）》，应用型本科教育被定义为一种本科层次的专业性人才培养活动，所培养的人才类型是介于“纯粹理论”型和“具体技能”型之间的，既具备一定的知识基础，又掌握一定的科学技术，具有理论联系实践或者将抽象知识转化为具体产品的品质（刘亮，

① 教育部：《教育部关于“十三五”时期高等学校设置工作的意见》，http：//www.moe.gov.cn/srcsite/A03/s181/201702/t20170217_296529.html，2017年1月25日。

2017）。根据教育部公布的2018 年统计数据，中国普通本科院校 1245 所[①]，从院校发展分类来看，“双一流”建设高校中的一流大学建设高校 42 所，一流学科建设高校 95 所，[②] 如果说这些高校发展定位于研究型大学，以培养学术型人才为主，那么剩下的 1108 所本科高校发展则定位于应用型，占据 89.0% 的非“双一流”高校以培养应用型人才为主。从院校主办者来看，根据教育部公布的2018 年统计数据，地方公办院校有 703 所，地方民办院校 426 所，地方所属院校 1129 所，[③] 占据 90.7% 的地方本科院校是实施应用型本科院校的主体。从招生人数来看，据统计，2017 年普通高校本科招生人数为 4107534 人，[④] 每年大约有 45.5 万能够进入“双一流”高校接受本科教育，[⑤] 剩下的非“双一流”高校的学生有三百多万，也就是说，接近当年招生规模的 90% 的学生将接受应用型本科教育。可见，无论从院校类型还是招生人数来看，应用型本科教育是中国本科教育的主体。

二　中国应用型本科教育改革实践与进展

（一）应用型本科教育改革实践成果：基于国家级教学成果奖的分析

国家级教学成果奖是由国务院、教育部主办的教育教学实践领域最高奖项，目前该奖项分为基础教育、职业教育和高等教育三大类别，高等教

① 教育部：《高等教育学校（机构）数》，http：//www.moe.gov.cn/s78/A03/moe_560/jytjsj_2017/qg/201808/t20180808_344686.html。

② 教育部：《“双一流”建设高校名单》，2017 年 12 月 6 日，http：//www.moe.gov.cn/s78/A22/A22_ztzl/ztzl_tjsylpt/sylpt_jsgx/201712/t20171206_320667.html。

③ 教育部：《高等教育学校（机构）数》，http：//www.moe.gov.cn/s78/A03/moe_560/jytjsj_2017/qg/201808/t20180808_344686.html。

④ 教育部：《高等教育学校（机构）学生数》，http：//www.moe.gov.cn/s78/A03/moe_560/jytjsj_2017/qg/201808/t20180808_344685.html。

⑤ 博雅燕园：《高考：今年 211 及 985 大学总共将录取多少人？比很多人想象的要少！》，https：//baijiahao.baidu.com/s？id=1605779829304658555&wfr=spider&for=pc。

育国家教学成果奖对有目的、有计划、有组织、成系统并在提高高校教学水平和高等教育质量、实现人才培养目标方面产生明显成效的教学活动的表彰与奖励（罗丹，2016）。它代表中国高等教育教学工作的最高水平与前沿成果，对推动高校教学改革、提高人才培养质量具有重要意义（薛欣欣，刘军伟，2019）。应用型本科教育作为一种教育类型的出现既是经济社会发展的客观要求，也是高等教育进入大众化发展的必然趋势。2002 年中国高等教育毛入学率超过 15%，选取中国高等教育进入大众化之后颁布的涉及应用型本科人才培养的教学成果奖项进行分析，通过梳理 2005 年、2009 年、2014 年、2018 年获奖项目，并对 62 项获奖项目分布的具体情况进行分析（见表 1），可以深入地理解和把握中国应用型本科教育实践的现状与趋势。

表 1　历届国家教学成果奖获奖项目涉及应用型本科教育统计

获奖项目	完成单位	级别
2005 年第五届国家教学成果奖(共 10 项)		
培养高等技术应用人才的一种新模式——“本科 + 技师”	天津工程师范学院	一等奖
突出“一实两创”特色的高素质应用型人才培养模式的研究与实践	东北电力学院	二等奖
电子商务应用型人才的创新能力培养与实验室建设	南京大学	二等奖
社会学应用创新性人才的培养与实践	南京大学	二等奖
构建产学研合作教育模式,培养工程应用型人才	江南大学	二等奖
电气信息与电子信息类应用型人才培养体系的创新与实践	南京工程学院	二等奖
独立学院培养高素质应用型人才的探索与实践	浙江大学	二等奖
石油工程本科国际化应用型人才培养研究与实践	西南石油学院	二等奖
整合高校成教、自考、网教资源,创新农村应用人才培养模式	四川农业大学	二等奖
地方工科院校应用型人才培养模式的构建与实践	重庆工学院	二等奖
2009 年第六届国家教学成果奖(共 29 项)		
面向行业,培养应用型人才实践能力的改革与实践	武汉科技大学,武汉钢铁公司	一等奖
注重学生全面发展,强化教学科研互动,探索经管类创新型应用人才培养模式	湖南科技大学	一等奖

续表

获奖项目	完成单位	级别
地方工科院校应用型创新人才培养的研究与实践	北京工业大学	二等奖
公安应用型人才培养模式改革与创新	中国人民公安大学	二等奖
坚持拓展轻工特色优势　产学研合作培养应用型人才	天津科技大学	二等奖
多校合作,构建天津市信息产业急需的应用型高级专门人才培养体系	天津理工大学,天津工业大学,天津科技大学	二等奖
独立学院学生综合素质与应用能力培养的研究与实践	河北大学	二等奖
应用型本科生创新教育模式的探索与实践	华北煤炭医学院	二等奖
煤炭行业应用型紧缺人才培养体系的创新与实践	中国矿业大学	二等奖
创建“校企融合”教育模式,培养应用型本科人才	南京工程学院	二等奖
创建4维工程实践平台,改革实践教学体系,培养自动化工程应用创新人才	杭州电子科技大学	二等奖
地方中医药院校高素质应用型药学类人才培养体系构建与实践	安徽中医学院	二等奖
借鉴德国本科应用型人才培养体系的研究、创新与实践	合肥学院	二等奖
面向区域的建筑学专业创新性应用型人才培养模式研究与实践	山东建筑大学	二等奖
创新本科教育教学模式贴近行业培养高素质应用型人才	山东理工大学	二等奖
基于地方本科院校应用型人才培养模式的课程建设与创新	临沂师范学院	二等奖
构筑三级实践载体,培养具有创新意识的应用型材料专业人才	郑州大学	二等奖
面向行业需求培养应用型创新人才的实践教学研究	武汉理工大学	二等奖
立足为基层培养应用型人才,构建理工科大学德育体系的研究与实践	长沙理工大学	二等奖
地方院校机械类高素质应用型人才培养模式的创新与实践	湖南理工学院	二等奖
城市建设应用型本科人才工程素质培养的研究与实践	湖南城市学院	二等奖
区域产学研联盟培养高级应用型人才的探索与实践	西南科技大学	二等奖
构建立体化实践教学体系,着力培养高素质创新型应用型财经人才	西南财经大学	二等奖
创新实验教学体系,打造应用型人才培养基地	贵州财经学院	二等奖
创建“体验互动”教学模式,全面提高大学生英语综合应用能力	重庆大学	二等奖
实施“万千百十”工程,培养行业紧缺应用型专门人才	重庆科技学院	二等奖
西部地区财经院校经管类专业高层次应用型人才培养模式的创新与实践	重庆工商大学	二等奖
地方院校自动化专业创新型应用人才培养模式的改革与实践	西安理工大学	二等奖

续表

获奖项目	完成单位	级别
立足西部培养高素质应用型法学本科人才的探索与实践	西北政法大学	二等奖
2014 年第七届国家教学成果奖(共 12 项)		
面向中小企业的地方本科高校应用型人才培养探索与实践	温州大学	一等奖
突破学科定势打造模块化课程重构能力导向的应用型人才培养教学体系	合肥学院	一等奖
构建"当事人"参与型教学模式,培养高素质应用型法律人才	湘潭大学	二等奖
创新机制,集成资源,构建应用型复合型卓越财经法律人才培养模式	西南财经大学	二等奖
民办高校应用型人才培养模式创新与实践——以黄河科技学院为例	黄河科技学院	二等奖
构建两系列三水平实验教学体系,培养心理学创新型研究与应用人才	华南师范大学	二等奖
强化特色,服务首都,提升应用型人才的工程实践和创新能力	北京信息科技大学	二等奖
"三步法":一般本科院校应用型人才创新能力培养之路	安徽工业大学	二等奖
能力导向校企协同地方高校电子信息类工程应用型人才培养模式研究与实践	桂林电子科技大学	二等奖
校企协同培养应用创新型人才研究与实践	辽宁工程技术大学	二等奖
"双十型"应用型本科人才培养体系的建设	金陵科技学院	二等奖
基于中德合作本科应用型人才培养二十年探索与实践	浙江科技学院	二等奖
2018 年第八届国家教学成果奖(共 11 项)		
新建—新兴—新型:突破同质同构推进八个转变建设应用型大学的探索实践	合肥学院	一等奖
创新实践教学模式培养国际化应用型卓越法律人才	武汉大学	二等奖
面向行业,强化创新——安全工程应用型人才培养模式探索与实践	山东科技大学	二等奖
以胜任力为导向创新实践教学模式,培养应用型口腔医学人才	南京医科大学	二等奖
"四位一体"高层次应用型人才培养体系探索与实践	安徽财经大学	二等奖
"113"应用型人才培养体系改革与实践	沈阳化工大学,沈阳工业大学,五邑大学,河南理工大学,长春大学	二等奖
"四协同"打造现场工程师摇篮,产教融合创新应用型人才培养模式	上海工程技术大学	二等奖

续表

获奖项目	完成单位	级别
适应辽宁振兴发展的地方高校创新应用型人才培养大协同机制的改革与实践	沈阳工业大学，辽宁省本科高校应用型人才培养专家指导委员会，辽宁工程技术大学，沈阳航空航天大学，辽宁石油化工大学，辽宁工业大学，沈阳化工大学，沈阳大学	二等奖
地方高校具有国际视野的卓越应用型焊接技术人才培养的研究与实践	南昌航空大学，重庆科技学院，中国航发南方工业有限公司，中冶赛迪工程技术股份有限公司	二等奖
西部地方高校应用型创新人才可持续发展能力培养体系的研究与实践	西安建筑科技大学	二等奖
观念引领·内融外协·全程帮扶——应用型大学创新创业教育体系构建与实践	山东协和学院，青岛大学，曲阜师范大学	二等奖

资料来源：根据历届国家级教学成果奖获奖成果名单分析整理。

1. 获奖院校类型分布广泛，但成果相对集中

从院校类型看，积极开展应用型本科教育改革实践的高校有一流大学、一流学科建设高校、地方老牌本科院校和地方新建本科院校，涉及所有的院校类型。在62项获奖成果中，“双一流”大学参与应用型本科教育实践的高校项目数量较少，一流大学共有6项，一流学科建设高校有8项，“双一流”大学获奖项目数合计为14项，占比22.58%。而地方老牌本科院校4届获奖项目总数量为35项，地方新建本科院校获奖项目总数量为13项，两者合计共计48项，占比为77.42%，这两种类型院校都属于地方本科院校。获奖成果相对集中于地方本科院校。从获奖项目数量趋势来看，一流大学获奖数量分别为3、3、0、1，一流学科建设高校的获奖数量分别为3、3、2、0，这两类高校获奖项目数量逐年下降。因此，可以预测，今后地方本科院校仍然是应用型本科教育改革实践的主体（见表2）。

表 2　不同类型院校四届获奖项目分布情况统计

单位：个，%

年份	一流大学		一流学科建设高校		地方老牌本科院校		地方新建本科院校		获奖总数
	项目数	百分比	项目数	百分比	项目数	百分比	项目数	百分比	
2005	3	30.00	3	30.00	3	30.00	1	10.00	10
2009	2	6.90	3	1.34	18	62.07	6	20.69	29
2014	0	0	2	16.67	6	50.00	4	33.33	12
2018	1	9.09	0	0	8	72.73	2	18.18	11
合计	6	9.68	8	12.90	35	56.45	13	20.97	

2. 地方老牌本科院校在应用型本科教育实践中成果显著

从地方老牌本科院校获奖项目数量占比当年获奖总数来看，其百分比分别为30%、62.07%、50%、72.73%，呈现的是上升趋势。而从4届获奖总量的占比来看，其比例为56.45%（见表2）。可见，地方老牌本科院校在应用型本科教育实践中发挥了重要作用。这一时期的地方新建本科在院校合并之后，从专科升格为本科，工作重心暂时放在内部管理体制的改革和重组，还没有更多人力、物力、财力关注应用型人才培养，如，2005年获奖项目中仅有南京工程学院1所新建本科院校获奖。之后，获奖项目数量和占比虽然有所上升，但2018年有所波动，呈现下降的趋势。可见，地方老牌本科院校在多年本科办学的基础上，本科教育资源丰富，更容易在应用型本科教育改革实践上取得成效。

3. 应用型本科教育相关成果奖项集中在二等奖，高级别奖项较少

根据教学成果奖级别分布情况统计，可以发现，涉及应用型本科教育实践的特等奖项目没有，一等奖项目数量四届合计仅有6项，占比9.68%，二等奖项目数量为56，占比90.32%（见表3）。应用型本科教育高级别奖项较少，获奖项目主要集中在二等奖。可见，在应用型本科教育改革实践有待深化和拓展。

表 3　四届获奖级别分布情况统计

年份	2005	2009	2014	2018	合计	占比(%)
特等奖	0	0	0	0	0	
一等奖	1	2	2	1	6	9.68
二等奖	9	27	10	10	56	90.32

4. 部分高校多次获奖，实践成果显著

应用型本科教育相关成果奖完成单位分布分散，在 62 项成果奖中有近 80 个单位参与改革实践。在获奖单位中，有些单位多次获奖，且获奖级别有所提升。如合肥学院分别在 2009 年、2014 年、2018 年获得二等奖、一等奖、一等奖，南京工程学院分别在 2005 年、2009 年获得二等奖，南京大学在 2005 年分别在电子商务、社会学两个专业获得二等奖。这些单位长期致力于应用型本科教育改革实践，对提高应用型本科教育质量具有重要的意义。

（二）地方政府颁布配套政策及推进措施，积极发展应用型本科教育

在《指导意见》颁布之后，根据其提出转型改革的主要任务和配套措施，广东、河南、辽宁、吉林、山东等 20 多个省（区、市）出台了引导部分普通本科高校向应用型转变的文件，从建设目标、专业设置、招生计划、教师聘任、管理机制等方面制定了相关政策，为高校发展应用型本科教育和转型改革提供了具体政策支持（见表 4）。

表 4　部分地方政府颁布的应用型转型实施政策

省/市	颁布时间	发文机关	政策名称
河北	2016 年 6 月	河北省教育厅、省发改委、省财政厅	河北省本科高校转型发展试点工作实施方案
河南	2014 年 10 月	河南省教育厅	关于做好本科学校转型发展试点工作的通知
	2015 年 11 月	河南省教育厅、省财政厅	关于启动示范性应用技术类型本科院校建设计划的通知

续表

省/市	颁布时间	发文机关	政策名称
辽宁	2015年11月	辽宁省人民政府办公厅	辽宁省人民政府办公厅关于推动本科高校向应用型转变的实施意见系
	2015年11月	辽宁省教育厅	辽宁省本科高校向应用型转变试点学校指导性评价指标体(试行)
			辽宁省本科高校向应用型转变试点专业指导性评价指标体系(试行)
福建	2016年12月	福建省教育厅、福建省发展和改革委员会、福建省财政厅	福建省教育厅福建省发展和改革委员会福建省财政厅关于开展普通本科高校向应用型转变试点工作的通知
山东	2014年7月	山东省教育厅、山东省财政厅	关于实施普通本科高校应用型人才培养专业发展支持计划试点工作的通知
	2016年9月	山东省教育厅、山东省财政厅	关于印发推进高水平应用型大学建设实施方案的通知
浙江	2015年4月	浙江省教育厅、浙江省发改委、财政厅	关于积极促进更多本科高校加强应用型建设的指导意见
甘肃	2015年7月	甘肃省教育厅	关于引导部分省属本科院校向应用技术型大学转型发展的通知
四川	2016年3月	四川省教育厅、四川省发展和改革委员会、四川省财政厅、四川省经济和信息化委员会四川省人力资源和社会保障厅	关于引导部分地方普通本科高校向应用型转变的实施意见
云南	2014年10月	云南省教育厅	云南省教育厅关于推动部分本科高校转型发展的实施意见
广东	2016年6月	广东省教育厅、省发改委、省财政厅	关于引导部分普通本科高校向应用型转变的实施意见
江西	2014年10月	江西省教育厅	关于在全省普通本科高校开展转型发展试点工作的通知
山西	2016年	山西省教育厅	山西省教育厅关于确定本科高校向应用型转变试点的通知
上海	2014年11月	上海市教育委员会	上海市教育委员会关于开展上海市属高校应用型本科试点专业建设的通知
	2015年		上海高校应用型本科试点专业建设管理意见
	2018年		上海市地方高校应用型本科试点专业建设项目专项经费管理办法

续表

省/市	颁布时间	发文机关	政策名称
重庆	2015年12月	重庆市教育委员会、重庆市发展和改革委员会、重庆市财政局	关于引导市属高校向应用型转变的意见
	2016年11月	重庆市教育委员会、重庆市发展与改革委员会和重庆市财政局	关于确定第二批转型高校的通知
湖北	2014年4月	湖北省教育厅	省教育厅关于在省属本科高校中开展转型发展试点工作的通知
吉林	2015年10月	吉林省教育厅	关于在省属普通本科高校中开展转型发展试点工作的通知
内蒙古	2016年1月	内蒙古自治区教育厅	关于遴选本科高校转型发展试点学校的通知

1. 多数省份开展了地方本科院校转型改革试点

相对于传统的高等教育来说，应用型本科教育实际上是一场教育范式的根本转型，涉及院校办学理念、办学定位、人才培养目标与模式更新、专业设置与结构调整、教师发展等很多方面，需要政府政策力量的推动。近年来，多数省份开展了地方本科院校转型改革试点，在校地校企合作、产教融合、师资队伍建设、人才培养方案、课程体系、教学管理等方面积极改革探索，取得了丰富的经验。2016年，湖北省已有23所本科高校试点转型发展，占全省地方本科高校数量约40%（龚雪，2016）。浙江省公布的首批加强应用型建设试点本科院校名单，已有41所本科院校在列，占全省本科院校总数的72%。同时，浙江省提出，未来5年内，应用型专业要占专业总数的70%以上，就读应用型专业的学生占在校生的80%以上①。据统计，目前全国约有300所地方本科高校参与改革试点，大多数是学校整体转型，部分高校通过二级学院或专业开展试点，在校地合作、校企合作、教师队伍

① 《地方高校转型首先要打破观念壁垒》，《中国教育报》2015年11月23日。

建设、人才培养方案和课程体系改革、学校治理结构等方面积极改革探索。[①] 在地方政府一系列政策推动下，一大批地方本科院校办学定位更清晰，特色更凸显，应用型人才培养模式更符合产业和地方经济发展需求。

2. 各级政府加大经费投入以推动应用型本科教育试点改革

应用型本科教育的关键是实践教学，而实践教学需要充足完善的教学硬件设施，需要紧跟科学技术发展的实验室和实训设备，切合社会实际需要的校外实习实训基地，以及一批实践教学能力突出的教师，这些都需要投入大量的人力、物力和财力。为推动地方本科院校切实把办学真正转到应用型人才培养，中央及地方政府加大经费投入以推动应用型高校试点改革。从中央政府来看，2017 年安排中央预算内投资 12.28 亿元，支持 31 个项目建设。2018 年安排中央预算内投资 22.5 亿元，支持 51 个项目建设。[②] 中央政府示范带头投入深刻影响并极大地带动地方政府、社会力量的投入，为参与转型学校改善实践教学条件提供有力的支撑。2014 年 9 月，河南省政府出台意见，省财政每年安排 1 亿元专项引导资金，推动本科高校服务区域和行业需要，向应用技术型高校转型发展。[③] 河南省先后分两批确定 10 所应用技术类本科院校示范校，在政策、资金上给予倾斜。而在地方本科高校转型发展试点和应用技术类本科院校示范校建设方面，近 4 年河南省政府投入资金多达 3.1 亿元。[④] 2016 年山东省多渠道筹集 20 亿元，积极支持高水平应用型大学建设。对立项建设的应用型专业，根据规划分年度拨付支持经费；对立项建设的应用型大学，根据规划安排支持经费。2016 年，对每个立项建设专业拨付经费 400 万元，每个培育建设专业拨付经费 150 万元。[⑤] 在中央和地方政府增加经费投入的情况下，应用型试点高校切实将经费投入到应用型

① 教育部发展规划司：《支持应用型本科高校发展有关工作情况》，2019 年 2 月 19 日，http：//www. moe. gov. cn/fbh/live/2019/50294/sfcl/201902/t20190219_ 370019. html。

② 《我国应用型高校建设势头良好》，《中国教育报》2018 年 4 月 28 日。

③ 《省市联手推进本科转型》，《中国教育报》2015 年 1 月 16 日。

④ 《河南：产教融合助经济“弯道超车”》，《中国教育报》2017 年 7 月 21 日。

⑤ 山东省教育厅：《山东省财政厅关于印发推进高水平应用型大学建设实施方案的通知》，2016 年 9 月 5 日。

人才培养过程。湖南文理学院是湖南省高校转型发展应用型高校试点之一，连续两年投入170万元经费，以立项形式支持各专业开展社会调研，设置贴近市场需求的专业方向；另外每年投入超过1000万元，与行业企业开展深度合作，先后共建30余个产学研合作平台、8个校级协同创新中心，推进资源共享、人才互用、场地互通，将应用型人才培养深度融入产业链价值创造过程。①

（三）应用型本科人才培养模式向多元化方向发展

随着一系列政策的出台以及地方本科院校积极探索应用型人才培养模式的新路径，应用型本科人才培养模式逐渐向多元化方向发展。

1. 发展职业教育与应用型本科教育一体化人才培养模式

早在1999年《中共中央国务院关于深化教育改革全面推进素质教育的决定》指出："职业技术学院（或职业学院）毕业生经过一定选拔程序可以进入本科高等学校继续学习"，② 这一政策措施旨在为普通教育和职业教育构建相互沟通、相互衔接的学制。之后，全国许多省市开始实行高职"专升本"教育，但升本后的人才培养定位仍然模糊不清。随着应用型本科教育实践的不断深化，以往先传授理论知识再培养学生实践能力的人才培养模式受到冲击，先培养学生实践能力再传授理论知识加以巩固同样是应用型人才培养的有效模式。发达国家应用技术大学对所有拥有普通中等教育、中等职业教育和大学预备教育文凭及任何同等资格的学生开放提供了成功经验。2011年教育部《关于推进高等职业教育改革创新引领职业教育科学发展的若干意见》指出："拓宽高等职业学校应届毕业生进入本科学校应用性专业

① 教育部综改司：《湖南文理学院：培养适应市场需求的应用型人才》，2016年10月14日，http://www.moe.gov.cn/jyb_xwfb/s5989/s6635/s8537/zl_02/201610/t20161021_285807.html。

② 教育部：《中共中央国务院关于深化教育改革，全面推进素质教育的决定》，1999年6月13日，http://old.moe.gov.cn/publicfiles/business/htmlfiles/moe/moe_177/200407/2478.html。

继续学习的渠道。"[①] 高职学生“专升本”逐渐定位于应用型本科教育，成为搭建应用型人才成长的“立交桥”。各地方政府纷纷颁布推进高职教育与应用型本科教育相互衔接的政策。2016 年新疆颁布《高等职业教育与本科教育联合开展应用型人才培养试点方案》，加强应用型人才培养，推动本科院校转型发展；2018 年浙江省教育厅印发《关于开展中职与应用型本科一体化培养试点工作的通知》，正式启动中职教育与应用型本科教育一体化人才培养试点工作。从表 5 可以看出，自 2014 年起，大部分省市“专升本”招生规模不断扩大，湖北省 2014 年“专升本”招生计划只有 6418 人，2019 年翻了一倍，规模扩大为 12290 人；浙江省也从 2014 年的 5245 人扩大到 2019 年的 14622 人；山东和江苏“专升本”招生规模都是一万人以上，山东省 2019 年招生规模为 18800 人，可预测不久将来很快超过 2 万人；只有上海将“专升本”招生规模严格控制在 3500 人。随着各省市“专升本”招生规模的逐渐增加，“中职—专科高职—应用型本科—专业学位研究生”纵向衔接的普通教育与职业教育相融通的学制体系得以落实，逐渐形成职业教育与应用型本科教育一体化人才培养模式。

表 5　2014～2019 年部分省市“专升本”招生计划

单位：人

年份	湖北	山东	浙江	安徽	甘肃	江苏	上海
2014	6418	13360	5245	6030			3500
2015	6220	13340	10000			13086	3500
2016	6790	13690	10000		1520	15450	3500
2017	8460	14910	10300		2562	15500	3500
2018	8880	16630	12666	9360	2456	15625	3500
2019	12290	18800	14622	10840	2759	15955	3500

资料来源：各省“专升本”招生简章公布的招生计划。

① 教育部：《教育部关于推进高等职业教育改革创新引领职业教育科学发展的若干意见》，2011 年 9 月 29 日 http：//old. moe. gov. cn//publicfiles/business/htmlfiles/moe/s6342/201407/xxgk_ 171561. html。

2. 探索产教融合的应用型本科人才培养模式

应用型本科教育是以培养知识、能力和素质全面而协调发展，面向生产、建设、管理、服务一线的高级应用型人才为目标定位的高等教育（史秋衡，王爱萍，2008），因而，产教融合是实现高质量应用型人才培养的必由之路。2017 年 12 月，国务院办公厅印发了《关于深化产教融合的若干意见》，很多地方高校纷纷探索产教融合的应用型人才培养模式。截至 2017 年，2.4 万名企业工程技术人员担任了高校兼职教师，1 万多名高校教师到企业挂职学习，1 万多家企业参与校企联合培养，企业与高校共建了 626 个国家级工程实践教育中心。① 目前产教融合人才培养模式开展有以下几种形式。

（1）产业（企业）高校一体化的产教融合，具体体现为产业（企业）集团投资创办的独立学院或民办高校。因为企业创办者和学校办学者同为一个主体，产业和高校在利益融合的情况下，高校负责对理论知识的传授，产业（企业）负责实践能力的培养，两者达成对人才培养共同投入、共同培养、共担责任利益共同体。2015 年成立的福州理工学院是由国脉科技股份有限公司举办的一所民办全日制普通本科高等学校。国脉科技是国内领先的信息通信技术龙头企业，其所投资的福州理工学院致力于建成信息技术应用能力和工程实践能力兼备的一线工程师的摇篮，学校举办方国脉科技一直以福州理工学院为产业创新基地，坚持“产教融合”的物联网发展战略。

（2）建立混合所有制的二级学院。这种形式是企业与高校合作创办二级学院，通过制度创新达成应用型人才培养。高校专业众多，要开展具体合作，达成所谓的融合，需要深入到专业层面。目前，部分地方高校纷纷探索与企业合作办混合所有制的二级学院。浙江传媒学院华策电影学院于 2017 年 2 月由浙江省新闻出版广电局、浙江传媒学院、桐乡市政府、华策影视集团四方共建，是国内首个混合所有制本科教育改革试点单位（侯光明，刘军，2018）。学院共建各方总投资 4.8 亿元，将在教学实训设施设备方面，

---

① 《我国应用型高校建设势头良好》，《中国教育报》2018 年 4 月 28 日。

打造综合影视实践实训园区，配有5000平方米摄影棚、影视基地及专业化教学实训场地。[①] 2019年5月，浙江工商大学和浙江泰隆商业银行合作共建的浙江工商大学泰隆金融学院。泰隆金融学院将依托浙江工商大学应用经济学学科和金融学类专业平台、师资，联合泰隆银行等国内外金融机构，专门培养服务小微、普惠金融领域的专家型人才和管理型人才。泰隆金融学院成立后，将通过与金融业界共创课程体系、共编系列教材、共建师资队伍，使学生在掌握金融学基本理论和技能基础上，进一步获得服务小微、普惠金融方向的知识与能力训练。[②] 河南黄淮学院与银泰新能源汽车公司共同成立银泰汽车学院，企业全面介入学院办学，学生加入企业项目团队，在实践中培养能力。[③]

3. 以国际合作模式探索应用型人才培养

20世纪60、70年代开始，德国、奥地利、芬兰、荷兰、瑞士等国家纷纷探索培养符合区域和产业需求的应用技术型人才，为欧洲社会经济发展提供了高素质的人力资源。相当多的地方本科院校与这些国家的应用技术大学合作，借鉴其已有的应用型人才培养的成功经验发展应用型本科教育。合肥学院从2003年提出“地方性、应用型、国际化”办学定位。[④] 目前合肥学院在德国拥有19所友好学校，向德国派出进修和学习教师420余人次，向德国应用科学大学派出留学生1700余人，接收德国学生1200人次在合肥学院实习、完成毕业论文、参加研讨会以及学习汉语，接收德方来校短期教学和研究教授520余人次（方梦宇，2019）。上海电机学院按照“世界走向、国家战略、上海引领、地区承载”的要求，立足智能制造领域，与德国应用技术大学开展专业合作。2017年，凯泽斯劳滕应用技术大学与上海电机学院签订新的合作协议，共建机电一体化、电气工程、技术物流等专业，由

① 《全国首个混合所有制学院揭牌》，《杭州日报》2017年9月13日。

② 《培养紧缺小微金融人才浙江工商大学泰隆金融学院今挂牌》，《新民晚报》2019年5月16日。

③ 《河南：产教融合助经济“弯道超车”》，《中国教育报》2017年7月21日。

④ 《一所地方高校的转型突围——合肥学院十年建设应用型大学之路》，《中国教育报》2014年4月16日。

中德双方联合打造智能制造国际化应用型人才（高娟，范冬姣，王华权，2017）。

（四）地方本科院校以合作联盟为平台，深化应用型本科教育改革实践

由于办学历史、地理位置、政治和经济等原因，从总体来看，地方本科院校整体办学实力不强。新建本科院校刚从专科升格为本科，开展本科教育的优势教育资源不足的现象尤为突出，地方老牌本科院校虽然具有多年本科教育办学历史，但在精英高等教育的长期影响下，难以在短期内扭转重学术轻应用的办学惯性。与此同时，相当多的地方高校在办学目标、专业设置、人才培养规格上趋于雷同，同质性现象较为严重。随着同质化竞争愈演愈烈，对于各地方高校来讲，这不仅会提高各自的办学运行成本，而且有可能带来两败俱伤的后果。因此，为了自身的可持续发展，深化应用型本科教育改革实践，在地方政府的引导和组织下，地方高校陆续组建各种类型的战略联盟，目的在于综合运用各自独立分散的各种资源、资产、知识和技能，弥补自身的优质资源不足，以提高资源的利用率和使用效率，培养高素质应用型人才，促进办学实力的整体提升。

1. 地方本科院校组建的应用型联盟类型日益多样

自 2009 年安徽省教育厅率先组织 27 所高校成立知行联盟之后，各种类型的应用型高校联盟陆续组建，根据搜索到的资料，目前约有 20 多个各种类型应用型本科院校联盟（见表 6）。

（1）从联盟所属范围来看，应用型院校联盟有全国性和地区性的。全国性院校联盟有应用技术大学（学院）联盟、应用型课程建设联盟、全国部分理工类地方本科院校联盟、全国应用型高校教师发展联盟和高水平应用型高校商学院国际化建设研究联盟等。地区性联盟有按照行政隶属地方政府引导组建的联盟和按照地理位置自发组建的联盟。地方政府引导组建的联盟其成员是本省或市属的地方本科院校。目前已有安徽、浙江、福建、广西、重庆等 12 个省市建立应用型本科高校联盟，2015 年吉林省内以应用技术型

表 6　地方本科院校组建的应用型高校联盟（截至 2019 年 9 月 30 日）

名称	联盟成员	建立时间	合作宗旨或内容
安徽省应用型本科高校联盟	合肥学院、铜陵学院、蚌埠学院等安徽省 27 所高校	2008 年 12 月	遵循"优势互补、资源共享、互惠互利、共同发展"的原则，联合打造高校（部分）战略联盟共同体，优化高等教育资源配置，提升办学效益与竞争力
湖北省应用型高等学校联盟	湖北理工学院、湖北汽车工业学院、湖北医药学院等 25 所高校	2016 年 12 月	以提高人才培养质量为目的，全面推动高校开展合作交流，培养适应社会需求的高素质应用型人才
浙江应用型本科高校联盟	浙江省 45 所高校	2016 年 12 月	
云南省应用型高校联盟	昆明医科大学、等 32 所高校、10 个合作企业和 1 个教育服务咨询机构	2018 年 4 月	资源共享、交流与培训平台、应用型研究平台、咨询服务平台，逐步建成一批一流应用型高校、培育若干一流应用型专业群、培养一流应用型人才
福建省应用型本科专业教学联盟	建筑规划、先进制造、财经、纺织服装、生物食科、资源化工、工艺美术、旅游文创、教师教育等 9 个专业	2019 年 1 月	对应用型本科高校相关专业类建设和教学工作开展指导、咨询、服务
四川省应用型本科高校联盟	四川省 20 所高校	2016 年 10 月	以培养应用型人才为宗旨，深入探索人才培养的共性问题，遵循"优势互补、资源共享、互惠互利、共同发展"的原则，优化资源配置，实现开放办学，着力提升办学效益与竞争力
河南省应用型本科院校教材建设联盟	黄淮学院、许昌学院、周口师范学院等 20 所高校	2017 年 8 月	推进学校之间、校企之间共同开展应用型课程改革、应用型教材开发、应用型教材体系构建，实现资源共享、优势互补
广西应用型本科高校联盟	由广西新建本科院校、独立学院等 26 所普通本科高校组成	2016 年 12 月	
吉林省地方本科高校转型发展联盟	吉林省内以应用技术型大学建设为目标的 30 家相关高等学校、科研机构及相关企业	2015 年 11 月	转型高校自愿组成的教育创新协同体，承担着先行先试、示范引领的职责

续表

名称	联盟成员	建立时间	合作宗旨或内容
重庆市属高校转型发展联盟	市属6所高校，重庆科技学院、重庆第二师范学院、重庆三峡学院、重庆人文科技学院、重庆大学城市科技学院、重庆邮电大学移通学院	2014年4月	共同培养高层次技术技能人才，学校之间将实现专业互选、学分互认、教师互聘
山西省应用型高等学校联盟	8所向应用型转变试点高校组成	2017年10月	
浙闽赣皖四省边际应用型大学联盟	武夷学院、衢州学院、上饶师范学院、黄山学院	2018年7月	携手建立"八互八多"（互认学分，多区域学习；互用基地，多区域实习；互通信息，多区域就业；互享待遇，多区域创业；互派教师，多区域工作；互享设备，多区域使用；互融团队，多区域研究；互享经验，多区域研讨）共享机制，搭建"应用型大学联盟产教融合示范区"等
长三角地区应用型本科高校联盟	全国的近80所高校	2014年11月	推进长三角联盟高校之间合作交流，形成工作抓手，实现联盟资源共享和整体优势
全国部分理工类地方本科院校联盟	2015年重庆科技学院、东莞理工学院、合肥学院等11所高校	2011年4月	
全国应用型高校教师发展联盟	53所应用型高校	2019年3月	
高水平应用型高校商学院国际化建设研究联盟	北京、上海、天津等21省市60余所地方高校商学院	2018年10月	
应用技术大学（学院）联盟	159家单位	2016年10月	围绕建设应用技术大学类型高等学校的目标，制定应用技术大学建设规划，推进教育改革创新，服务国家和区域经济社会发展
应用型课程建设联盟	截至2019年5月27日，共有中、高、本、研究生教育层次145所院校加入联盟		引领更多的校长了解课程建设的规律，带动更多的教师掌握课程建设的方法，使得更多的学生享受课程建设的快乐
山东省新建本科高校课程联盟	23所新建本科院校	2018年8月	

注：黑龙江省"应用型民办本科教育校企合作发展联盟"不详。

大学建设为目标的30家相关高等学校、科研机构及相关企业组建吉林省地方本科高校转型发展联盟，2016年湖北省25所高校组建湖北省应用型高等学校联盟，等等。按照地理位置自发组建的地区性联盟目前有浙闽赣皖四省边际应用型大学联盟和长三角地区应用型本科高校联盟。

（2）从联盟对象特点来看，应用型院校联盟有以院校为中心的联盟和以专业或行业为中心的联盟。以院校为中心的联盟其成员差异性较大，但以应用型人才培养作为联盟成员的共同目标，目前大部分地方政府引导组建的联盟属于这类联盟。而以专业或行业为中心的联盟其成员具有较高的同质性。如全国部分理工类地方本科院校联盟、高水平应用型高校商学院国际化建设研究联盟。

（3）从合作内容来看，应用型院校联盟有合作事项宽泛的联盟和以具体合作事项组建的联盟。合作事项宽泛的联盟涉及的合作内容有人才培养、科学研究和成果转化、服务区域发展、校企合作、教材编写等，合作内容根据联盟成员的需要而有所调整。以具体合作事项组建的联盟围绕某项具体工作开展合作，如全国应用型高校教师发展联盟聚焦高校教师发展工作，以增进各应用型高校教学发展机构、教学发展工作者和一线教师之间的交流、分享、协作、互助，共同推进教师能力的全面发展为宗旨；应用型课程建设联盟围绕应用型教育理念转化具体实践，推动应用型课程建设为宗旨。

2. 联盟逐渐从形式走向以应用型人才培养为核心的实质合作

虽然早在《指导意见》颁布之前，一些新建本科院校已经意识到联盟对其发展的重要性，如安徽省早在2009年组建应用型院校的知行联盟，全国部分理工类地方本科院校联盟于2011年成立。但是大部分应用型高校联盟则是在《指导意见》颁布之后大量涌现，是政策催化的结果。而在地方政府引导和推动下所建立的应用型高校联盟实际上是政策导向干预的产物。虽然地方本科院校特别是新建本科院校之间签订了联盟框架协议，但联盟的实际发展在很大程度上仍然停留表浅性、形式上的在务虚合作阶段，合作普遍以召开协商会、研讨会、报告会和相关负责人互相交流、访问等形式，尚未深入应用型人才培养中的中观和微观实践层面。这种联盟只是一种形式的联盟，只有联盟文本上的联盟章程、合作宗旨、权利和义务，而缺乏真实的涉及应用型人才培养的合作内容。随着应用型本科教育在实践如火如荼展开，很多地方高校开始意识到宽泛的联盟合作难以达成优势互补、资源共享、互惠互利、共同发展应用型本科教育的目标，需要在影响人才培养的课程、教学、教材等方面开展具体的合作。因而，进入 2019 年，福建省成立应用型本科专业教学联盟，涉及建筑规划、教师教育等 9 个专业类别，对全省应用型本科高校相关专业类建设和教学工作开展指导、咨询、服务，联合成员单位开展专业建设、教改教研、资源共建共享，组织开展学科技能竞赛、教学竞赛、交流合作等活动。[①] 应用技术大学（学院）联盟也已经在新材料、信息技术、学前教育等成立专业协作会，就相关专业的应用型人才的培养模式、专业标准、教学方式改革，以及师资队伍、课程特色教材、实践基地建设等展开深入交流与合作。安徽省知行联盟合作编写适合应用型人才培养的教材《高等数学》，该教材有别于研究型大学理论体系教材，又不同于高职院校工作体系教材。这一系列的实践表明地方本科院校组建的各类应用型联盟逐渐从形式走向以人才培养为核心的实质合作。

三　应用型本科教育实践面临的挑战

（一）院校分类发展约束应用型本科教育实践

按照《国际教育标准分类法（2011）》，应用型本科教育为从事高技术要求的职业做准备，学生本科毕业后直接就业，从这一层面来看，所有的院校都可以培养应用型人才，因为，即使是研究型大学，并不是所有的本科生毕业后升学深造。所以可以解释在新世纪初期，应用型本科教育处于自发探索阶段时，像南京大学、武汉大学这类研究型的高校也会在实践中探索应用

① 《福建省应用型本科先进制造专业类教学联盟成立》，新华网，2019 年 4 月 20 日，http：//www.fj.xinhuanet.com/jiaoyu/2019－04/20/c_1124394184.htm。

型人才培养问题。随着院校分类发展界限清晰之后，目前定位于研究型大学的“双一流”高校逐渐退出应用型本科教育实践。地方新建本科院校在政策引导下逐渐成为应用型本科教育实践的主体。而地方老牌本科院校则有可能处于观望状态，在学术型人才培养和应用型人才培养目标面前摇摆不定。从各年度国家教学成果奖项目数量来看，在政策未明朗阶段，地方老牌本科院校积极探索应用型人才培养实践，如 2009 年地方老牌本科院校有 18 项获奖。随着教育部在多项政策文本中将院校分类发展与应用型本科教育联系在一起之后，从 2014 年和 2019 年国家教学成果奖中涉及应用型人才数量的下降说明地方老牌本科院校参与应用型本科教育实践的积极性逐渐下降。究其原因，一是在传统重学轻术观念束缚下，这些院校认为应用型次于学术型或研究型，而在政府对研究型大学增加投入的背景下，这些院校将挤进研究型大学行列作为其发展目标，二是政策明确把地方新建本科院校人才培养目标定位为应用型人才，而这些地方老牌本科院校已有几十年的本科教育历史，把自己和新建本科院校定位放在同一个层面，认为会降低自身的办学水平和社会声誉。在 1129 所地方本科院校中，地方新建本科院校 600 多所，剩下的 400 多所地方老牌本科院校人才培养实践行为也不容忽视，他们同样是发展应用型本科教育的主力。调动地方老牌本科院校积极参与应用型本科教育实践，对提升应用型人才培养质量有着重要的意义。

（二）政策目标与政策实施背离制约应用型本科教育的开展

目前涉及应用型本科教育政策主要有国务院颁布的《指导意见》和地方政府根据《指导意见》颁布的具体的《实施意见》，《指导意见》从价值导向上推动地方本科院校办学定位从学术型转到应用型，而《实施意见》则涉及应用型本科教育实践的方方面面。应该说从政府部门的主观愿望来看，期望通过政策，甚至制度设计来引导地方高校规范办学行为，调整育人价值取向。所以地方政府的政策主要通过试点改革，以点带面，进而整体上推动应用型本科教育的开展。试点改革最重要的激励措施是给予试点高校增加经费投入。但是这种政策激励措施又在强烈引导地方高校向中央和地方政府要经费或资源，没有经费投入就难以推动改革，这种政策意图和政策实施导向背离的两难困境制约着地方高校应用型本科教育的发展。

（三）地方本科院校联盟重形式轻内容

地方本科院校以联盟的形式发展应用型本科教育无疑是想通过联盟成员之间的资源互补、共享，达成互利共赢。但是目前大部分联盟是在地方政府推动下的结果，虽然高校之间签订了联盟框架协议，实际上停留在重形式轻内容、有名无实的窘境。由于各高校的发展历史、办学理念、办学水平、发展目标、组织制度、专业设置与结构等方面均有不同程度的差异，需要构建出能够引导并约束联盟成员共同行为的行动框架以及利益分担明晰的组织管理体系，以服务和满足联盟成员的共同利益（李旭，2018）。但是现有大部分应用型高校联盟在行动框架、组织制度上缺乏明确的规定，仅仅是为了完成政府任务而联盟。尽管参与联盟的地方高校基本都签订了行动框架协议或合作协议，但大多数停留在泛泛而谈的协议内容，普遍缺乏盟约性制度约束、利益分配机制和长远合作的阶段性行动规划等。鉴于行动框架和利益分配的模糊性不仅不利于联盟成员克服差异性以实现共同发展应用型本科教育的共赢目标，而且容易出现联盟建设过程中牵头高校或少数几所高校热情高涨、任务繁重，而其他成员形同虚设或沦为附庸，进而影响联盟成立初衷协同合力的发挥。

四 应用型本科教育发展的未来展望

（一）渐进式发展应用型本科教育

中国地方本科院校由于区域经济社会的发展水平参差不齐，办学历史长短不一，办学理念和校园文化传统各具特色，学科专业水平各有千秋，实施应用型本科教育的突破点和实现路径不会完全一样。地方本科院校开展应用型本科教育，可以院校为单位整体开展，也可以部分学科专业为单位开展，无论以何种方式开展，应用型本科教育实践的成功不可能一蹴而就，需要长时间的摸索和实践。应用型本科教育在中国的发展不是某一个人的力量或者某个政策的结果，而是在高等教育发展的不同历史阶段中各种社会力量和地方高校互相推动和作用的结果。因此，发展应用型本科教育不可急功近利，而应以渐进式的发展眼光来看待各项改革。

（二）加强应用型人才培养的专业规范化要求

从现有的应用型本科教育实践看，各校结合自身的办学特点、区域经济发展需求等方面探索应用型人才培养，并形成了多样化的人才培养模式。但是不论人才培养模式如何多样化，应用型本科教育一定要围绕掌握基本的理论知识和发展实践技能这两条主线。因此，必须以严格的专业规范来发展应用型本科教育，既要严格规定理论知识学习范围和深度，也要满足行业或企业设定的最低技术或技能资格要求。这种规范设定利于培养行业或企业和市场实际应用型的高级专门人才，同时为今后硕士或博士专业学位教育奠定坚实基础。在目前教育部已颁布专业教学质量国家标准的基础上，相关部门可以探讨编制应用型本科教育专业规范，以指导和规范各地方高校应用型本科教育，提高应用型人才培养质量。

（三）组合设计应用型本科教育政策

严格意义上来讲，《指导意见》是针对高校转型，即办学定位，而不是具体的针对应用型本科教育发展的政策。要大力发展应用型本科教育，离不开政府政策的支持。首先在学制体系的设计上，需要在顶层设计上完善普通教育与职业教育体系的衔接等，如从职业教育体系进入应用型本科教育的专业对接、产业链和学科链的对接等问题。其次，扩宽应用型本科教育的生源渠道。实行多样化的地方本科院校招生方式。目前地方本科院校的招生方式主要有两种，一是通过普通高考招生，二是通过“专升本”形式招生。从目前“专升本”名额分配上看，虽然从高职院校进入地方本科院校的招生名额逐年增加，但其比例还是比较低，而且“专升本”的招生对象是应届高职院校毕业生，已经毕业的高职院校毕业生并没有资格参加考试。因此，有必要通过政策设计多样化的招生方式、改革入学考试内容、扩宽应用型本科教育的生源渠道。再次，在财政拨款方面，改革现行高校的财政拨款方式。财政预算中要安排产教融合发展专项资金，主要用于资助地方高校和企业合作建设实验室、共建实习实训基地或生产车间等校企合作项目，资助学生在实习期间的意外伤害保险，补偿企业在接受学生实习期间产生的额外费用等。有学者建议可以先出台《应用型高等学校办学条例》，在此基础上出台《应用型高等教育法》，以此提升应用型本科教育的地位。

参考文献

方梦宇：《一所地方高校与德国的三十年情缘》，《中国教育报》2019 年 5 月 9 日。

高娟、范冬姣、王华权：《构建思想政治教育大格局》，《中国教育报》2017 年 12 月 27 日。

龚雪：《湖北高校转型试点现状：四成地方本科高校转向应用型》，《湖北日报》2016 年 4 月 24 日。

侯光明、刘军：《改革开放四十年中国电影教育发展的回顾与前瞻》，《当代电影》2018 年第 12 期。

李旭：《京津冀区域高校联盟建设的现状、困境与对策》，《高等教育研究》2018 年第 6 期。

刘亮：《我国应用型高等教育新探：概念与历史——基于〈国际教育标准分类法（2011）〉的视角》，《河北师范大学学报》（教育科学版）2017 年第 6 期。

罗丹：《广东省高职教育教学改革的现状与趋势——基于国家级教学成果奖的分析》，《职业技术教育》，2016 年第 6 期。

史秋衡、王爱萍：《应用型本科教育的基本特征》，《教育发展研究》2008 年第 21 期。

薛欣欣、刘军伟：《高校教学改革的反思——对近两届高等教育国家级教学成果奖获奖项目的实证研究》，《中国高教研究》2019 年第 2 期。

B.3

中国外语院校本科教学质量报告（2019）

袁长青　赖文才　蔡文娟*

摘　要： 本报告选取国内14所外语院校作为考察对象，采取文献资料法对这14所外语院校公布的《2017～2018学年本科教学质量报告》相关素材进行整理与归纳，同时运用SPSS 25等统计工具对相关数据进行分析和比较。结果显示：外语院校应国家发展战略的需要，以培养国际化人才、服务国家和地区发展为己任，主动增设"一带一路"沿线国家语种专业，师资结构整体合理，教育资源能较好地满足教学需要，重视教学基本建设和教学改革，内部教学质量保障体系初步建立，人才培养质量得到社会的广泛认可，国际化办学特色鲜明。但也存在国际化组织人才培养机制部分缺失、教学质量保障体系不够完善、教学方式方法过于陈旧、生师比普遍偏高、课程资源不足等诸多问题；建议尽快建立国际化组织人才培养基地，完善教师教学评价与激励机制，综合开展课堂教学改革，进一步优化师资结构，推行课程提质增量计划。

关键词： 外语院校　质量年报　本科教学　人才培养

---

* 袁长青，博士，广东外语外贸大学教学质量管理评估中心主任，研究员，研究方向为高教管理；赖文才，硕士，广东外语外贸大学教学质量管理评估中心副主任，助理研究员，研究方向为高教管理；蔡文娟，硕士，广东外语外贸大学教学质量管理评估中心副主任科员，研究方向为高教管理。

外语院校肩负着服务国家“一带一路”建设和中华文化“走出去”重大战略培养人才和提供智力支持的重要使命，及时分析和研究外语院校本科教学质量状况，对于促进外语院校树立质量意识，建设质量文化，推进质量革命具有一定的现实意义。因此，本报告对外语院校教学质量年报进行解读、分析和评估，以期了解外语院校的发展现状、存在问题并提供改进策略。本报告选取了全国14所外语院校作为考察对象，分别是（按拼音字母顺序排序，下同）：北京第二外国语学院、北京外国语大学、北京语言大学、大连外国语大学、对外经济贸易大学、广东外语外贸大学、国际关系学院、上海对外经贸大学、上海外国语大学、四川外国语大学、天津外国语大学、外交学院、西安外国语大学、浙江外国语学院。14所外语院校覆盖8个省（市），其中部属院校6所，地方院校8所。除特别注明外，本报告所采集的素材与数据均引自以上14所外语院校公布的《2017～2018学年本科教学质量报告》。

一　基本概况

（一）人才培养目标及服务面向

本科人才培养目标是高校对于“培养什么样的人才”的理性思考与周密设计，具有导向价值、标识价值和激励价值。[①] 通过对14所外语院校的人才培养目标进行关键字提炼，发现人才培养目标中提到“国际化”或“国际视野”的有12所高校，提到“复合型”的有9所高校，提到“创新性”或“创新精神”和“应用型”的各有5所高校，提到“实践能力”的有3所高校。外语院校以语言类专业为主要学科，培养国际化人才是外语院校的主要目标，同时各高校非常重视复合型人才的培养，积极挖掘交叉学科资源，坚持“国际化”与“本土化”相融合的原则，发挥多语种、跨文化

① 张海滨、姜璐、董维春：《农林院校的现状、问题与特色——基于25所高校2016～2017年度本科教学质量报告的分析》，《高等农业教育》2018年第4期，第16～25页。

优势，致力于服务国家和地区的政治、经济、文化等需求。

外语院校的服务面向与其隶属的主管部门有一定的关联。5 所教育部主管的高校服务面向主要是国家层面的战略与交流，1 所外交部主管的高校主要服务于国家的外交和外事对人才的需求，8 所地方高校主要立足当地，服务区域社会经济文化的发展，打造具有当地特色的大学（见表 1）。

表 1　各院校人才培养目标和服务面向

院校名称	人才培养目标	服务面向	主管部门
北京第二外国语学院	培养“多语种复语、跨专业复合”的具有国际视野、家国情怀的高层次、应用型人才	服务国家战略和首都，全面建成中国一流、世界上有重要影响的新型外国语大学	北京市教委
北京外国语大学	培养具有中国情怀、国际视野、社会责任感、思辨能力和跨文化能力的复合型、复语型、高层次国际化人才	服务国家全球战略和维护国家安全的智库、促进中外优秀文化传播与交流的重要基地	教育部
北京语言大学	培养具备人文素养、专业知识、国际视野、创新精神和实践能力的中外文化交流友好使者和高端涉外人才	立足国内，面向世界，服务国家经济、社会、文化建设和文化交流事业	教育部
大连外国语大学	培养人文底蕴、理性精神、独立人格、全球视野、专业素养的复合型、国际型、应用型人才	紧密围绕国家战略和辽宁省经济社会发展需求，打造具有特色的高水平应用型本科教育	辽宁省教育厅
对外经济贸易大学	培育德才兼备、善于创新、基础宽厚、专业扎实、具有跨文化交流能力和国际竞争力的高素质复合型人才	加强国际化建设，着力培养复合型人才，将建设特色鲜明世界一流大学作为长期愿景和历史使命	教育部
广东外语外贸大学	培养“双高”（思想素质高、专业水平高）、“两强”（跨文化交际能力强、实践创新能力强），具有国际视野，通晓国际规则，能直接参与国际合作与竞争，具有社会责任感的高水平国际化人才	华南地区国际化人才培养和外国语言文化、对外经济贸易、国际战略研究的重要基地	广东省教育厅
国际关系学院	外语类：能够胜任国家政法系统、涉外企事业单位、教学科研机构等各种业务管理和研究工作的专门人才 社科类：能够胜任政法系统、涉外企事业单位、教学研究机构实际工作的专门人才 理工科类：高级专门技术人才或复合型高级工程技术人才	为国家输送政治素质过硬、综合素质高的涉外工作领导和管理人才	教育部

续表

院校名称	人才培养目标	服务面向	主管部门
上海对外经贸大学	培养基础理论扎实、创新精神突出、实践能力和跨文化沟通能力强，具有国际视野、社会责任感、人文与科学素养的高层次、应用型、国际化经贸人才	全面提高办学质量和水平，立足上海、服务国家、面向世界	上海市教委
上海外国语大学	培育思想素质过硬、中外人文底蕴深厚、跨文化沟通和专业能力突出、创新创业能力强的“多语种 +”卓越国际化人才	服务国家发展、服务人的全面成长、服务社会进步、服务中外人文交流	教育部
四川外国语大学	培养强外语、厚人文，具有中国情怀、国际视野、交流才能，善合作、能创新的外语专业人才和高素质复合型、应用型国际化人才	立足重庆、服务全国、面向世界	重庆市教委
天津外国语大学	培养具有自主学习能力和跨文化交际能力的高素质复合型国际化人才	服务国家经济社会发展和天津建设国际化大都市战略需求	天津市教委
外交学院	培养“爱祖国、知世界，通专业、精外语，高素质、复合型”的优秀外交外事人才	服务中国外交事业，打造中国唯一、世界一流的“外交官摇篮”和外事人才培训基地	外交部
西安外国语大学	培养具备健全人格与专业知识、国际视野与文化自觉、创新精神与实践能力的复合型、国际化人才	立足陕西，服务西北，辐射全国，面向世界	陕西省教育厅
浙江外国语学院	培养具有家国情怀、跨文化能力的复合型高素质国际化应用人才	立足浙江，服务长三角，辐射全国	浙江省教育厅

资料来源：各高校 2017 ~ 2018 学年本科教学质量报告。

（二）专业设置

外语院校专业数量存在较大差异。北京外国语大学本科专业数最多（115 个），覆盖语种最多（98 个）；外交学院和国际关系学院本科专业数最少（分别为 9 个和 10 个），覆盖的语种以国际通用语种为主，外交学院设有 4 个语种（英语、法语、日语、西班牙语），国际关系学院设有 3 个语种（英语、法语、日语）。如图 1 所示。

外语院校在专业设置上朝跨学科发展，只有 5 所院校外语类专业数占专业总数的比例在 50% 以上，7 所院校外语类专业数量占比不到 50%。如图 2 所示。

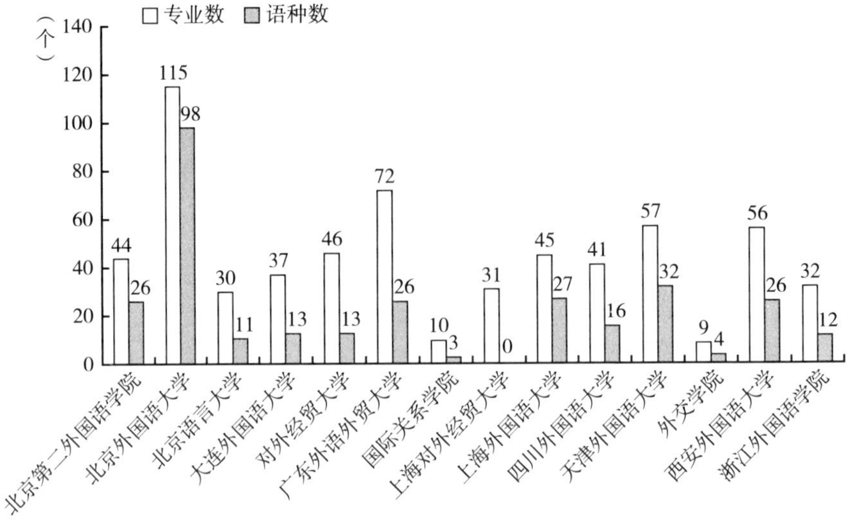

图 1　各院校本科专业数和语种数

资料来源：各高校 2017 ~ 2018 学年本科教学质量报告。其中，上海对外经贸大学语种数未列出，未纳入比较统计。

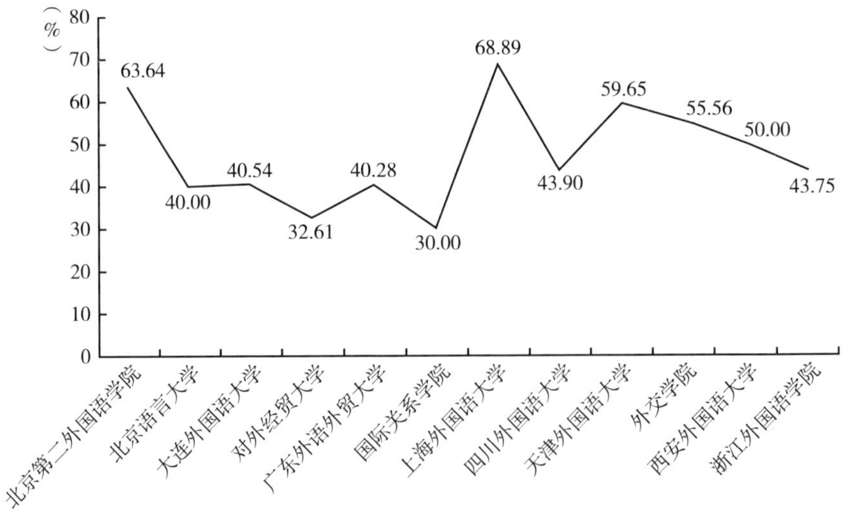

图 2　各院校外语类专业数占本科专业数的比例

资料来源：各高校 2017 ~ 2018 学年本科教学质量报告。其中，北京外国语大学、上海对外经贸大学未列出相关数据，未纳入比较统计。

14 所外语院校共开设了 100 个语种。从学校属性来看，部属外语院校和地方外语院校开设的专业数量和语种数基本保持一致，无太大差异（见表 2）。

表 2　部属/地方院校专业数和语种数对比分析

项目		总体（N = 14）	部属（N = 6）	地方（N = 8）
专业数	最大值	115	115	72
	最小值	9	9	31
	平均值	45	43	46
项目		总体（N = 13）	部属（N = 6）	地方（N = 7）
语种数	最大值	98	98	32
	最小值	3	3	12
	平均值	24	26	22

资料来源：各高校 2017 - 2018 学年本科教学质量报告。其中，上海对外经贸大学在质量年报中仅有专业数。

（三）在校学生及本科生所占比例

全日制在校生数最多的是广东外语外贸大学，在校生有 23710 人，最少的是外交学院，仅有 2488 人；本科生人数最多的是广东外语外贸大学，本科生有 19704 人，最少的是外交学院，仅有 1383 人；本科生占全日制在校生比例最高的是大连外国语大学，占 91.02%，最低的是外交学院，占 55.57%。如图 3 所示。

从学生规模来看，地方外语院校全日制在校生数明显高于部属外语院校，地方外语院校本科生人数约是部属外语院校本科生人数的两倍（见表 3）。

（四）本科生源情况

共 12 所外语院校公布了招生录取面向的省区数量，其中上海外国语大学面向全国 34 个省区招生，浙江外国语学院面向的省区最少，仅有 16 个。各高校面向招生的省区平均是 27 个。

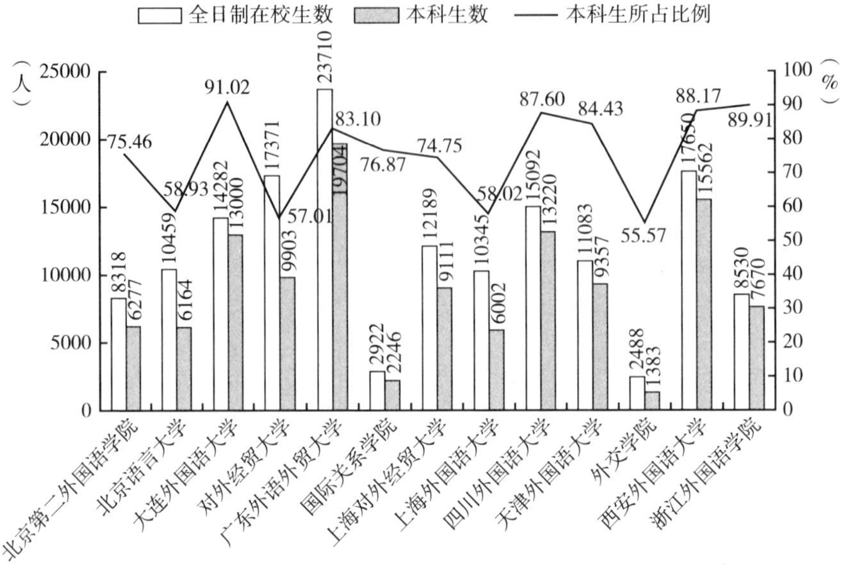

图3　各院校全日制在校生数、本科生数及本科生所占比例

资料来源：各高校 2017～2018 学年本科教学质量报告。其中，北京外国语大学仅列出本科生数，未纳入比较统计。

表3　部属/地方院校全日制在校生数和本科生数对比分析

		总体(N=13)	部属(N=5)	地方(N=8)
全日制在校生数	最大值	23710	173781	23710
	最小值	2488	2488	8318
	平均值	11880	8717	13857
		总体(N=14)	部属(N=6)	地方(N=8)
本科生数	最大值	19704	9903	19704
	最小值	1383	1383	6277
	平均值	8921	5165	11738

资料来源：各校 2017～2018 学年本科教学质量报告。其中，北京外国语大学在质量年报中仅有本科生数。

14 所院校公布了实际录取学生数，与全日制在校生数和本科生数的情况保持一致。地方外语院校实际录取学生数明显高于部属外语院校，地方外语院校实际录取学生数是部属外语院校实际录取学生数的两倍多。

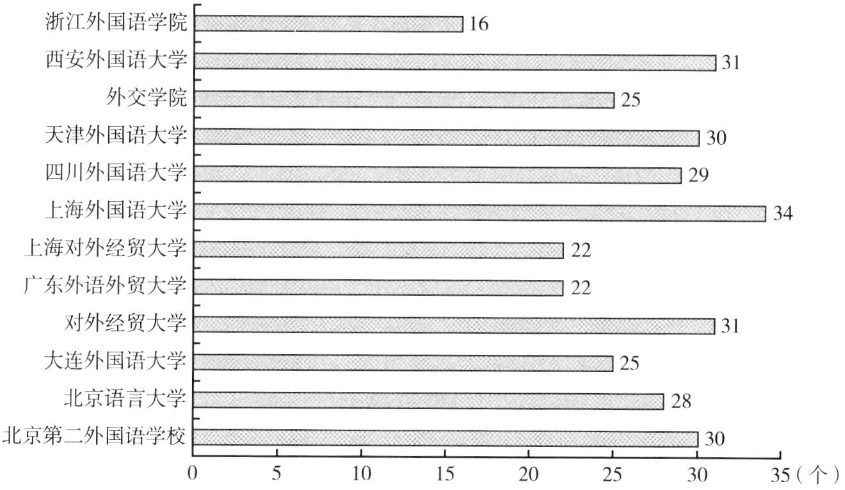

图 4　各高校招生面向的省区数量

资料来源：各高校 2017 ~2018 学年本科教学质量报告。其中，北京外国语大学、国际关系学院未公布招生面向的省区数量，未纳入比较统计。

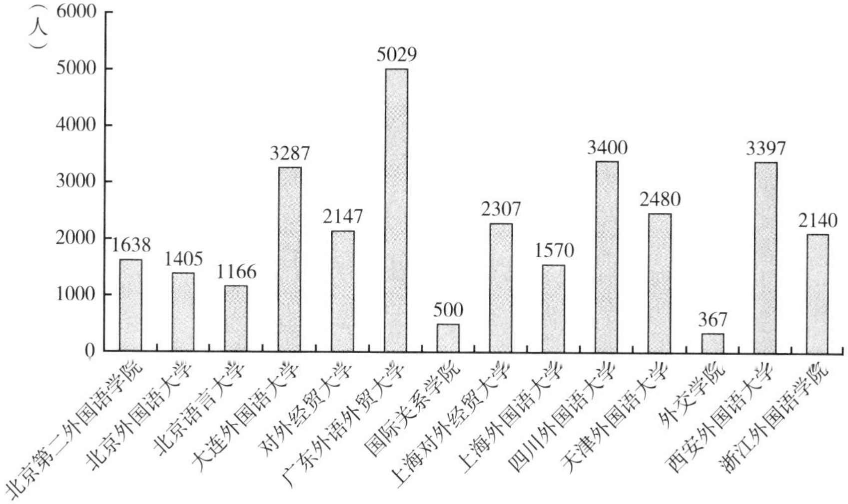

图 5　各院校实际招生录取学生数量

资料来源：各高校 2017 ~2018 学年本科教学质量报告。

表 4　部属/地方院校实际招生录取人数对比分析

项目		总体(N=14)	部属(N=6)	地方(N=8)
实际录取人数	最大值	5029	2147	5029
	最小值	367	367	1638
	平均值	2202	1193	2960

资料来源：各高校 2017 ~2018 学年本科教学质量报告。

二　师资队伍

（一）专任教师与外聘教师数量

外聘教师与专任教师的比值平均为 35.14%。不同学校此两者比值相差较大，比值最大的是 58.09%，最小的是 18.88%。各校的专任教师数和外聘教师数如图 6 所示。

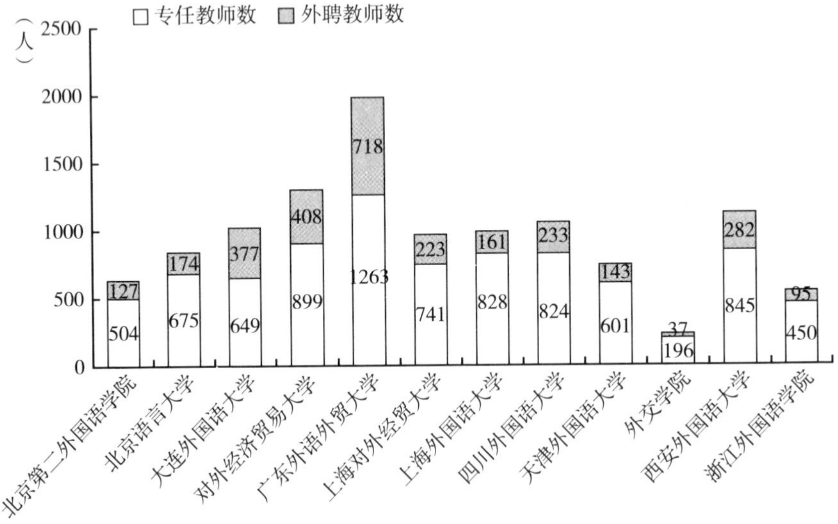

图 6　专任教师与外聘教师数量

资料来源：各高校 2017 ~2018 学年本科教学质量报告。其中，北京外国语大学、国际关系学院的外聘教师数未列出，未纳入比较统计。

（二）师资队伍结构

1. 职称结构

专任教师7324人中，正高级职称教师1289人，占17.6%；副高级职称2401人，占33.58%；中级职称2473人，占比38.58%。

表5　专任教师职称分布情况

单位：人，%

学校名称	专任教师数	正高级职称		副高级职称		中级职称	
		教师数	比例	教师数	比例	教师数	比例
北京第二外国语学院	504	80	15.87	194	38.49	211	41.87
对外经济贸易大学	899	218	24.25	353	39.27	272	30.26
广东外语外贸大学	1263	242	19.16	373	29.53	437	34.6
国际关系学院	173	117	67.63				
上海对外经贸大学	741	104	14.04	293	39.54		
上海外国语大学	828	139	16.79	269	32.49	310	37.44
四川外国语大学	824	106	12.86	272	33.01	316	38.35
天津外国语大学	601	96	15.97	186	30.95	256	42.6
外交学院	196	36	18.37	77	39.29	73	37.24
西安外国语大学	845	79	9.35	269	31.83	372	44.02
浙江外国语学院	450	72	16	115	25.56	226	50.22
合计	7324	1289	17.60	2401	33.58	2473	38.58

资料来源：各高校2017～2018学年本科教学质量报告。其中，北京外国语大学、北京语言大学、大连外国语大学数据不详，未纳入比较统计。

2. 学位结构

专任教师中，具有博士学位的教师4279人，占49.48%；具有硕士学位的教师3672人，占43.33%；具有学士学位的教师497人，占7.98%。未取得博士学位专任教师超50%，说明学历提升方面存在较大空间。

3. 年龄结构

专任教师中，35岁以下专任教师占24.9%；36～45岁专任教师占42.51%；46～55岁专任教师占26.25%；56岁以上专任教师占5.16%。专任教师年龄呈现以中青年为主体的正态分布（见图7）。

表 6　专任教师学位分布情况

单位：人，%

学校名称	专任教师数	博士		硕士		学士	
		人数	比例	人数	比例	人数	比例
北京第二外国语学院	504	274	54. 37	197	39. 09	33	6. 55
北京语言大学	675	346	51. 26	277	41. 04	—	—
大连外国语大学	649	172	26. 5	424	65. 33	53	8. 17
对外经济贸易大学	899	702	78. 09	166	18. 46	31	3. 45
广东外语外贸大学	1263	587	46. 48	568	44. 97	101	8
国际关系学院	173	95	54. 91	—	—	—	—
上海对外经贸大学	741	441	59. 51	266	35. 9	—	—
上海外国语大学	828	543	65. 58	263	31. 76	—	—
四川外国语大学	824	260	31. 55	504	61. 17	59	7. 16
天津外国语大学	601	240	39. 93	319	53. 08	39	6. 49
外交学院	196	135	68. 88	54	27. 55	7	3. 57
西安外国语大学	845	267	31. 6	468	55. 38	107	12. 66
浙江外国语学院	450	217	48. 22	166	36. 86	67	14. 89
合　计	8648	4279	49. 48	3672	43. 33	497	7. 98

资料来源：各高校 2017 ~2018 学年本科教学质量报告。其中，北京外国语大学数据不详，未纳入比较统计；计算各项比例时，该项出现缺乏数据的学校也将其专任教师数从合计总数中排除，以保证统计的合理性。

表 7　专任教师年龄分布情况

单位：人，%

学校名称	专任教师数	35 岁及以下		36 ~45 岁		46 ~55 岁		56 岁及以上	
		人数	比例	人数	比例	人数	比例	人数	比例
北京第二外国语学院	504	106	21. 03	245	48. 61	137	27. 18	16	3. 17
北京语言大学	675	97	14. 37	297	44. 00	—	—	—	—
对外经济贸易大学	899	238	26. 47	322	35. 82	272	30. 26	67	7. 45
广东外语外贸大学	1263	250	19. 79	564	44. 66	390	30. 88	59	4. 67
四川外国语大学	824	300	36. 41	331	40. 17	164	19. 90	29	3. 52
天津外国语大学	601	145	24. 13	295	49. 08	125	20. 80	35	5. 82
外交学院	196	54	27. 55	76	38. 78	61	31. 12	5	2. 55
西安外国语大学	845	210	24. 85	371	43. 91	208	24. 62	56	6. 63
浙江外国语学院	450	158	35. 11	159	35. 33	108	24. 00	21	4. 67
合　计	6257	1558	24. 90	2660	42. 51	1465	26. 25	288	5. 16

资料来源：各高校 2017 ~2018 学年本科教学质量报告。其中，北京外国语大学、国际关系学院、上海对外经贸大学、上海外国语大学、大连外国语大学数据不详，未纳入比较统计。计算各项比例时，该项出现缺乏数据的学校也将其专任教师数从合计总数中排除，以保证统计的合理性。

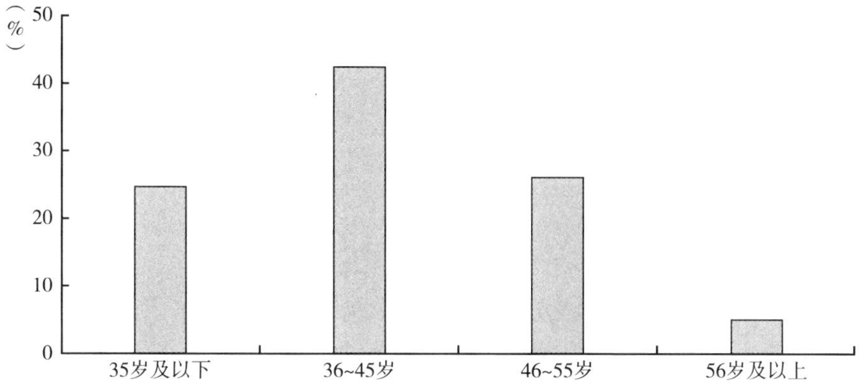

图 7　专任教师不同年龄段所占比例

资料来源：各高校 2017 ~2018 学年本科教学质量报告。其中，北京外国语大学、国际关系学院、上海对外经贸大学、上海外国语大学、大连外国语大学数据不详，未纳入比较统计。计算各项比例时，该项出现缺乏数据的学校也将其专任教师数从合计总数中排除，以保证统计的合理性。

（三）生师比

外语院校生师比集中在 18 左右。生师比在 18 以下的有 6 所高校，超过 18 的有 8 所高校。如按 2018 年版《普通高等学校本科专业类教学质量国家标准》对外国语言文学类的生师比不高于 18∶1 的要求，多所学校还存在差距（见图 8）。

（四）本科生主讲教师

外语院校中，主讲课程教授占教授总数的比例从 53.21% 至 93.56% 不等，差距较大，但占 70% 以上的较多。可见，各高校离“新时代高教 40 条”要求的“完善教授给本科生上课制度，实现教授全员给本科生上课”的目标还有一定的差距（见图 9）。

教授主讲课程占总课程数比例最高为 26.16%，最低为 11.35%，这与学校教授职称占专任教师的比例是正相关的（见图 10）。

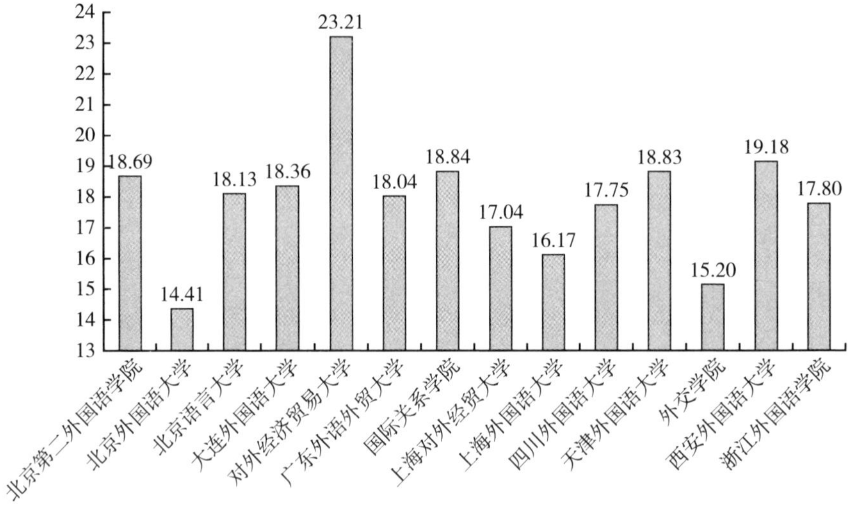

图 8　各学校生师比情况

资料来源：各高校 2017 ~ 2018 学年本科教学质量报告。

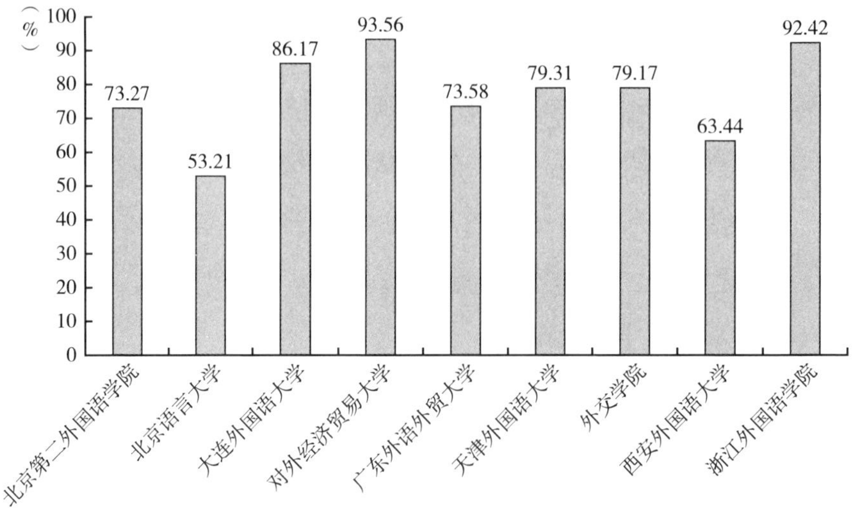

图 9　主讲课程教授占教授总数比例

资料来源：各高校 2017 ~ 2018 学年本科教学质量报告。其中，北京外国语大学、国际关系学院、上海对外经贸大学、上海外国语大学、四川外国语大学数据不详，未纳入比较统计。

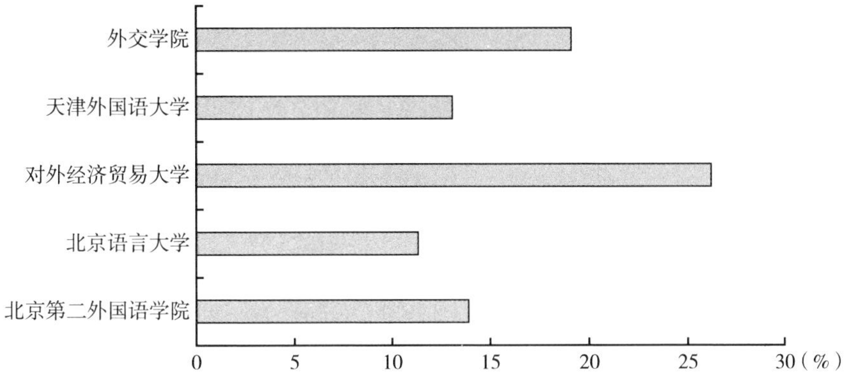

图10　教授主讲课程占总课程数比例

资料来源：各高校2017~2018学年本科教学质量报告。其中，北京外国语大学、大连外国语大学、广东外语外贸大学、国际关系学院、上海对外经贸大学、上海外国语大学、四川外国语大学、西安外国语大学、浙江外国语学院数据不详，未纳入比较统计。

三　教学条件

（一）教学经费投入情况

2017~2018学年，在所考察的14所外语院校中，如表8显示，生均教学日常运行支出平均为7176.53元，标准差为7480.44元；生均本科实验经费支出平均620.04元，标准差为858.91元；生均本科实习经费支出平均271.53元，标准差为200.14元。可见，生均教学日常运行、生均本科实验经费和生均本科实习经费支出三项对于不同学校差别很大。

以生均教学日常运行支出为例，高校生均教学日常运行支出主要集中在2800~8000元；所有考察高校都达到2018年版《普通高等学校本科专业类教学质量国家标准》对外国语言文学类不低于1000元的要求；另外，多数高校达不到平均值7176.53元，也反映了高校间差异较大（见图11）。

表 8　生均支出情况

单位：元

学校名称	生均教学日常运行支出	生均本科实验经费支出	生均本科实习经费支出
北京第二外国语学院	4732.87	514.62	158.59
北京语言大学	10100	188.26	383.31
大连外国语大学	2217.52	169.72	104.15
对外经济贸易大学	11865.73	600.09	311.69
广东外语外贸大学	5354.9	405.56	382.98
国际关系学院	5600		2.92
上海对外经贸大学	3610.44	1344.31	616.18
上海外国语大学	6004.35	231.44	666.49
四川外国语大学	3091.91	128.43	66.35
天津外国语大学	2540.44	331.43	138.09
外交学院	31229.42	3252.85	264.31
西安外国语大学	4547.35	78.45	74.82
浙江外国语学院	2400	195.36	360
平均值	7176.53	620.04	271.53
标准差	7480.44	858.91	200.14

资料来源：各高校 2017 ~2018 学年本科教学质量报告。其中，北京外国语大学数据不详，未纳入比较统计。

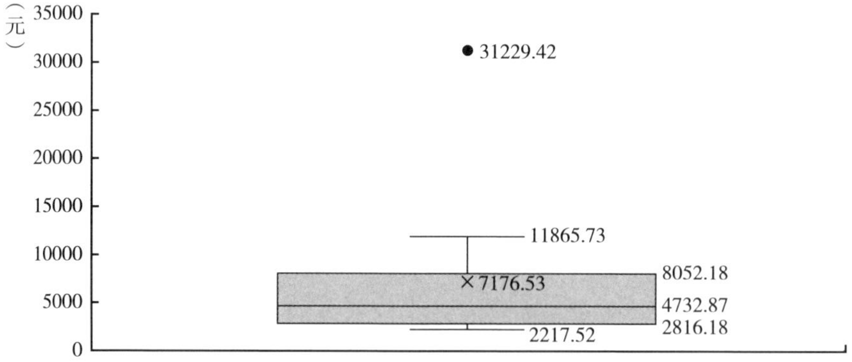

图 11　生均教学日常运行支出

资料来源：各高校 2017 ~2018 学年本科教学质量报告。其中，北京外国语大学数据不详，未纳入比较统计。

（二）教学设施、资源及其应用情况

1. 生均教学科研仪器设备值

外语院校中，生均教学科研仪器设备值最高为2.33万元，最低为0.57万元，均达到2018年版《普通高等学校本科专业类教学质量国家标准》对外国语言文学类不低于3000元的要求（见图12）。

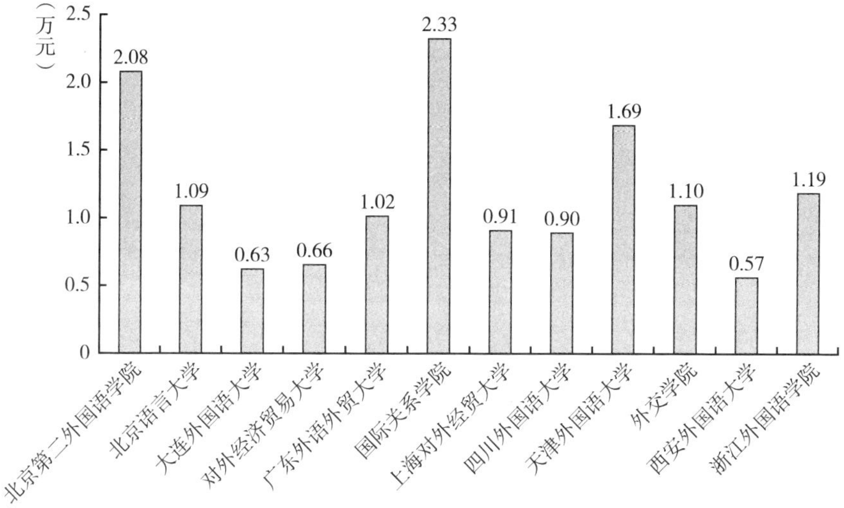

图12　生均教学科研仪器设备值情况

资料来源：各高校2017～2018学年本科教学质量报告。其中，北京外国语大学、上海外国语大学数据不详，未纳入比较统计。

2. 生均教学行政用房

外语院校中，生均教学行政用房面积情况最小的为8.38平方米，最大的为25.45平方米，13所院校中只有1所未达到2018年版《普通高等学校本科专业类教学质量国家标准》对外国语言文学类提出的生均教学行政用房面积一般不小于9平方米的要求（见图13）。

3. 图书馆信息资源

外语院校中，生均纸质图书最少的为50.54册，最多的为186.44册，有66.67%的院校达到2018年版《普通高等学校本科专业类教学质量国家标准》对外国语言文学类提出的生均图书不少于100册的要求（见图14）。

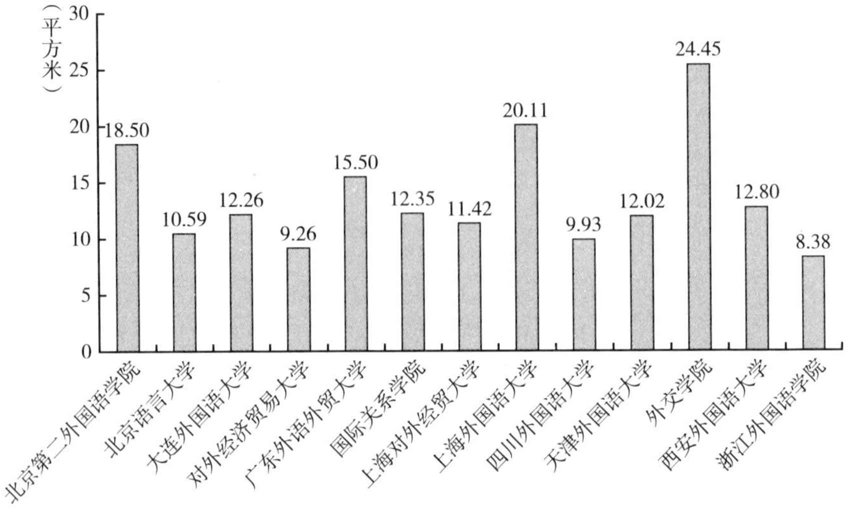

图 13　生均教学行政用房面积情况

资料来源：各高校 2017～2018 学年本科教学质量报告。其中，北京外国语大学数据不详，未纳入比较统计。

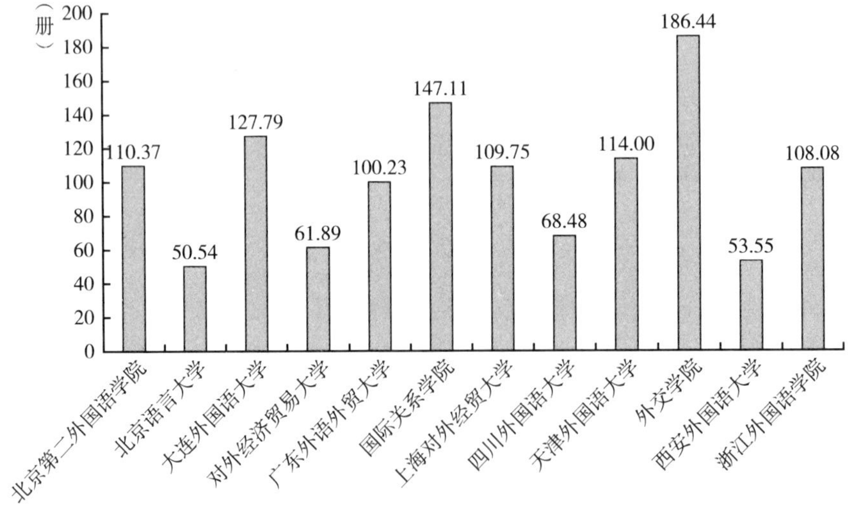

图 14　生均纸质图书情况

资料来源：各高校 2017～2018 学年本科教学质量报告。其中，北京外国语大学、上海外国语大学数据不详，未纳入比较统计。

四　教学建设与改革

（一）课程资源

从全校开设课程总门数和总门次来看，广东外语外贸大学开设课程总门数和总门次最多，整个学年开设了 2098 门课程，共 8220 门次；外交学院最少，开设课程 544 门，共 1016 门次（见图 15）。

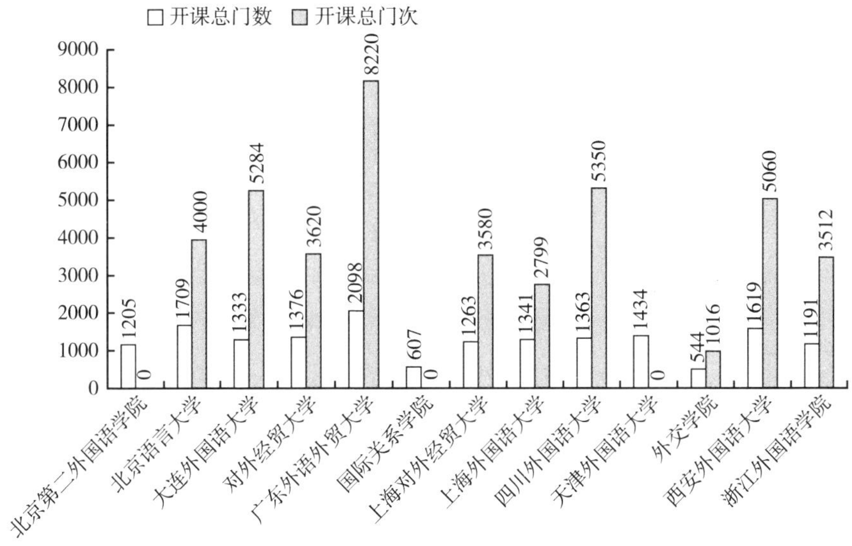

图 15　各高校全校开设课程总门数和总门次

资料来源：各高校 2017～2018 学年本科教学质量报告。其中，北京外国语大学在质量年报中未公布全校开设课程总门数；北京外国语大学、北京第二外国语学院、国际关系学院和天津外国语大学没有公布全校开设课程总门次。未纳入比较统计。

地方外语院校比部属外语院校平均开设课程总门数多 323 门，平均开设课程总门次多 2309 次。整体而言，地方外语院校课程滚动开设的频率更高，以满足学生选课的需求（见表 9）。

表 9　部属/地方高校全校开设课程总门数和总门次对比分析

项目		总体(N=13)	部属(N=5)	地方(N=8)
全校开设课程总门数	最大值	2098	1709	2098
	最小值	544	544	1191
	平均值	1314	1115	1438
		总体(N=10)	部属(N=4)	地方(N=6)
全校开设课程总门次	最大值	8220	4000	8220
	最小值	1016	1016	3512
	平均值	4244	2859	5168

资料来源：各高校 2017～2018 学年本科教学质量报告。

本科生数与课程总门数/门次之比显示课程资源学生选择度的问题。部属外语院校平均每 4.3 个学生享有 1 门课程、每 1.95 个学生享有 1 个教学班；地方外语院校平均每 7.98 个学生享有 1 门课程、每 2.52 个学生享有 1 个教学班。本科生数与课程总门数之比最优的 3 所院校依次是外交学院、北京语言大学和国际关系学院；本科生数与课程总门次之比最优的 3 所院校依次是外交学院、北京语言大学和上海外国语大学（见表 10）。

表 10　部属/地方高校本科生数与课程总门数之比和本科生数与课程总门次之比对比分析

项目		总体(N=13)	部属(N=5)	地方(N=8)
本科生数与课程总门数之比	最大值	9.75	7.2	9.75
	最小值	2.54	2.54	5.21
	平均值	6.57	4.3	7.98
		总体(N=10)	部属(N=4)	地方(N=6)
本科生数与课程总门次之比	最大值	3.08	2.74	3.08
	最小值	1.36	1.36	2.18
	平均值	2.29	1.95	2.52

资料来源：各高校 2017～2018 学年本科教学质量报告。

（二）课程建设

课程建设中选取“全英双语课程”、“在线开放课程”和“特色课程”对 14 所外语院校进行分析。

课程国际化的一个重要举措就是推动全英/双语授课，推进课程内容与国际接轨。全英/双语课程门数（不含语言类专业）最多的是天津外国语大学，有 172 门，其次是广东外语外贸大学，有 128 门（见图 16）。

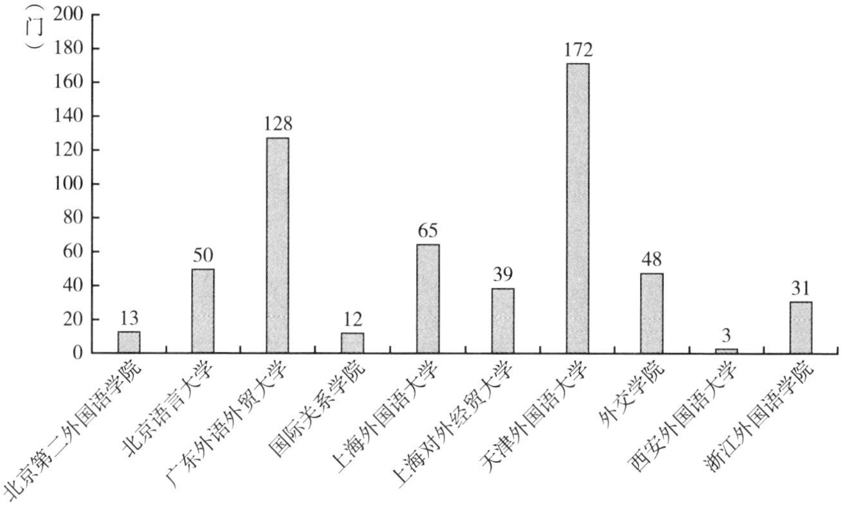

图 16　各高校全英/双语课程门数

资料来源：各高校 2017～2018 学年本科教学质量报告。其中，北京外国语大学、大连外国语大学、对外经贸大学和四川外国语大学没有公布全英/双语课程门数，未纳入比较统计。

在线开放课程的建设推动了优质教学资源的整合及共享，推动信息技术下的教学建设和教学改革。在线开放课程门数最多的是天津外国语大学，有 400 门（见图 17）。13 所院校平均建设在线开放课程 48.6 门。

有 5 所院校实行暑假国际化小学期，邀请国内外专家开设特色课程，旨在使学生了解国际学术前沿，培养学生的国际视野，进一步深化国际化办学特色；有 5 所院校强调思政课程和课程思政建设，通过推进小班化教学、改革精品课等多种形式，建设具有外语院校特色的思想政治教育体系。

（三）实训实习基地

各高校平均拥有实习实训基地 124 所，西安外国语大学实习实训基地数量最多，为 270 所（见图 18）。

部属外语院校平均拥有实习实训基地数 57.8 所，地方外语院校平均拥

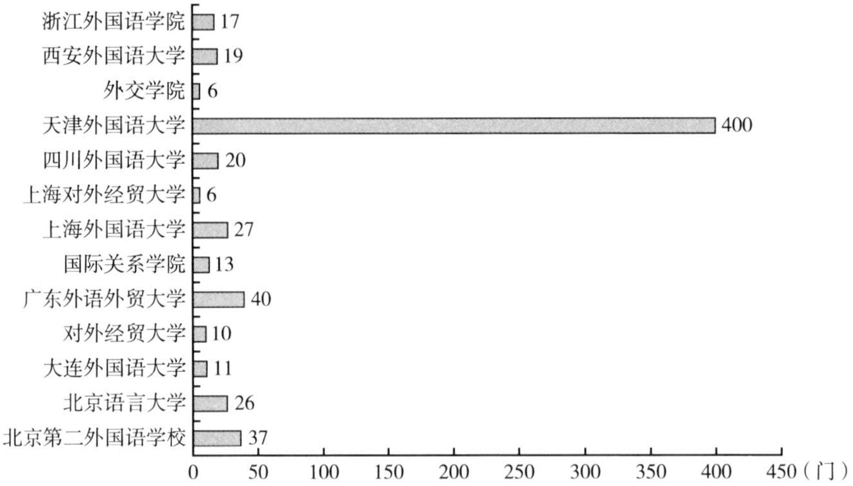

图 17　各高校在线开放课程门数

资料来源：各高校 2017～2018 学年本科教学质量报告。其中，北京外国语大学没有公布在线开放课程门数，未纳入比较统计。

有实习实训基地数 171.6 所，地方外语院校实习实训场所数量明显高于部属外语院校（见表 11）。

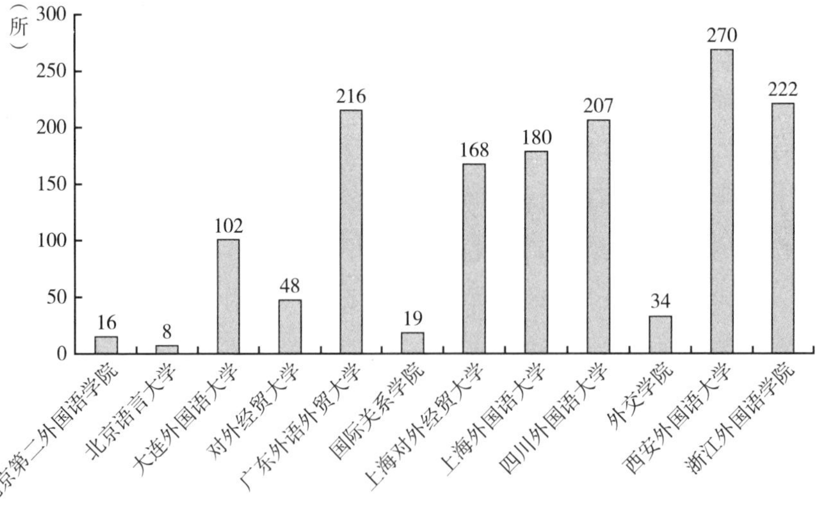

图 18　各高校实习实训基地数量

资料来源：各高校 2017～2018 学年本科教学质量报告。其中，北京外国语大学和天津外国语大学没有公布实习实训基地数量，未纳入比较统计。

表 11　部属/地方高校实习实训基地数量对比分析

项目	总体(N＝12)	部属基地(N＝5)	地方基地(N＝7)
最大值	270	180	270
最小值	8	8	16
平均值	124.2	57.8	171.6

资料来源：各高校 2017～2018 学年本科教学质量报告。

五　质量保障体系

14 所外语院校在质量年报中均从保障人才培养中心的相关机制与政策、本科教学质量保障体系建设等方面对质量保障进行阐述，部分院校针对教育部审核评估或专业自评等工作进行了介绍。

（一）人才培养中心的相关机制与政策

各高校高度重视人才培养中心地位，构建以学校领导牵头、相关部门统筹落实教学质量管理和监控等各项具体措施、院校两级监控的机制，出台相关系列文件，从制度上保障教学质量体系的实施，采用日常教学运行常态化监测和专项评估、督查相结合的方式，形成教学质量监控闭环运行系统。

14 所外语院校中，有 6 所院校实行了“管办评”分离，成立了独立的教学质量管理部门，分别是广东外语外贸大学、四川外国语大学、外交学院、西安外国语大学（设立教育教学督导办公室）、上海对外经贸大学和浙江外国语学院。

上海对外经贸大学学校质量报告发布制度上颇具特色，除发布常规的质量年报及教学状态相关数据之外，对大学英语自主学习、教师教学调停课、教学质量等实行月简报制度，对思政课程建设实行季报制度，对美育发展实行年报制度。

（二）本科教学质量保障体系建设

各高校本科教学质量保障体系建设主要措施有校领导听课、院系/职能部门领导听课、同行听课、教学督导、学生评教、教师评学、学生信息员、教学检查、毕业论文和课程试卷抽查、毕业生跟踪调查等。

从质量年报发布的内容来看，14 所外语院校主要实行的措施如表 12 所示。

表 12　各高校质量保障体系建设主要措施

院校名称	校领导听课	院系/职能部门领导听课	同行听课	教学督导	学生评教	教师评学	学生信息员	教学检查	毕业生跟踪调查	毕业论文和课程试卷抽查
北京第二外国语学院	√	√	√	√	√				√	√
北京外国语大学	√	√		√	√	√				
北京语言大学	√	√	√	√	√			√		
大连外国语大学	√	√	√	√	√			√		√
对外经贸大学	√	√	√	√	√			√		√
广东外语外贸大学	√	√	√	√	√	√	√	√	√	√
国际关系学院	√	√	√	√	√			√		√
上海对外经贸大学	√	√	√	√			√		√	√
上海外国语大学	√	√	√	√	√		√		√	√
四川外国语大学	√	√		√	√		√	√	√	√
天津外国语大学	√	√	√	√	√		√	√	√	√
外交学院	√	√	√	√	√			√		
西安外国语大学	√	√	√	√	√					√
浙江外国语学院	√	√		√	√		√	√		√

资料来源：各高校 2017 ~ 2018 学年本科教学质量报告。

所有高校均实施了校领导听课、院系/职能部门领导听课和教学督导制度；有 13 所院校实行了学生评教制度；有 11 所院校实行了同行听课制度、毕业论文和课程试卷抽查工作；有 9 所院校每学期定期进行教学检查；有 6 所院校实行了学生信息员和毕业生跟踪调查；仅有 2 所院校开展了教师评学工作（见图 19）。

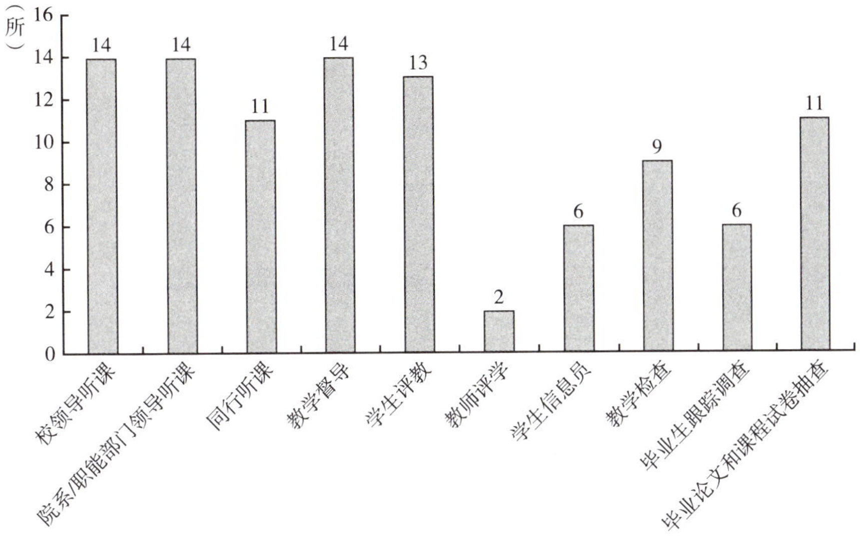

图19　采纳各类型质量保障措施的院校数

资料来源：各高校2017～2018学年本科教学质量报告。

六　本科生学习成效

（一）本科生转专业情况

2017～2018学年，外语院校中本科生转专业人数占全校本科学生总人数之比只有对外经济贸易大学为4.92%，广东外语外贸大学为1.84%，其他几所大学均未达到1%，可见本科生转专业自由度还是较小（见图20）。教育部发布的《关于加快建设高水平本科教育全面提高人才培养能力的意见》（教高〔2018〕2号）（即“新时代高教40条”）提出“完善学分制，推动健全学分制收费管理制度，扩大学生学习自主权、选择权，鼓励学生跨学科、跨专业学习，允许学生自主选择专业和课程”，为高校深化教学改革提供了政策依据。

（二）本科生辅修、双学位情况

2017～2018学年，在所考察的外语院校中，参与辅修的本科生占全校

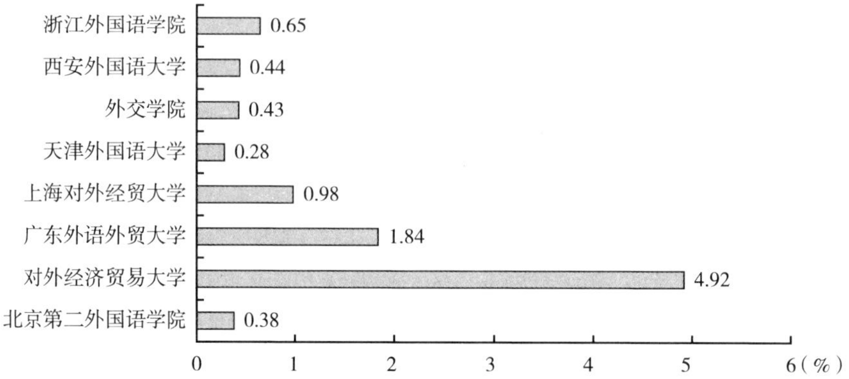

图 20　本科生转专业人数所占比例

资料来源：各高校 2017～2018 学年本科教学质量报告。其中，北京外国语大学、北京语言大学、大连外国语大学、国际关系学院、上海外国语大学、四川外国语大学数据不详，未纳入比较统计。

本科生比例最高为 17.6%，最低为 0.14%；获得双学位的本科生占全校本科生比例最高为 17.31%，最低为 1.91%（见图 21）。

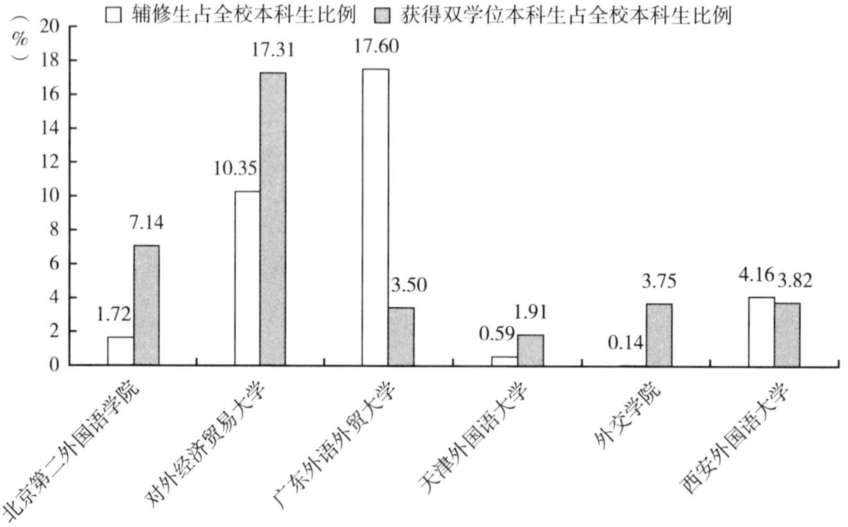

图 21　本科生中参与辅修、获得双学位学生的情况

资料来源：各高校 2017～2018 学年本科教学质量报告。其中，北京外国语大学、北京语言大学、大连外国语大学、国际关系学院、上海对外经贸大学、上海外国语大学、四川外国语大学、浙江外国语学院数据不详，未纳入比较统计。

辅修和双学位作为高校培养复合型人才的主要教学模式，为学有余力的学生提供了更多的选择。“新时代高教40条”提出“推进辅修专业制度改革，探索将辅修专业制度纳入国家学籍学历管理体系，允许学生自主选择辅修专业”，将促进高校对辅修专业和双学位制度的改革和深化。

（三）应届本科生毕业率

2018年在所考察的外语院校中，应届本科生毕业最高为100%，最低为91.24%；应届本科生毕业率在99%以上的高校有1所，占8.33%；在98%～99%之间的高校共3所，占25.00%；在97%～98%之间的高校共3所，占25.00%；在96%～97%之间的高校共1所，占8.33%；在95%～96%之间的高校为0；在95%以下的高校共4所，占33.33%。

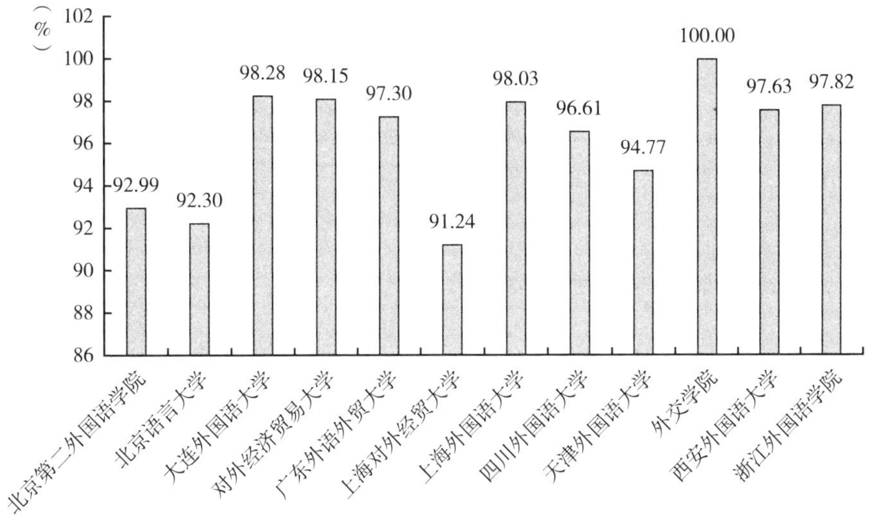

图22　应届本科生毕业率

资料来源：各高校2017～2018学年本科教学质量报告。其中北京外国语大学、国际关系学院数据不详，未纳入比较统计。

（四）应届本科生初次就业率

在所考察的外语院校中，应届本科生初次就业率最高为99.08%，最低为71.93%，高校之间的就业相关较明显。应届本科生初次就业率在97%以上的高校有3所，占21.43%；在95%～97%之间的高校有4所，占28.57%；在90%～95%之间的高校有4所，占28.57%；在90%以下的有3所，占21.43%。

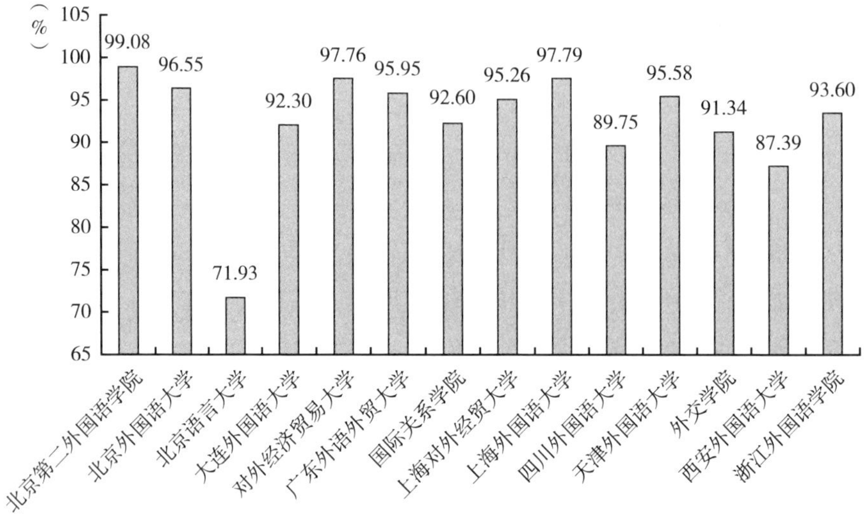

图23　应届本科毕业生初次就业率

资料来源：各高校2017～2018学年本科教学质量报告。

（五）应届本科生学位授予情况

在所考察的外语院校中，应届本科生学位授予率最高为99.4%，最低为90.52%；应届本科生学位授予率在99%以上的高校共1所，占7.69%；在98%～99%之间的高校共2所，占15.38%；在97%～98%之间的高校共3所，占23.08%；在96%～97%之间的高校共2所，占15.38%；在95%～96%之间的高校共1所，占7.69%；在94%～95%之间的高校共1所，占7.69%；在92%～93%之间的高校共2所，占15.38%；在90%～91%之间的高校共1所，占7.69%。

（六）学生学习满意度

在所考察的外语院校通过自己或委托第三方机构进行学生满意度调查。

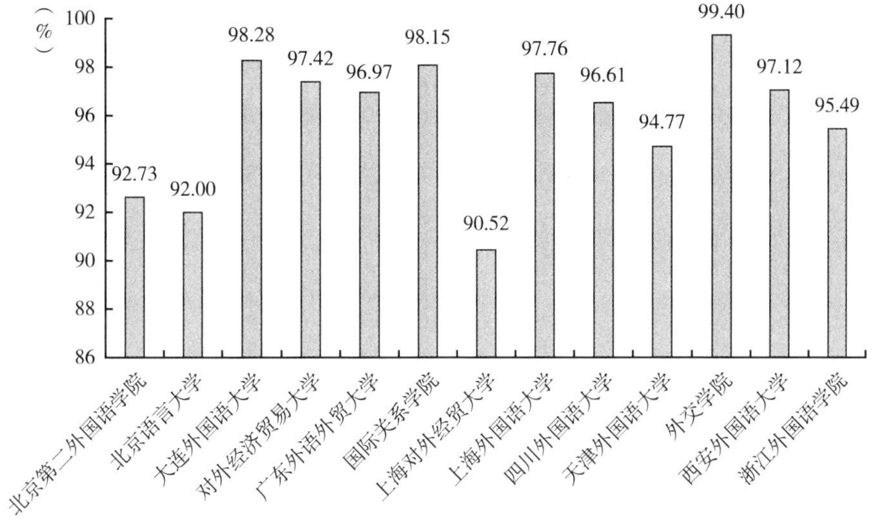

图 24　应届本科生学位授予率

资料来源：各高校 2017 ~2018 学年本科教学质量报告。其中北京外国语大学数据不详，未纳入比较统计。

由于分析指标不一致，这里只从其年度质量报告中选取部分院校的毕业生对其教学满意度进行简单说明。毕业生对学校的教学满意度最高为 95. 92%，最低为 76. 8%；满意度为 90% 以上的共有 3 所，占 60%；满意度为 85% 以上的共有 4 所，占 80%；满意度为 85% 以下的共 1 所，占 20%。总体来看，外语院校学生学校的教学满意度较高。

七　特色发展

2018 年，全国外语院校坚持走内涵发展和特色办学之路，以服务国家发展战略、助力区域经济社会文化进步为己任，充分发挥外语院校独具的语言服务和功能优势，为国家发展和社会进步做出了自己应有的贡献。

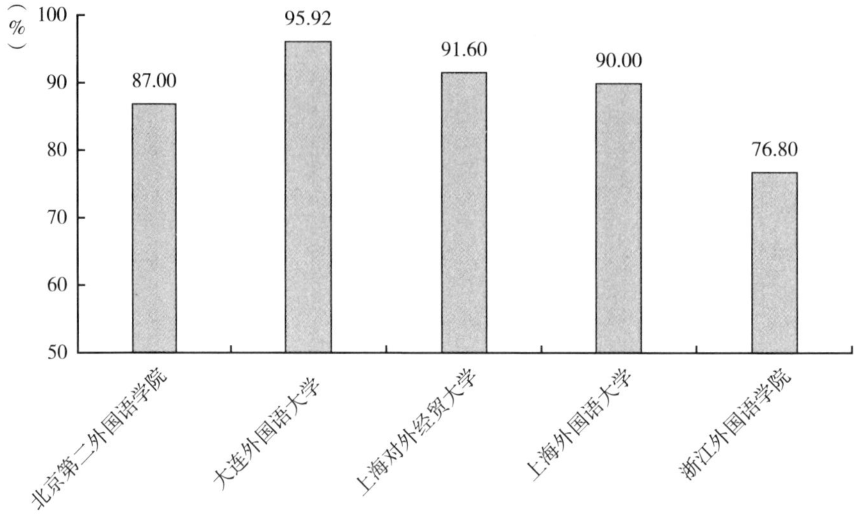

图 25　毕业生对学校的教学满意度

资料来源：各高校 2017～2018 学年本科教学质量报告。其中北京外国语大学、北京语言大学、对外经济贸易大学、广东外语外贸大学、国际关系学院、四川外国语大学、天津外国语大学、外交学院、西安外国语大学数据不详，未纳入比较统计。

（一）服务国家发展战略，增设特色语种

2018 年，外语院校积极回应国家发展战略，服务国家“一带一路”建设，进一步完善学科专业结构布局，有计划地增设非通用语种专业，朝着实现战略性、关键性语种覆盖“一带一路”沿线主要国家的目标迈进。

2018 年，上海外国语大学的乌兹别克语、捷克语、斯瓦希里语专业开始招生；天津外国语大学新增设保加利亚语、罗马尼亚语、希腊语、塞尔维亚语；大连外国语大学新增设波兰语、哈萨克语、乌克兰语；北京第二外国语学院增设波斯语、希伯来语、印地语、土耳其语；天津外国语大学新增保加利亚语、罗马尼亚语、希腊语、塞尔维亚语。等等。

（二）强化“外语＋”教学模式，培养国际化人才

2018 年，外语院校利用自身多语种专业和国际化办学的优势，继续强

化“外语 + 专业”、“专业 + 外语”、“外语 + 外语”的人才培养特色，实现外语教育与专业教育的深度融合，在国际化人才培养方面成果丰硕。

上海外国语大学提出“多语种 +”人才培养的三种模式：即“专业特色”、“多语复合”和“战略拔尖”人才培养模式，其中“战略拔尖”人才培养模式，提出以国家战略需求为导向，培养兼具中国情怀和国际视野、擅长多元文化理解与沟通，在国际事务合作与竞争中善于把握机遇和争取主动的国际青年领袖；四川外国语大学构建“I – SISU123”① 人才培养模式，致力于培养高素质应用型国际化人才。广东外语外贸大学开设“宗岱班”，培养“英语 + 小语种”的高级翻译人才。西安外国语大学实行“通用语 + 非通用语”和“专业 + 非通用语”培养机制；大连外国语大学外籍专家教师积极参与教学、科研及各类活动，加速国际化课程体系建设，开展的“大外国际课堂”项目。

（三）改革公共外语教学，造就国际组织人才

为解决中国在大型国际组织中人才储备不足、占比偏少的这一突出问题，2018 年 9 月教育部确定了包括北京外国语大学、北京语言大学、国际关系学院、外交学院、上海外国语大学、对外经济贸易大学和广东外语外贸大学等 7 所外语院校在内的共 20 所试点高校，要求以 5 年为周期，实施面向非外语专业学生的公共外语教学改革，提高学生第二、第三外语综合应用

---

① “I”是指学校始终坚持人才培养的国际化导向（Internationalization），将国际化融入人才培养的全过程；“S”是指人才培养必须坚持“服务需求”（Service），把服务地方经济社会发展需求作为人才培养的出发点和落脚点；第二个“I”是指“复合融通”（Interdisciplinarality）的理念，注重发挥学校的外语优势，通过“外语 + 专业”“专业 + 外语”“课程嵌入”以及辅修/双学位等多种方式开展复合型人才培养；“S”是指人才培养必须促进学生德智体美全面发展，帮助学生“自我实现”（Self-realization）；“U”是指“应用转型”（Use-orientation），指学校根据高校分类发展和应用转型的指导意见，推动部分学科专业课程向应用型转变，培养高素质应用型人才；“1”是指一个目标，即“外语高级专门人才和高素质复合型、应用型国际化人才”的培养目标；“2”是指两类人才，即外语类和非外语类人才培养；“3”是指学校人才培养的三大举措，即外语共核、分类培养和转型发展。同时，“SISU”是四川外国语大学的英文首字母缩写，“ISISU”也是“爱川外”的另一种表达，一方面寓意外语人才的母校与家国情怀，另一方面旨在彰显“川外”的个性与特色。

能力，培养“一精多会”（精一门外语、会多门外语）、“一专多能”（懂专业，能多语种沟通写作）的高素质国际化复合型专门人才，为服务“一带一路”建设，为国际组织人才提供支撑。列入试点的外语院校迅速制定公共外语教学改革方案，陆续推出相应的举措。

北京外国语大学成立专项工作领导小组，相关部门协同配合开展工作；成立国际组织实习任职辅导工作室，由对国际组织有深度研究的专家任指导老师，精准化开展指导工作；将国际组织实习纳入学生培养方案并设定学分，制定在校生到国际组织实习任职的学籍政策，实行弹性学制，计算相应学分；设立学生国际组织实习任职专项奖励，鼓励学生在校期间参加重大国际会议、国际组织及其分支机构的实习实践。① 国际关系学院在总结公共外语方面教学改革成果的基础上，梳理了学校相关学科、专业、课程方面的优势，拟定了试点方案。上海外国语大学开设了“多语种高级翻译人才培养平台”“多语种国别区域人才培养平台”“多语种外交外事人才培养平台”“多语种国际组织人才培养平台”，致力于培养掌握多语种运用能力的国际组织人才。广东外语外贸大学制定了公共外语教学改革方案，积极筹建国际组织人才培养班等。

（四）注重语言实践，强化志愿服务

2018 年，外语院校充分发挥语言学科优势，拓展海外实习基地和志愿服务，主动承办各种国际会议和国际赛事，扩展学生国际视野，为学生提供语言实践和跨文化交际的机会。

天津外国语大学联合天津市外办面向社会征选多语种优秀翻译人才，建成“天津市翻译人才库”；组织学生参与天津市及周边地区各种大型国际会议、涉外展赛会的翻译和外事接待服务，给学生实践专业、实践语言和全面发展的空间。广东外语外贸大学推出“高水平大学建设学生国（境）外访学项目”，设立专项经费，支持学生赴世界国外顶尖大学、世界知名高校和

---

① http：//www. moe. gov. cn/jyb_ xwfb/s6192/s133/s141/201804/t20180412_ 332964. html.

知名国际组织学习、实习。浙江外国语学院积极打造以“国际视野、家国情怀”为主题的社会实践、志愿服务活动品牌，成立英、日、意、葡、阿、西、法、俄、韩、德等10个语种师生构成的多语种国际志愿者联盟，实现了学校外语语种专业学生出国境学习交流项目的全覆盖。外交学院通过举办模拟联合国、外交外事礼仪大赛、模拟新闻发言人以及参加各种国际性论坛会议的志愿工作，坚定学生服务国家社会经济发展的决心。西安外国语大学与科研院所、跨国公司等建立了联合培养人才的新机制，聘请跨国公司高级管理人员作为实践导师，由校内学术带头人与业界精英组成双导师团队，共同参与国际化人才培养方案的制定与实施，指导学生开展创新实践活动。

（五）加强国际合作与专业认证，构建联合培养人才体系

2018年，外语院校发挥对外交流传统优势，积极寻求与国境外合作伙伴关系，推动学校与国境外高等院校合作办学项目，构建本土化与国际化联合培养的人才培养体系；加强国际专业认证，提升学校国际化教育质量。

大连外国语大学积极构建复合型、应用型国际化人才培养体系建设，建立起包括“3+1”“2+2”“4+1”“3+2”等模式的交换留学、双学位联合培养、本硕连读，以及实习实训、文化交流等多种形式的国际合作人才培养模式。广东外语外贸大学入选教育部“亚洲校园”项目，探索中日韩三国联合培养亚洲精英人才模式，目前实现常态化运营。西安外国语学院聚焦于培养国家急需的“五类人才”，与阿联酋沙迦大学合作举办阿拉伯语专业本科教育项目。浙江外国语学院积极探索“双校（国际+国内）园”培养等模式，朝鲜语、阿拉伯语等专业学生成建制赴国外交流学习；北京第二外国语学院与爱沙尼亚、拉脱维亚和立陶宛合作院校签署的3项协议，该协议被纳入第七次中国—中东欧国家领导人会晤成果清单。西安外国语学院实施本科生“双校园”联合培养，与美国洪堡州立大学合作创办西外洪堡学院，与英国特许公认会计师公会、管理会计师公会合作开办了ACCA、CIMA、CFA教改班，与俄罗斯新西伯利亚国立技术大学共建俄语语言文化中心；与香港浸会大学、香港理工大学、香港中文大学、日本武藏大学等国（境）

外高校开展了学科交叉、本硕连读培养项目。上海对外经贸大学开展的ACCA项目，连续四年获得白金级资质认定，并获得“ACCA2017年度优秀高校”称号。北京第二外国语学院推进学位授权点国际认证，学校旅游管理专业获世界旅游组织教育质量认证（Ted Qual）最高级别认证，同时启动工商管理学位授权点申请工商管理三大国际认证工作。

（六）加强信息化建设，推动资源共建共享

2018年，外语院校持续推进现代信息技术与教育教学深度融合，借鉴国内外高校慕课等教学模式改革的新方向和新趋势，深度发掘深信息技术与教育教学深度融合，建设一批高质量的在线开放课程，优质、特色的通识教育课程；学校在掌握语言资源的基础上，积极借助语言信息技术为政府和社会提供灵活便捷的语言服务。

北京外国语大学牵头成立“中国高校外语慕课联盟”，各高校通过线上平台共享教育资源，共建课程体系，推动教学创新促进教育现代化在中国高等外语教育领域的深入发展。天津外国语学院与传神（中国）网络科技有限公司合作建设“天外传神多语港”，将互联网、计算机技术和语言服务三个要素结合起来，大力推进语联网建设，为政府的国际招商项目、国际会议、政府网站、国际交流等提供即时，方便、快捷、高效的嵌入式语言服务，打造方便高效的外语服务平台，为国家社会经济发展做贡献。其他学校积极制定措施，激励教师改革课堂教学，开发在线课程；不少学校与公司合作联合开发慕课，或直接购买网上课程资源补充课程资源的不足。

八　问题与对策

（一）问题

1. 国际组织人才培养机制有待建成

培养国际组织人才，构建国际治理人才梯队是中国走向世界舞台中心过

程中不可或缺的一环，尽管教育部已于2018年启动了国际组织人才培养的试点工作，但整体而言，外语院校所占的比重不高，启动较慢，计划与机制不完善。尤其在培养方案设计、成本投入标准、教学运行、指导培训等方面，尚未形成行之有效的方案。在深层次上，则存在对国际组织人才理解过于狭隘，所培养的人才过于侧重工具性，如着重培养语言翻译等一般性的技能性人才，在国际视野、专业文化与伦理、思想政治、应变能力和宏观运筹方面的教育与培训还有待加强。另一方面，外语院校与国际组织的还有许多空间有待拓展。尤其是外语院校派往国际组织实习的人数偏少，规模偏小。

2. 教学质量保障体系建设不够完善

教学质量保障是一项系统工程，是对学校教育教学工作进行全过程、全方位的质量监控，涉及人事、财务、学生、资产、后勤等职能部门以及二级学院相关体制机制的完善。与社会发展对人才的需求相比，与外语院校办学目标和人才培养规格的定位相比，外语院校教学质量保障方面存在一些较为突出的问题。如，部分外语院校对本科教学质量保障体系建设缺乏系统的顶层制度设计，尚未设置独立的教学质量保障机构，相关专业人员短缺，缺乏以数据为支撑的研究成果，未能建立起具有学校特色的内部质量保障闭环体系；教学评估与监控的常态化工作需要进一步落实，针对不同专业具体的教学评估标需要进一步完善，相对固定的、专业化的校、院两级教师教学督导队伍还需加强。

3. 教学方法改革效果不够凸显

从课堂教学检查及测评结果来看，教学方法改革效果不够凸显。一是部分教师沿袭传统的教学方式方法，教学方法与手段单一，课堂存在唱“独角戏”、“满堂灌”的现象，以“讲授式”和“灌输式”为主。教师应用现代信息技术和互联网技术在课堂教学上的熟练程度不够，对在线课程的建设和使用不积极；二是教师对学生问题意识的培养和引导不够。师生互动性较差，无法调动学生学习的主动性与积极性；三是课堂教学评价标准需要改进，各类听课、评教等课堂教学评价体系中，对“教”的内容等方面过度关注，缺少对“学”的效果评价。

4. 部分专业师资配备不足

目前外语院校师资队伍方面存在部分专业教师数量不足，高层次人才偏少问题。特别是新办非通用语种专业，这些专业师资队伍存在学历水平低、高级职称教师少、学缘结构单一等问题。但这些专业的高水平师资在国内数量有限，人才引进存在一定困难。此外，部分院校缺乏对青年教师系统培训和职业发展规划的指导；定位为应用型大学的外语院校与行业、企业、实务部门间的联系不够，“双师双能型”教师数量相对不足；部分院校在各类资源配置尤其是师资方面过多倾向于外语专业，对非外语专业建设的重视程度相对不够。

5. 课程资源建设有待加强

课程资源数量与质量有待进一步提升。在“外语＋”与“专业＋”复合型人才培养模式等背景下，外语院校的教师、课程、教室等教学资源不足，难于为学生提供足够的适应个性化选择的丰富教学资源。课程资源总体不足，尤其是可供全校学生选修的高质量课程不多，部分专业选修课程数量偏少，通识选修课程资源呈结构性不足，尤其是自然科学的课程存在较大的缺口。在线课程建设战略化布局较晚，建设数量和质量有待进一步提高；课程教学信息化建设步伐较缓慢，信息技术与教育教学的需进一步深度融合，教学课堂中知识灌输型课堂仍普遍存在。

（二）对策

1. 加快推进和完善国际组织人才培养工作

面对中国目前的国际地位以及中国对有关国际组织的贡献不相匹配的这一现状，外语院校必须积极行动起来，充分利用自身的学科与专业优势，加快推进国际组织人才培养工作，完善人才选拔和培养机制，制定成本投入标准，建立“精英化“的教学体系和培养计划，开展有关国际组织人才的理论研究，拓展与国际组织的联系途径，建立国际化的实践教学和专业实习基地。同时，加强国际非政府组织人才的培养，通过培养为跨国企业、非政府组织工作和服务的人才，参与国际社会生活的方方面面，扩展中国“走出去”战略的通道。国际组织和非政府组织人才的培养，应把握好以下几个方面的：在培养内容上，专业知识、专业技能和公民素养并重；在课程设置上，专业课程与通识课程并行；在思想教育上，爱国教育与国际视野共存；在培养层次上，本科生与研究生形成梯队；在教学模式上，引入情景教学和学生主导的讨论式教学。国际组织人才的培养，既是对外语院校的挑战，也为外语院校改革人才培养模式提供一个新的机遇。

2. 完善教学保障与评价体系

完善助推教学改革的配套政策和措施，将教学改革纳入考核评价体系，引导各教学单位全面深入推进课堂教学改革。进一步完善教师评价与激励机制，优先推荐课堂教学改革成果参加教学成果奖评选，并在职称评聘、业绩考核中提高教学质量指标的权重，引导教师把更多的精力投入到教学方法改进和教学内容更新上，不断提高教学效果。建立多元的学生学业评价模式，注重考核学生运用知识和技能提出问题、分析问题、解决问题的能力，进一步落实教学评估与监控的常态化工作。

3. 综合进行课堂教学改革

引导教师更新教学理念和教学方法，把“以学生为主体”课堂教学理念落地实处，把课堂教学作为培养学生思辨能力和创新能力的主阵地，有效推动课堂教学由“讲授式”向“学习式”转变。同时，不断改进课堂教学评价标准，注重对课堂教学中“学”的效果评价。推进“互联网 + 高等教育”条件下人才培养模式和课堂教学的改革和创新，将信息化建设和教学课堂深度融合，教学工作需突出人才培养的中心地位。

4. 优化师资队伍结构

加大师资队伍人才总量。利用各方面条件引进优秀人才进入外语学院，引进急需师资的“一带一路”沿线国家非通用语专业教师；加大对师资队伍的扶植力度，加强对年轻教师的培养，从教育理念、教学手段、教学方法、教学经验上对青年教师进行系列培训，鼓励教师自我进修与提升，提高新建专业师资队伍学历层次，优化师资队伍学缘结构。根据学校“外语 + 外语”、“外语 + 专业”、“专业 + 外语”和非通用语发展规划需要，逐步探索与之相适应的师资队伍建设机制，打破学科专业壁垒，促进师资交融，建立跨学科、跨专业人才管理机制。强化教师海外培养，引导教师增强海外访学的目的性，提升师资的跨文化沟通、开设双语课程、全英课程能力。

改善师资队伍结构。首先，科学合理制定教授、博士等高层次人才培养、引进的方针政策；进一步加大高层次人才引进力度，为高层次人才来校工作提供更优惠的条件，创建更优越的环境。其次，进一步优化博士引进待遇，提高专任教师引进和录用门槛，以此鼓励支持更多的青年教师提高学历职称。大力提高教师队伍职称水平。继续完善教师专业技术职务评聘制度，健全分类评审机制，逐步改善教师职称结构。最后，大力提高教师队伍国际化水平，利用学校一流学科建设平台，以及海外人才引进优惠政策，赴海外定点招收优秀人才来校工作。强化教师海外培养，并逐步将海外经历作为教师提升的基本要求，加强教师海外访学进修的积极性。同时，进一步完善外籍教师管理，拓宽外籍教师选聘渠道，通过政策激励，延长外籍教师在校时间，提高外籍教师的质量和占比。

5. 对课程资源实行提质增量

针对课程资源开出不足的问题，学校要制定相应的激励政策，对新开课程加大资助力度，对开出新课的教师要给予必要的奖励；鼓励高层次研究人员针对自己的研究领域给本科生开课；有条件的兄弟院校之间可以通过签订协议，实行课程或师资的资源共享；有些通识教育课程可以引进优质慕课，开展线上线下混合式教学来补充资源的不足。

针对部分课程质量不高的问题，可借助“金课”计划，打造一批优质课程，淘汰部分“水课”；学校可定期开展课程评估，对于评估不合格不受学生欢迎的课程实行淘汰，以此来促进课程质量的建设；实行学分制的学校，则可以利用学生选课程、选教师的机制，让一些教学质量不高的课程与教师自然淘汰。当然，更重要的是学校应当建立课程质量持续提高的机制，通过开展教师定期培训、教学工作坊、老中青“传帮带”、集体备课等活动，让一些有潜力有热情的教师主动地进行教学改革，提升课程教学质量，最终将质量意识深入到每一位管理者和教师的心中。

B.4
新建本科院校教师发展报告

夏　琍*

摘　要： 新建本科院校是中国高等教育体系的重要组成部分，关系整个高等教育质量。新建本科院校师资队伍是应用型人才培养的有效保障，是学校转型发展的核心动力之一。本文基于合格评估的视角，依据新建本科院校教师发展的相关数据，分析了新建本科院校教师队伍发展概况及所取得的成绩，表现在：数量结构不断优化、专业能力持续提升、教学投入度逐步深化以及教师积极利用信息技术投入教学改革等；并针对存在的问题展开剖析，包括师资队伍结构仍不合理、培养培训力度不够、双师双能型教师和实验师资薄弱、教师利用信息技术开展教学的能力不强、应用研究能力薄弱、教师自我转型动力缺乏等六方面。有鉴于此，通过持续提升师资数量优化结构、突出“双师双能型”教师队伍建设、强化教师发展机构的职能、加强中青年教师的培养培训、创新教育教学方法、加强一流教学科研团队的建设、完善教师教学评价体系等路径，提升转型背景下新建本科院校教师队伍整体的能力与水平，从而更好地促进新建本科院校的转型与内涵式发展。

关键词： 新建本科院校　教师发展　挑战　机遇

* 夏琍，合肥学院中德应用型高等教育研究与交流中心副教授，博士，研究方向为应用型高等教育、大学教师发展。

新建本科院校是指教育部2000年以后批准设立的本科院校，是随着中国高等教育规模的扩张和体制改革的不断深化，由多所不同层次、不同类型学校合并或专科独立升格的新型本科院校。① 在国家和地方政府的大力支持下，新建本科院校得到了飞速发展，截止到2018年底，全国普通本科院校1243所，其中新建本科院校702所，占56.47%，已实实在在地占据了中国高等教育的“半壁江山”。

新建本科院校的产生和发展，既是中国经济社会发展的客观需求，又是中国高等教育大众化的必然需要。经过近二十年的发展证明，创新应用型发展道路、培育高质量本科应用型人才不仅是时代赋予新建本科院校的光荣使命和重要责任，也是自身生存和发展的现实需求。因此，新建本科院校不仅是建校时间上的“新”，更是勇于建设“新类型”，开创“新道路”，探索“新模式”的新型大学。② 新建本科院校对中国高等教育大众化的贡献功不可没，在促进区域经济发展和高等教育公平、提高国民素质等方面的作用不可替代。它们构成了中国高等教育体系的基础，关系中国整个高等教育质量，其发展关系中国整个高等教育的发展。应该说“没有新建本科院校质量，就没有中国高等教育质量；没有新建本科院校强大，就没有中国高等教育强国”。

当前，中国经济发展进入新常态，面临结构调整的重要节点，迫切需要大批高质量应用型专门人才。然而，当前毕业生知识结构与社会对人才的需求之间仍存在较大脱节，新建本科院校作为应用型人才培养的主力军，如何实现转型发展，如何助力中国高等教育由大到强，具有不可替代的作用。但是，由于新建本科院校建校时间不长，基础相对薄弱，在升本之初，很多学校办学定位不准、发展思路不清，未能找准人才培养的定位，与地方经济发展融合度低，这些都成为新建本科院校发展的严重桎梏。

---

① 王前新、刘欣等：《新建本科院校运行机制研究》，科学出版社，2007，第11页。

② 教育部高等教育教学评估中心：《新型大学新成就》，教育科学出版社，2015，第3页。

充分解读2015年《关于引导部分地方普通本科高校向应用型转变的指导意见》，发现应用型大学的“转型”与“成型”的标准中，其中一个重要方面就是——结构合理的高素质“双师型”教师队伍。然而，根据历年教育部本科院校合格评估报告的数据分析，能够满足和支撑应用型人才培养的教师队伍建设是新建本科院校转型的难点和重点。当前，新建本科院校面临转型发展的现实，如何更好地实现科学发展，教师队伍是重要的保障。新建本科院校教师的数量、结构、教学能力、专业水平等都是实现应用型人才培养质量的关键因素。有学者认为，新建本科院校的转型发展很大程度上取决于教师的转型发展。

本文基于新建本科院校教师发展的相关数据，从所处背景出发，勾勒出新建本科院校教师发展的总体发展状况，同时分析当前面临的问题和存在的不足，以期为中国今后新建本科院校教师发展把脉，为促进新建本科院校的转型与内涵式发展提出对策建议。

一　中国新建本科院校教师发展概览

新建本科院校从新建到新兴再到新型大学的发展，是中国高等教育重要的组成部分，有力地推动了高等教育整体水平的发展与提升。师资队伍是人才培养最重要的保障，是学校发展的核心之一。党的十九大报告明确提出“实现高等教育内涵式发展”，新建本科院校从外延式扩张到内涵式发展的转变，教师队伍的总体发展是重要的指标。

长期以来，由于新建本科院校建校时间不长，基础相对薄弱，存在着青年教师比例过高、专任教师数量不足、生师比偏高，高职称、高水平专业带头人少，“双师双能型”教师数量和教学水平无法满足人才培养的要求等现实问题。近年来，在教育部本科合格评估的科学引导下，新建本科院校的办学定位日渐科学、思路逐步明晰。同时围绕师资队伍建设的主题，很多高校加大了建设力度，采取一系列提升教师专业水平、加强师德师风建设和双师双能型教师发展的重要举措。新建本科院校在实施各种强有力措施之下，师资队伍的建设取得了重要进展，总体上初步形成了数量结构趋于合理、富有爱岗敬业精神的教师队伍，有效缓解了新建本科院校师资不足、结构不合理的现状，进一步为应用型人才培养提供了有力的支撑和保障。

从新建本科院校教师队伍发展的整体情况来看，主要体现为三个方面：第一，教师队伍在数量上得到了快速增长；第二，随着应用型人才培养对“双师双能型”教师需求的不断增长，新建本科院校教师队伍在结构上不断优化，趋向合理，如学历、职称和年龄等都有了进一步改善；第三，普遍建立师德师风长效发展机制，充分发挥教师的示范引领作用。

（一）教师队伍数量渐增长

应用型人才培养关键要素之一在于教师。近年，为了满足教学需要，新建本科院校坚持引进与培养相结合，教师队伍得到进一步充实，结构进一步优化。目前教师队伍的学历、学位、职称、年龄结构日趋合理，已逐步形成了一支能够基本满足应用型本科教学要求的教师队伍。[①]

一直以来，由于新建本科院校建校时间短，基础相对薄弱，教师队伍尤其是专任教师数量不足、青年教师比例过高，严重影响了应用型人才培养的质量。根据教学基本状态的数据平台统计，2016 年全国普通本科院校教职工 1750614 人，专任教师 1134030 人，2017 年全国普通本科院校教职工 1772342 人，专任教师 1150467 人，相比上一年，总体有稳步增长。2017 年，全国普通高校校均专任教师规模在 820 人左右。各类型高校校均专任教师规模大致稳定，但不同类型高校间差异较大，一流大学建设高校校均专任教师数为 2560 人，一流学科建设高校为 1559 人，一般本科高校 979 人，新建本科院校 590 人，独立学院 331 人（见图 1）。由此可见，虽然全国高校

① 教育部高等教育教学评估中心：《中国新建本科院校质量报告》，教育科学出版社，2017，第 38 页。

校均专任教师数量有所增长，但相对于一般本科高校，新建本科院校校均专任教师数量仍存在相当大的差距。

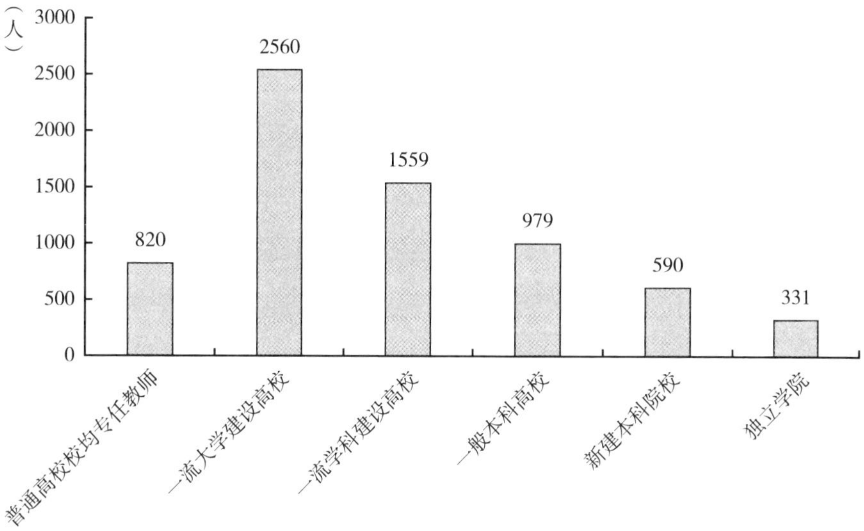

图 1　不同类型高校专任教师数量

资料来源：《全国普通高校本科教育教学质量报告（2017 年度）》，高等教育出版社，2019。

（二）教师队伍结构趋优化

新建本科院校教师队伍的数量不断增长、结构合理是保证和提高教学质量的前提条件。从最初升格到转型发展，新建本科院校教师队伍的结构已经有了很大的提升，突出体现在学历、职称和年龄结构方面。

1. 学历结构

教师学历是反映新建本科院校教师队伍水平的一个重要指标。长期以来，新建本科院校由于基础薄弱，教师学历普遍不高。近年来，由于新建本科院校普遍重视教师的引进培养，教师队伍的学历结构持续改善，为当前和未来发展奠定了坚实的基础。统计数据显示，各类高校全职专任教师中具有硕士和博士学位的教师数量持续增长，结构也不断优化。2017 年新建本科院校教师队伍中具有博士和硕士学历的专任教师比例达到58%（见图2），已经达到了合格评估的要求。[①] 但数据显示了不同类型高校之间教师的学历水平存在差异，新建本科院校的专任教师队伍学历提升仍有很大空间。

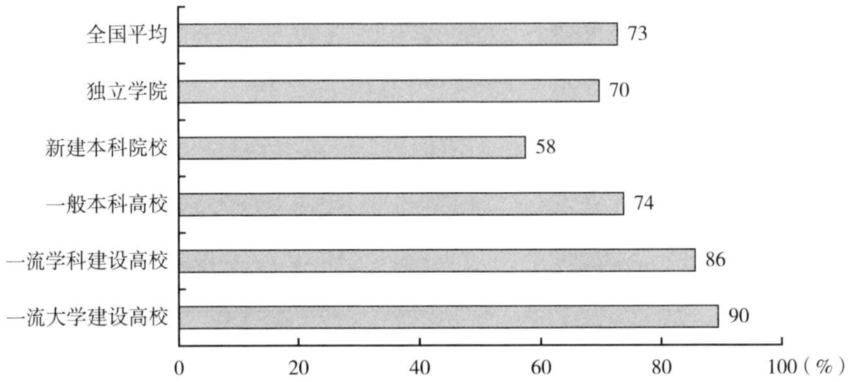

图2　不同类型高校具有博士和硕士学位的专任教师比例

资料来源：《全国普通高校本科教育教学质量报告（2017年度）》，高等教育出版社，2019。

2. 职称结构

高校教师的职称在某种意义上意味着高校整体的学术水平，相关调查显示，全国高校专任教师中具有高级职称的比例逐年上升。2017年全国高校高级职称（正高和副高）在专任教师中的比例为49%。新建本科院校专任教师中具有高级职称的比例为37%，相比之下，一流大学建设高校比例为73%；一流学科建设高校为61%，独立学院为34%，一般本科高校为74%（见图3）。为保障教学质量，新建本科院校鼓励具有高级职称的专任教师深入教学一线。目前，新建本科院校专任教师队伍正在形成合理的职称梯队，进一步保障和提升了教育教学质量。

3. 年龄结构

长期以来，新建本科院校由于升格时间短，教师队伍建设的基础相对薄

① 《教育部办公厅关于开展普通高等学校本科教学工作合格评估的通知》（教高厅〔2011〕2号）对教师队伍学历结构的基本要求是“专任教师中具有硕士、博士学位的比例≥50%”。

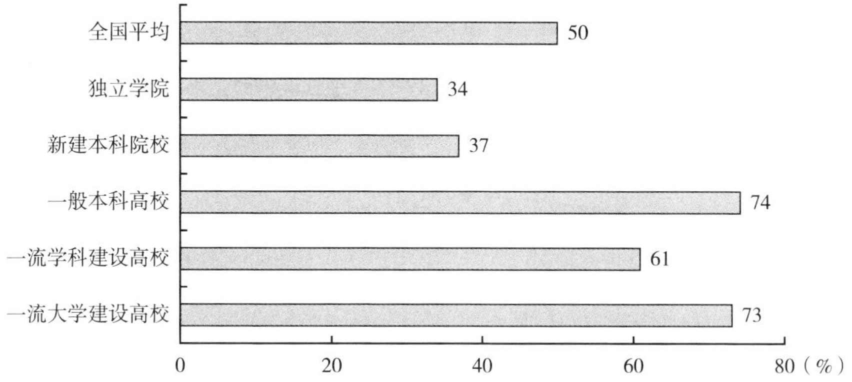

图 3　2017 年不同类型高校博士和硕士学位专任教师比例

资料来源：《全国普通高校本科教育教学质量报告（2017 年度）》，高等教育出版社，2019。

弱、积淀不够。其中青年教师比例过高，教育教学水平也相对不高。相关资料显示，2017 年全国普通高校 45 岁以下专任教师比例在 70% 左右，中青年教师是主力军，尤其是新建本科院校。从不同类型院校来看，一流大学建设高校、一流学科建设高校与一般本科高校等三类高校中，其中 35 ~ 45 岁年龄段专任教师所占比例最高，为 40% 左右。新建本科院校和独立学院两类高校中，35 岁以下教师比例最高，分别为 37% 和 40%（见图 4），体现了不同类型高校由于所处发展阶段的差异，教师年龄结构存在一定的差异。新建本科院校的教师队伍仍然以中青年教师为主，青年教师成长需要有一个过程，这势必会影响到教育教学质量的提高。新建本科院校从外延发展向内涵发展的转变过程中，仍然需要加强师资队伍的建设，优化教师的年龄结构，形成老中青适度的教学团队，加强整体的教育教学水平。

（三）师德师风展新风貌

中共中央、国务院、教育部等相继出台《关于加强和改进新形势下高校思想政治工作的意见》《2017 年高校思想政治理论课建设标准》等文件，全面贯彻落实全国高校思想政治工作会议精神，加强党对高校的领导，全面

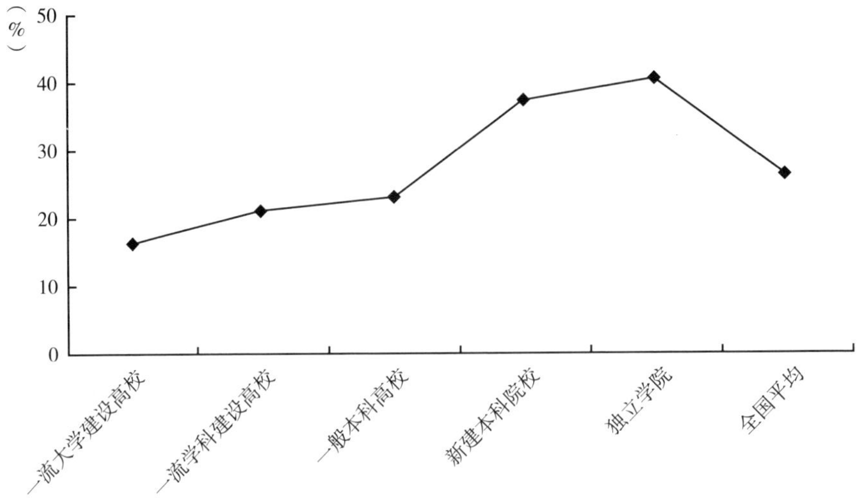

图 4　2017 年不同类型高校 35 岁以下青年教师比例

资料来源：《全国普通高校本科教育教学质量报告（2017 年度）》，高等教育出版社，2019。

提升高校思想政治工作质量和水平。新时期，新建本科院校对师德师风建设尤为重视。在 2017 年新建本科院校合格评估中，专家投票按观测点统计显示，参评院校“师德水平”观测点合格率为 100%，体现了新建本科院校普遍重视师德师风建设，努力构建师德师风建设的长效机制，将师德师风建设贯穿于教学和管理的全过程，着力提升教师思想政治素质和职业道德水平。新建本科院校普遍制定完善师德师风建设规章制度，建立师德师风长效发展机制，将师德师风考核放在与业务考核同样重要的地位，充分发挥教师的示范引领作用。

二　新建本科院校教师队伍建设成绩和问题

新建本科院校的出现和快速发展，进一步优化了中国高等教育的结构，为推进高等教育大众化并向普及化迈进，做出了不可磨灭的巨大贡献。面对经济发展进入新常态，新建本科院校面临向应用型转变的现实。这是国家经济社会发展和高等教育发展战略对其提出的根本要求，也是一次重要的历史机遇。新建本科院校在外部政策引领和自身准确定位的双重需求下，不断改革，努力实践向应用型转型，并已初见成效。新建本科院校转型发展的突破口关键在于教师队伍的转型发展。经过多年发展，新建本科院校教师队伍发展成绩与问题并存。

（一）主要成绩

1. 师资队伍数量结构不断优化

近年新建本科院校教师队伍在发展过程中，无论从数量上还是学历、职称、年龄等结构上都发生了巨大变化。首先，教师数量有了平稳增长。根据2017 年教育部本科教学合格评估参评院校的数据来看，“生师比”观测点合格率为99.35%，和五年前的2012 年相比，提升了28 个百分点，进步显著。这说明在合格评估的引领下，新建本科院校普遍意识到教师数量对人才培养的重要性，不断推进“人才强校”战略，坚持“引培并举”，持续加大经费投入，逐年改善生师比，提高师德师风建设和教育教学水平，努力完善教师引进与服务的政策措施，建设了一支规模基本适当、结构比较合理、充满活力的教师队伍。

从新建本科院校的“地方性、应用型”的定位来看，培养理论与实践结合、学以致用的专门人才，离不开“双师双能型”教师队伍。从“双师双能型”教师数量及比例来看，总体数量在不断增加。2017 年全国除“双一流”建设高校，一般本科高校的“双师双能型”教师所占比例为21.39%。2015 年新建本科院校的“双师双能型”教师占比为22.9%。由于不同新建本科院校的发展基础及区域环境所致，院校之间也存在很大差异。以被誉为全国新建本科院校“第一方阵排头兵”的合肥学院为例，近年学校不断加大对“双师双能型”教师队伍的建设，工科专业的“双师双能型”教师占比为42%，远远超过全国平均水平。当前，面对新建本科院校向应用型转型发展，越来越多的高校重视“双师双能型”教师队伍的建设，通过认定、培养、引进，扩大“双师双能型”教师比例，不断满足学校定位和人才培养目标的要求。有的学校形成了一支“专家教授引领、骨干教师支持、青年教师加快成长、企业导师协同”的多元化教师队伍。

2. 教师的专业能力持续提升

教师的教育教学水平对于推动教育教学改革，促进高校内涵式发展，提高课堂教学效果具有重要促进作用。教师的教学发展在相当长的一段时间内，应该是新建本科院校工作的重中之重，是提高教育质量、实现从合格本科院校到优秀本科院校跨越的基础和保障。①

新建本科院校在快速发展过程中，逐步重视提升教师的教学能力与水平，普遍通过设立教师发展中心等专业发展机构，为提高教师的教学能力和水平提供了重要的组织保障。

2017 年高校质量报告显示，全国有 766 所高校已成立教师发展中心等机构，这其中有不少新建本科院校，为提高教师教学能力与专业发展能力提供了专业化的服务，着力提升了教师的教育教学水平。2017 年合格评估参评院校中，青年教师所占比例仍然较高，因此，如何提升青年教师教学发展能力成为重要方面。数据显示，新建本科院校大多制定了较规范的促进教师教学发展的制度和各类教学管理文件，帮助和督促年轻教师和新入职的教师认真对待教学工作，提高教学水平。通过岗前培训、在职边听边教、挂职锻炼、老带新、青年教师教学技能大赛、互相看、听课等方式，提高青年教师的教学能力和教学效果。

新建本科院校鼓励教师积极开展教学研究和教学改革，引导教师把先进的教学理念、现代教育思想应用于教学工作，采取多种措施，着力提高教师的教育教学能力与水平；参评学校还采用多种教学评价方式，如同行评教、学生评教、优质课程竞赛等措施，促进教师教学水平的不断提升。

3. 教师的教学投入度逐步深化

2018 年新时代全国高等学校本科教育工作会议提出坚持“以本为本”，

① 胡建新、王工一：《新建本科院校教师教学发展中心建设的迫切性和原则》，《浙江师范大学学报》（社会科学版）2015 年第 4 期，第 96 ~ 100 页。

推进“四个回归”，加快建设高水平本科教育、全面提高人才培养能力。①本科教学是新建本科院校教学工作的基础与核心，也是提升人才培养质量最为重要的工作，重视本科教学就是重视学校的未来。为不断提升内涵发展步伐，新建本科院校不断强化和完善教师教学激励机制，通过政策引导、严格管理、科学考评、树立典型等各种手段，引导教师将主要精力投入至应用型人才培养当中，关心本科教育、聚集课堂教学、引行业企业专家进课堂，将理论教学与实践教学有机结合，培养社会所需要的应用型人才。

4. 教师积极引入信息技术开展教学改革

新一轮教学模式改革已悄然来临，教师引入信息技术开展教学改革的积极性明显提升。毫无疑问，深化教育教学改革是高等教育发展的强大动力。新建本科院校需要不断探索适合自身的教学模式，通过积极参加教学改革，解决应用型人才培养和教学方法、内容等实践性问题，以提高教学质量。在各地高校的教学改革推动下，新建本科院校教师也积极引入信息技术，参与教学改革的主动性进一步提升。

（二）面临的主要问题

虽然新建本科院校教师数量得到迅速增长，但与双一流建设高校相比，差距明显，也离全国普通高校专任教师的平均值有相当大的距离。从2017年参加教育部合格评估新建本科院校来看，“教师队伍”这项指标也呈现诸多问题。专家共投票765张，其中合格票数为638张，投票合格率为83.4%，位列7个一级指标倒数第2位。这一指标包含“数量与结构”“教育教学水平”“培养培训”3个二级指标，其中，“数量与结构”专家投票合格率是69.93%，在20个二级指标中位列倒数第1位，“教师培养培训”合格率为81.05%，在20个二级指标中位列倒数第2位，“教育教学水平”专家投票合格率为98.04%，在20个二级指标中位列第9位。由此可见，教师队伍建设依然是新建本科院校质量发展的滞碍。虽然与之前相比，各项指标都

① http：//www.moe.gov.cn/jyb_ xwfb/gzdt_ gzdt/moe_ 1485/201806/t20180621_ 340586.html。

处于上升趋势，但仍然离应用型本科教育对教师队伍的发展要求存在差距。

1. 师资队伍结构不合理

新建本科院校的快速兴起，也带来规模的快速扩张，从而逐渐明确了以应用型为中心的办学定位。同时能够支撑和满足应用型人才培养所需要的专任教师队伍数量不足和结构不合理的问题也凸显出来。一方面，专任教师队伍数量不足，达不到支撑教学的作用。尽管超过九成的新建本科院校生师比达到了基本办学条件限制招生要求，但是真正满足合格要求的院校不足30%。2017 年在合格评估 18 所参评院校中，专家投票按观测点统计中显示，“队伍结构”观测点合格率为 40.52%，在 40 个观测点中排名倒数第一。经统计所有专家个人考察报告中在教师队伍的二级指标“数量与结构”上共给出了 111 条不足的评语和 80 条建议，肯定性的评语只有 23 条，其中不足的评语大多集中在师资队伍结构上。另一方面，很多新建本科院校在前期师资规模大量扩张后，结构问题开始凸显。主要表现为教师年龄结构不合理，大部分新建本科院校教师比例中青年教师占多数，在民办院校中尤为突出；教师职称结构不合理，高级职称偏少，中低级职称偏多；学科专业结构不合理，专业和师资力量不匹配，缺乏高层次领军人才，无法有力支持学科的发展。师资队伍在年龄结构、职称结构和专业结构上的不协调成为制约学校长期发展的瓶颈问题。例如，某校青年教师的比例偏高，35 岁以下的教师占比 57.7%，这比全国新建本科院校平均值 48% 高出许多。民办院校还存在自有专任教师中青年领军人才不足的问题。参评院校中民办院校的二级学院院长、学科带头人和专业负责人，大多为外聘其他高校在职或者退休的知名教授、学者，自有专任教师中青年领军人才不足。

2. 教师培养培训力度不够

近年，应用型本科院校更加注重内涵建设，突出体现在加大了对教师培养培训的力度。比如通过设立教师发展中心，一定程度上促进了教师的教学能力与水平的提升。但是 2017 年合格评估的参评院校中，专家投票按观测点统计中也显示出，“培养培训”观测点合格率为 81.05%，在 40 个观测点中位列倒数第四。民办院校在此观测点差距尤为明显，合格率仅为

77.42%，说明大部分民办院校都对教师培养培训重视度不够。在参评的18所学校中，经统计，专家个人考察报告中在“教师队伍”这个二级指标“培养培训”中，共给出22条不足的评语和52条建议，肯定性的评语仅有6条。问题集中体现在以下几方面：一是教师激励机制不健全，学校在提高教师教学科研方面的培养培训工作开展不够，对教师在教学、科研等领域扶持和奖励体系还不完善。二是缺乏对培养培训工作的统筹规划，培养培训工作未能和学校发展及学科建设有机结合。应当加强规划工作，以有侧重的培养培训工作促进学校学科建设和长期发展。三是培训工作组织管理的机构与职能偏弱，分散在各个行政部门和二级学院（系、部），缺乏统筹规划，没有形成合力。四是培训方式和范围缺乏创新性，未能和国际化接轨，年度境外研修访学人次数不多，信息化培训利用率不高，还没有实现利用先进信息技术为教学服务的目标。五是经费投入不足，参评学校对教师培训工作投入的财力也较少，与学校高度重视硬件设施投资相比，学校在人才培养培训等软投入上相对显得力度不足。如此，反映了新建本科院校一方面高度重视教师发展工作，另一方面又体现出教师发展机构未能有效地发挥促进教师发展的功能，其运行仍然存在形式大于实质的现象。如某校对教师的培养培训重视程度不够，经费投入不多，特别是对教师的继续教育缺乏统筹规划。这一现象已经影响到学校的信息化建设和国际化发展，将来可能会影响到学校的学科和专业建设。

由于新建本科院校升格前基础薄弱、积淀不足，部分学校教师发展工作在组织上不到位，缺乏提供真正有效促进教师教学发展的项目服务。新建本科院校青年教师数量比例较高，但老教师对青年教师的传、帮、带作用未能有效发挥，青年教师教学水平有待提升。尽管从学生评教结果来看相对较好，但是从更加专业的同行评教和专家评教结果来看，新建本科院校教师教学水平并不容乐观，同行评教中仅有49.7%的课程被评为“优”，专家评教中被评为“优”的课程比例则更低，仅为36.8%。

3.“双师双能型”教师和实验师资薄弱

相关数据显示，“双师双能型”教师的比例虽然在逐年上升，但总体比例仍然偏低。按照应用型人才培养对“双师双能型”教师队伍的需求来看，显然存在较大的差距。从具有工程背景教师数量及比例看，2017 年各高校专任教师中具有工程背景教师为 10.74%。2017 年具有行业背景的教师占各高校专任教师的比例平均为 16.59%，其中一流大学建设高校占比为 26.56%，一流学科建设高校占比为 14.61%，一般本科高校占比为 16.01%。

合格评估参评学校的相关数据也显示，“双师双能型”教师比例偏低，虽然大多数学校都意识到“双师双能型”教师的重要性，但是落实到位的不多。一是缺乏“双师双能型”教师的评定标准；二是针对“双师双能型”教师的配套政策缺失，尤其是在职称晋升和职业发展方面未能得到体现；三是“双师双能型”教师教学团队少，未能更好地开展教学改革，激励措施也不明显，培养途径还需完善。另外，应用型人才培养强调实践育人，实践教学是应用型人才培养的重要环节，而实验教学又是实践教学的重要组成部分，但参评院校还存在对实验教学重视不够、实验室整体层次不高、实验技术人员偏少、院系实验技术人员数量和结构均不合理等问题。

4. 教师信息技术能力不强，影响教学效果

随着信息技术手段的融入发展，互联网平台和现代信息技术的发展已然推动了新一轮教学模式改革的实践与探索。慕课、微课、翻转课堂等各种新型教学形态正在悄然改变中国当前的教育教学模式。新建本科院校积极响应并实践线上线下、互动混合式教学、项目式教学等各种新型教学模式。但教师主动参与的积极性有待提高，教师发展机构在促进教师信息技术教学水平方面发挥的作用有限。

5. 应用研究能力薄弱，难以支撑和引领区域创新发展

新建本科院校坚定地走应用型发展的道路，要更好地服务于区域创新与驱动发展，重要的体现在于教师的应用研究能力与服务区域行业企业的水平。但从高校教师获得专利看，2017 年各高校累计获准专利 126523 项（其中发明专利 58838 项、外观专利 5401 项、实用新型专利 43659 项、著作权专利 18621 项），校均获准专利平均为 123.32 项（其中发明专利 78.87 项、

外观专利 13. 47 项、实用新型专利 46. 64 项、著作权专利 35. 54 项），教师平均发明专利为 0. 12 项。

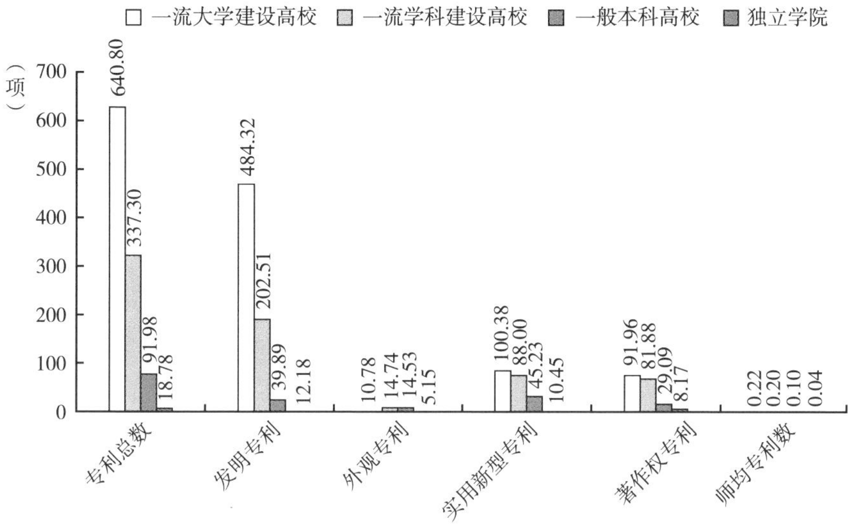

图 5　2017 年不同类型高校教师获准专利数

资料来源：《全国普通高校本科教育教学质量报告（2017 年度）》，高等教育出版社，2019。

6. 教师自我转型动力缺乏

当前新建本科院校要向应用型转型，无论对于院校还是对于教师来说，可谓机遇与挑战并存。除了外部政策的引导，教师作为主要的实践者，转型的意愿与动力直接影响新建本科院校的整体转型。现阶段教师的转型发展还面临诸多困境。对于“为什么转？转什么？怎么转？”的疑问仍然存在，因此，主动参与教育教学改革，向应用型转型的动力略显不足。

三　新建本科院校教师发展的机遇与挑战

教师队伍的建设一直以来都是新建本科院校发展的核心环节，师资水平的高低决定了应用型人才培养的总体质量，因此，加强应用型师资队伍的建设是提高人才培养质量的核心要素。尽管十八大以来，新建本科院校教师队伍的建设取得了显著的进展，如师资队伍在数量、结构、能力水平等方面都得到了极大的改善，但与分类发展和实施一流本科建设的要求相比，仍存在很大的差距。

当前新建本科院校整体处于转型发展的关键时期，教师整体发展水平离高水平应用型人才培养的要求存在一定差距，且院校之间差异显著。

（一）持续提升师资数量优化结构

全国1222所高校教学状态数据显示，2017年各高校平均生师比为19.91，其中一般本科高校为19.56，参与合格评估的新建本科院校的生师比为19，由此可见，生师比整体偏高。相关数据显示，新建本科院校师资队伍中，从年龄结构上来看，主要以中青年教师为主，35岁及以下专任教师中占比偏高，呈现明显年轻化、低职称倾向。从学历结构来看，具有博士学位的教师数量比例偏低，与双一流建设高校差距明显。

教育部2017年合格评估的相关数据显示，按地区分类，东中西部指标对比上，依然符合东中部教师队伍建设优于西部的特征。东部地区的“数量与结构”指标合格率最优，达到75%，比中部地区高出8个百分点，比西部地区高出14个百分点。说明在改善教师数量和结构上，东部地区由于经济发达，拥有得天独厚的条件，对于教师队伍建设投入度高。不同区域经济发展的差异，在一定程度上影响所在区域新建本科院校师资队伍建设的数量结构。

（二）突出“双师双能型”教师队伍建设

新建本科院校普遍意识到“双师双能型”教师对转型发展的重要性，近年持续加大经费投入，逐年改善生师比，提高师德师风建设和教育教学水平，制定与实施各项教师引进与服务的政策措施，着力开展“双师双能型”队伍的建设。但从目前专任教师中具有相关行业企业背景的教师明显短缺，具有工程背景的教师占专任教师比例平均只有16.59%。各高校质量报告也进一步显示，对于“双师双能型”教师队伍的建设，部分高校还只停留在意识阶段，相关政策措施力度不够。

必须加强“双师双能型”教师队伍建设。2014 年，教育部提出“通过试点推动、示范引领，引导和推动部分地方本科高校向应用型高校转型发展”，并将“加强‘双师双能型’教师队伍建设”作为转型发展的主要任务之一，要求“逐步使大多数教师既具有较高的理论水平又具有较强的实践能力，使‘双师双能型’教师占专任教师的比例逐步达到50%以上”。

新建本科院校普遍定位于“地方性、应用型”，“双师双能型”教师队伍是其核心特征与表征要素之一。学校需要将“双师双能型”师资队伍建设纳入院校发展总体规划中，积极构建引导和激励教师主动向“双师双能型”教师转型的制度体系。要立足本校、深化教师校本培训培养制度。“双师双能型”教师校本培养既要尊重教师的个体差异，同时也要重视教师团队的建设。一是有效开展“双师双能型”教师个性化校本培训。“双师双能型”教师队伍是由不同专业的教师个体组成，切忌统一标准、统一要求。教师发展机构应结合不同教师的专业特点、素质结构多样的特点，为教师提供个性化、多层级的发展途径和方式，满足不同专业、不同发展水平教师的需要。如通过教学技能与水平的专项培训，满足新入职教师对教学的基本要求；通过企业挂职锻炼，丰富和提升青年教师实践能力；通过产学研合作项目的开发，提高教师产学研合作和创新实践能力。二是开展“双师双能型”教师团队建设。“双师双能型”教师队伍建设是应用型高校教育教学的基本要求，学校立足于发挥团队建设的合力作用，以及充分发挥各专业名师的辐射作用。建立“双师双能型”教师团队，以点带面、全面辐射。实现应用型人才培养对教师发展的卓越要求。三是完善教师激励制度。“双师双能型”教师是指教学能力和产学研合作能力都有较强水平的教师群体，往往要求更高、工作任务更加繁重。因此，建立有效的绩效考核和职称评聘制度，以及重视对实践教学成果应用型研究项目的认识，将其作为考核和职称评聘的重要指标，将会极大地引导教师的转型。

（三）强化教师发展机构的职能

新建本科院校的定位是以教学为中心，人才培养是应用型高校的重心和本质，做好教学工作同样是教师的重中之重。新建本科院校的教师教学发展比老牌本科院校更具迫切性，承担着提高教师教学能力任务的教师教学发展中心的建设也就显得更为必要和紧迫。通过强化教师发展中心的职能，加强各层次人才的引进与培养。通过不同形式与途径，有效引领青年教师的发展。为青年教师的教学发展、专业发展、个人发展和组织发展做好全面规划设计，协助教师完成自身的转型发展。

一是加大学科专业带头人和教学名师的培养，为高层次教学科研团队提供更好的平台做好服务；加强教师行业实践研修的相关制度的设计，如在选派和资助方面给予倾斜。二是针对新建本科院校青年教师比例过高的现象，充分发挥青年教师的积极性，强化培养发展机制，丰富发展内容，创新发展模式，提升培训与发展的实效。三是继续加强与实施青年教师卓越发展计划。鼓励教师参与工程实践，严格执行教师参加工程实践能力培养制度，健全实践教学的管理与保障机制；促进实验教师队伍的发展，努力形成结构多元、特色独具的实践教学团队，真正提升教师队伍的工程实践能力。

（四）加强中青年教师教育教学方法的培训

通过教师发展工作的专业化，实现新建本科院校教师教学与专业能力的提升。2017 年合格评估报告显示，在教师培养培训指标合格率上，中部地区最优，达到 92%，比东部地区高出 17 个百分点，比西部地区高出 15 个百分点，说明中部地区的高校更加具有危机意识，更加重视教师的可持续发展。

新建本科院校应积极推动一线教师教育教学方法改革，采取更多的措施鼓励教师开展与应用型人才培养相适应的教育教学方法的研究和探索，鼓励更多的教师从培养学生创新精神和实践能力出发，探索理论和实践结合、真实项目驱动、案例教学等教学方法，使“教学”过程变为“导学”

过程，增加学生学习的自主性和积极性，培养学生独立解决生产实践问题的能力。

（五）加强一流教学科研团队的建设

新建本科院校需要一流的应用型教学团队。根据自身定位，加强教学改革研究，建设高水平的教学团队，鼓励组建跨学科教学团队。教学团队重在教学水平的提升，促进学校形成一流教学质量。同时基于应用型高校发展对应用型研究的吁求，强化教师对应用研究的投入，构建高水平的应用型科研团队。

（六）完善教师教学评价体系

根据合格评估对参评院校的统计，新建本科院校在教学质量监控方面仍需加大力度。通过加强教师教学质量监控，结合学校绩效改革及职称评审，引导教师对教学的关注与投入。尤其突出实践教学的评价，引导教师积极向“双师双能型”转变。实践教学既有自身的规律，也具有丰富的内涵，因此要注重科学评价和规范管理，以评促教，以评促学。只有科学规范的实践教学评价和管理，才能使教师不断反思实践教学对应用型人才培养的重要性，从而不断推动教师理论与实践结合的意识及创新的动力。

建立强化教学工作的绩效评价导向，拓展教师职业发展空间，改革职称评聘制度，强化教学工作考核，建立与完善教师教学评价机制，引导教师安心教学、潜心教学、乐于教学，不断提升教学质量，追求卓越。

参考文献

潘懋元：《什么是应用型本科》，《高教探索》2010 年第 1 期。

刘彦军：《我国应用型高等教育的发展历程与展望》，《高等工程教育研究》2018 年第 5 期。

李宝银、汤凤莲、郑细鸣：《产业学院的功能设计与运行模式》，《教育评论》2015

年第11期。

蔡敬民、夏琍、余国江:《应用型高校的产教融合:内涵认知与机制创新》,《中国高校科技》2019年第4期。

陈昌芸、侯长林:《地方高校发展转型的涵义及出路——基于政策文本的分析》,《职教论坛》2016年第22期。

翁伟斌、徐立清:《应用型本科人才培养质量标准的制定》,《中国高等教育》2018年第17期。

B.5

中国高等职业教育发展报告（2019）

罗丹　唐佩*

摘　要： 2018年是中国高职教育酝酿重大改革的一年，高等职业教育已经占据了中国高等教育的半壁江山，中国特色的高职教育模式、特点和路径日益清晰。高职生源吸引力、专业服务产业能力持续提升；职教发展基础进一步夯实，重大项目建设和基本财政保障取得阶段性成果；中国特色职教制度不断完善，教育教学改革不断深化，国际影响日益扩大；系列政策分批落地推动职教酝酿更大变革。接下来高职教育要进一步加强国家职业资格框架建设，进一步深化产教融合，以更好地解决新时代经济高质量发展与高技能人力资源供给的矛盾。

关键词： 酝酿变革　基础夯实　持续提升

2018年是改革开放40周年，是中国经济经受转型阵痛走向高质量发展的重要一年。作为与市场联系最为紧密的教育类型，这一年也是中国高等职业教育酝酿重大变革的一年。第一，国内外经济环境变化，从推进关键技术研发、培养应对智能制造需求的产业人才的角度对高职教育发展提出了更迫切的要求；第二，"中国特色"高水平职业教育发展目标的确立，对完善职业教育和培训体系，深化产教融合、校企合作提出了更高的期待；第三，重

---

* 罗丹，顺德职业技术学院副校长、副研究员，博士，研究方向为高等教育管理、高等职业教育基本理论；唐佩，顺德职业技术学院讲师，研究方向为教育经济与管理。

大项目有序推进和系列重要法律法规的出台，为中国职业教育取得更好发展奠定了更扎实的基础。这一年，全国教育工作大会召开、职业教育部际联席会议制度建立、《职业院校校企合作促进办法》发布；这一年，《职业教育创新发展行动计划（2015～2018）》收官，教育部等五部门联合发布的《关于深化高等教育领域简政放权放管结合优化服务改革的若干意见》（教政法〔2017〕7号）、《关于全面深化新时代教师队伍建设改革的意见》等政策效应进一步显现；这一年，评选出第八届教学成果奖、印发了《教育信息化2.0行动计划》……中国高等职业教育各项工作在朝向既定目标的过程中稳步前行，在更好地服务经济高质量发展，更好地服务学生可持续发展方面取得了一系列新的成就。

一 中国高职教育发展总体状况判断

（一）高等职业教育已经成为中国高等教育的半壁江山，为经济社会发展做出了重要贡献

2018年，中国高等院校2663所，其中高职（专科）院校1418所，比上年增加30所；普通本专科在校生2831万人，其中普通专科在校生1133.70万人，比上年增长2.60%；全国普通本专科共招生790.99万人，其中高等职业教育（普通专科）招生368.83万人，占全国普通本专科招生总人数的46.63%[①]，占据高等教育半壁江山。

高等职业教育为中国高等教育大众化做出了卓越贡献。高职毕业生半年后就业率达到92%，近70%的职业学校毕业生在本省份就近就业，对口就业率为75.78%，67.95%的毕业生进入私营企业就业。近三年来，850万家庭通过职业教育实现了拥有第一代大学生的梦想，有力地促进了社会公平。

① 教育部2018年教育统计数据，http：//www.moe.gov.cn/s78/A03/moe_560/jytjsj_2018/qg/201908/t20190812_394241.html。

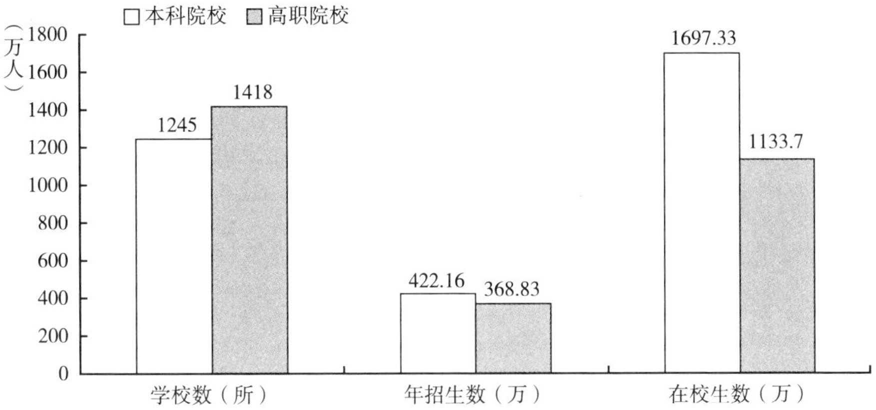

图 1　2018 年中国高等职业教育、普通本科教育规模对比

资料来源：教育部 2018 年教育统计数据，http：//www.moe.gov.cn/s78/A03/moe_560/jytjsj_2018/qg/201908/t20190812_394241.html。

（二）中国特色高等职业教育的模式、特点和路径日益清晰

2018 年是中国改革开放 40 周年，新中国 40 年发展历程中，高等职业院校取得了历史性成就，在传承与创新相结合的探索中，也逐步形成了职业教育的“中国特色”。继 2002 年首次全国职教工作会议提出职业教育的“中国特色”，到 2014 年第三次全国职教工作会议再次提出中国特色职业教育发展道路，2018 年酝酿提出的“中国特色高水平高职院校和专业建设”，以前所未有的重视程度引起了社会各界的广泛关注，使得 2018 年成为中国高等职业教育酝酿重大变革的重要一年。从党的十九大习近平主席对职业教育的论述中，对“产教融合”的强调，到国务院办公厅发布的《关于深化产教融合的若干意见》，再到 2018 年《职业院校校企合作促进办法》的出台，以产教融合、校企合作、工学结合为特色的中国高等职业教育发展模式、路径与特点日益清晰，产教协同发展和校企共同育人的格局基本形成。

表1　高职院校校企合作概况

	项目名称	数量
1	有合作企业的专业数占专业设置总数比例(%)	82.62 国家示范(骨干)校平均
2	企业录用顶岗实习毕业生比例(%)	78.74 国家示范(骨干)校平均
3	学校为合作企业培训员工(人天)	20913.59 国家示范(骨干)校平均
4	现代学徒制省级以上试点企业数(家)	4816
5	现代学徒制部级试点企业数(家)	2200
6	现代学徒制省级以上试点专业数(个)	2130
7	现代学徒制部级试点专业数(个)	1000
8	校企联合开发现代学徒制人才培养方案(个)	2251
9	校企联合开发现代学徒制课程标准(个)	13332
10	职教集团合作企业数(个)	24369
11	职教集团数量(个)	1406

资料来源：高职高专人才培养数据状态平台等。

二　中国高等职业教育发展现状与特点

（一）高职教育生源吸引力有效提高，服务学生发展能力显著增强

2018 年，全国高职院校折合在校生校均 6337.5 人，国家示范（骨干）校校均 11164.43 人。全日制在校生全国校均 6278.50 人，国家示范（骨干）校平均 11004.08 人。在校生中，中职和其他起点学生比例约为 18.91%。2018 年，全国高职院校计划招生校均人数 2966.50 人，国家示范（骨干）高职院校平均招生 4336.68 人，实际录取比例，前者为 95.52%，后者为 94.99%；报到率前者为 90.14%，后者为 92.11%。高职院校学生绝大多数为本省学生，外省学生占比仅为 4.28%。常住户口所在地为农村的学生数校均 3763 人，占比 65.07%。

毕业生就业能力和质量持续提升。2018 年高职高专毕业生总数 283.58 万人，就业数 259.60 万人，校均毕业 2011 人，国家示范（骨干）高职院校校均毕业人数 3637.66 人。其中，92.56% 的学生 9 月 1 日实现就业，国家

表 2　2018 全国高职院校基本指标情况

序号	指标名称	全国示范(骨干)校平均数	全国平均数
1	生师比(%)	14.63	15.42
2	具有研究生学位教师占专任教师的比例(%)	63.94	51.18
3	生均教学行政用房(平方米/生)	18.52	18.03
4	生均教学科研仪器设备值(元/生)	17410.70	9937.70
5	生均占地面积(平方米/生)	75.57	67.91
6	生均宿舍面积(平方米/生)	8.75	8.60
7	校内实践基地工位数(个)	7339.63	3494.50
8	百名学生配教学用计算机数(台)	38.95	25.91
9	网络多媒体课室数(间)	174.76	104

资料来源：高职高专人才培养数据状态平台等。

示范（骨干）校平均93.71%的学生实现了9月1日就业。本地市就业比例为40%，本省就业比例73%，外省就业比率27%，对口就业率75.87%。从毕业生流向看，私营企业就业比例67.95%，国有企业就业比例15.58%；规模以上企业就业比例26.58%，合资企业就业比例9.06%。麦可思发布的大学毕业生社会需求与培养质量调查数据显示，2018届高职学生毕业半年后平均薪酬为4112元，比2017届增加了252元。用人单位对上一届毕业生满意度调查显示，满意或基本满意的比例，全国平均88.75%。

（二）专业对接产业发展水平提升，高职教育服务产业发展能力持续提升

2018年全国高职院校专业设置数达42477个，新增专业4057个，停招专业7083个，撤销专业898个。[①] 高职院校全国校均专业设置数为31个，国家示范（骨干）校平均设置专业46.37个，校均新增专业3个，停招专

① 资料来源：高职高专人才培养数据状态平台等。

业4个。学生获得符合专业面向的职业资格证书比率，全国平均82.51%，国家示范（骨干）校平均85.64%；中级及以上职业资格证书种类数占职业资格证书种类总数的比例，全国平均76.53%，国家示范（骨干）校77.16%。

专业布局显示，2018年，在校生规模最大的专业大类依然是财经商贸大类，但是，装备制造大类、电子信息技术类在校生规模分别居于第二和第四。数据显示，2018年面向智能制造、高端装备、新一代信息技术、生物医药、节能环保、新能源、新材料等高端产业的专业布点数达13100多个，比2017年增加1000多个，服务先进制造业能力显著提升；面向康复护理、健康养老、家政服务、学前教育的专业布点数3000多个，服务社会民生发展能力显著增强。

表3　2018全国高职院校分大类在校生规模

单位：万人

序号	专业大类名称	在校生规模
1	财经商贸大类	181.53
2	装备制造大类	108.25
3	医药卫生大类	108.21
4	电子信息技术类	103.36
5	教育与体育大类	78.19
6	土木建筑大类	74.7
7	交通运输大类	57.7
8	文化艺术大类	38.43
9	旅游大类	27.71

资料来源：高职高专人才培养数据状态平台等。

从在校生规模来看，全国高职院校在校生规模前十的专业分别如表4所示，其中，机电一体化技术、计算机应用技术、汽车检测与维修技术、软件技术等位居前十。

表 4　2018 全国高职院校在校生规模前十的专业情况

	专业名称	专业类别名称	院校数		在校生规模	
			开设院校数（所）	排名	规模（人）	排名
1	会计	财经商贸大类	950	1	650770	1
2	护理	医药卫生大类	281	36	509257	2
3	学前教育	教育与体育大类	307	31	311064	3
4	机电一体化技术	装备制造大类	670	7	271882	4
5	电子商务	财经商贸大类	836	2	257736	5
6	工程造价	土木建筑大类	608	9	222810	6
7	计算机应用技术	电子信息大类	682	6	218708	7
8	汽车检测与维修技术	装备制造大类	556	12	194912	8
9	软件技术	电子信息大类	512	14	188854	9
10	建筑工程技术	土木建筑大类	563	11	184063	10

资料来源：高职高专人才培养数据状态平台等。

（三）职教发展基础进一步夯实，重大项目建设和基本财政保障取得阶段性成果

2018 年是《高等职业教育创新发展行动计划（2015～2018 年）》成功收官的年份。行动计划在引导地方加大对高职发展投入、推进高职综合改革和创新发展等方面发挥着积极作用。计划实施以来，各地共启动任务 1310 项，启动率达 99%；启动项目 396 个，启动率为 96%，31 个省份和新疆生产建设兵团共计立项建设优质高等职业院校 490 所，立项建设 4208 个骨干专业、727 个省级协同创新中心以及 1933 个校企共建生产性实训基地。双师队伍建设力度进一步加大，校企共建"双师型"教师培养基地达 660 个；国际合作力度和水平不断提升，与"一带一路"沿线国家开展国际合作达 351 项，其中学历教育学生近 6000 人、培训人次超 10 万人。行动计划项目省级财政实际投入经费 264.8 亿元，经费执行率达 128.6%。①

① 上海市教育科学研究院、麦可思研究院编著《2019 年中国高等教育质量年度报告》，2019 年 7 月 3 日。

政策推动保障高职生均财政经费达标。《2018 年中国教育经费统计年鉴》数据显示，2017 年，全国各地高职高专学校生均财政预算教育经费支出的平均水平为 15455. 13 元，比上一年增长 16%。各地生均公共财政预算教育经费支出均已超过 12000 元，可见，《财政部教育部关于建立完善以改革和绩效为导向的生均拨款制度加快发展现代高等职业教育的意见》（财教〔2014〕352 号）有关“2017 年各地高职院校年生均财政拨款水平应当不低于 12000 元”的要求已经基本落实，为保障高职教育经费发挥了积极作用。

表 5　2018 年高职院校经费收入概况

单位：元，%

项目名称		全国校平均	国家示范(骨干)校平均数
学校经费总收入/折合在校生总数(元/生)		20195. 05	26337. 86
学费收入	金额	3783. 73	6529. 70
	比例	27. 67	25. 68
财政经常性补助	金额	4864. 58	12394. 84
	比例	39. 04	45. 07
中央、地方财政专项	金额	1773. 75	6490. 01
	比例	14. 48	22. 40

资料来源：高职高专人才培养数据状态平台等。

（四）中国特色职教制度不断完善，教育教学改革不断深化，国际影响日益扩大

职业院校技能大赛成功扩容。到 2018 年，全国职业院校技能大赛已经是第 11 届赛事，仅从 2013 年至今总决赛参赛人次已经超过 6 万，基本建立了校赛、省（地市）赛、国赛的三级大赛机制，成为国内弘扬工匠精神、营造精益求精敬业精神和劳动光荣社会风气的重要载体。在 2018 年全国职业院校技能大赛筹备工作会上，教育部职成司副司长谢俐提出，目前正在研究将全国职业院校信息化教学大赛相对独立的整体纳入全国职业院校技能大赛体系的可行性。此外，教育部等 37 家大赛组委会单位联合印发《全国职

业院校技能大赛章程》，该章程将进一步提升大赛制度化水平。大赛将依据该章程，秉承“精彩、专业、安全、廉洁”原则，进一步突出对接教学标准，注重专业核心技术技能考核，切实贯彻以赛促教、以赛促学、以赛促改；进一步突出普惠性，扩大专业覆盖面、加快大赛资源转化，让更多的学生参与和受益；进一步突出公开、公平、公正，完善工作制度，提高规范化、科学化水平。[①]

资源建设特色凸显，信息技术辅教学效果明显。2018 年，教育部、财政部对 30 个职业教育专业教学资源库项目进行验收，另遴选确定 81 个项目进入国家级备选资源库。112 个国家级专业教学资源库发挥着示范辐射作用。虚拟仿真资源建设，解决了职业教育实训教学中“看不见、进不去、动不了、难再现”的难题；33 个资源库主动对接国家战略性新兴产业发展；助力精准扶贫，近半数资源库注册者为中西部用户；建设网上农民大学，开发新型职业农民培训课程和新技术培训课程；服务“一带一路”建设，物流管理和制冷与冷藏技术资源库分别为 40 多个国家培训学员；11 个民族文化传承与创新资源库子库传承和弘扬优秀民族文化。[②] 职业教育国家、省、学校三级互为补充的资源库建设体系初步形成。资源库项目对推进学校信息化建设、教师信息化教学水平、学生信息化学习能力和职业教育优质教育教学资源的共建共享发挥了重大作用，有力促进了教育公平。

教育教学改革不断深入，成果日渐丰硕。2018 年 8 月 17 日，2018 年职业教育国家级教学成果奖拟获奖项目名单发布，本次拟获奖项目共 452 项，其中，特等奖 2 项、一等奖 50 项、二等奖 400 项。从 2018 年国家级教学成果奖推荐地区来看，东部地区、中部地区和西部地区获奖数量差异显著，东部地区获奖总数“一枝独秀”，远超中、西部；而中、

① 谢俐：《奋力推进新时代职业教育　实现高质量发展》，《中国职业技术教育》2018 年第 19 期，第 25 ~ 28 页。

② 上海市教育科学研究院、麦可思研究院编著《2019 年中国高等教育质量年度报告》，2019 年 7 月 3 日。

西部相比较，中部地区省份平均获奖数均超过西部（见表6）。可以看到，职业教育资源的不均衡分布，导致东部、中部、西部的获奖数差距扩大，在一定程度上体现出区域社会经济发展与职业教育发展存在正相关。①

表6　东、中、西地区获奖数量和等级分布情况

	获奖成果总数(项)	省份数量(个)	区域内省份平均获奖数(项)
东部地区	286	11	26.00
中部地区	79	8	9.88
西部地区	86	12	7.17

资料来源：《教育部关于批准2018年国家级教学成果奖获奖项目的决定》（教师〔2018〕21号）。

从2018年国家级教学成果奖获奖内容来看，产教融合、校企合作成为本届成果奖的重点，并且在获奖完成单位方面更多体现多元化主体参与、彰显了职业教育的跨界属性。例如，本届特等奖获奖项目《深职院——华为培养信息通信技术技能人才“课证共生共长”模式研制与实践》，是深圳职业技术学院和华为公司合作的典型案例，2008年成立国内高校第一家华为合作授权培训中心，2011年建成国内高职第一所华为网络技术学院，在校生中产生了全球高校第一位、全世界第150位华为光传输顶级认证专家，49名在校生通过华为路由与交换顶级认证，2013～2016年连续4年获得全国职业院校技能大赛一等奖。② 在多年合作过程中，深圳职业技术学院通信技术类专业与华为公司进行深度合作，将华为面向在职工程师的认证融入教学，课程开发与证书认证互促互进，形成技术技能人才“课证共生共长”模式。

① 方绪军、王屹：《2018年职业教育国家级教学成果奖获奖特征分析与发展趋势》，《职教论坛》2019年第2期，第60～66页。

② 马树超、郭文富：《高职教育深化产教融合的经验、问题与对策》，《中国高教研究》2018年第4期，第58～61页。

高职教育国际影响力持续提升。目前，中国已经与30多个国家、10多个国际组织开展了各类职业教育合作，涵盖了政策对话、学校建设、课程开发、校际交流、技术培训、科学研究等众多领域。2018年，高职院校全日制来华留学生规模达1.7万人，比2017年增长近50%，是2016年的2.4倍；非全日制培训规模比2016年增长3倍多。服务“一带一路”倡议，留学生国别范围从集中于中国周边数个国家逐步扩展到东盟、中亚、非洲等数十个国家，“一带一路”沿线国家成为高职院校留学生主要生源地。境外办学发展提速，北京信息职业技术学院等30余所高职院校在境外建立了33个海外分校，覆盖亚洲、非洲、美洲、欧洲、大洋洲五个洲。“鲁班工坊”成为中国职业技术教育国际交流合作新名片，2018年，国家确定在非洲设立10个“鲁班工坊”向当地青年提供职业技术培训，成为打造中非命运共同体的重要行动。① 国际水平专业教学标准和课程标准开发取得新进展。高职院校携手国外学校、跨国公司和企业，发挥产业和专业优势，共同制定开发国际水平的专业标准595个、课程标准3349个，是2017年的2.2倍。助推中国先进技术“走出去”，高职院校瞄准外向型行业企业，在高度铁路、道路桥梁、现代农业、信息通信等行业，开展技术服务和培训服务，向世界推广具有中国自主知识产权的先进技术。2018年，专任教师赴国（境）外指导和开展培训时间超过10人日的高职院校达401所，专任教师在国（境）外组织担任职务的超过1400人，在校生服务“走出去”企业国（境）实习时间超过10人日的达到300所。②

（五）系列政策分批落地推动高职教育酝酿更大变革

“放管服”改革进一步深化。2017年3月31日，教育部等五部门联合

① 习近平主席在2018年中非合作论坛北京峰会开幕式的主旨讲话中提出，实施中非命运共同体“八大行动”，在非洲设立10个“鲁班工坊”，向非洲青年提供职业技能培训。

② 上海市教育科学研究院、麦可思研究院编著《2019年中国高等教育质量年度报告》，2019年7月3日

印发了《关于深化高等教育领域简政放权放管结合优化服务改革的若干意见》。“简政放权放管结合优化服务”（以下简称“放管服”）目的是进一步完善中国特色现代大学制度，大力破除高等教育改革中存在的体制机制障碍，向地方放权，向高校放权，给高校减负松绑，赋予其更大的办学自主权，从而真正激发广大教学和科研人员教书育人、科技研发和干事创业的热情。

《职业学校校企合作促进办法》落地生效。2018 年 2 月 5 日，教育部等六部门联合印发《职业学校校企合作促进办法》，并于 3 月 1 日起实施。该办法明确指出，校企双方可结合实际开展七种形式的合作，包括人才培养、就业创业、技术创新、社会服务、文化传承等方面。特别鼓励有条件的企业举办或参与举办职业学校，设置学徒培养、学生实习、教师实践岗位。该办法提出要将参与校企合作纳入教师绩效考核内容。同时，校企合作开发的专利及产品，根据双方协议，享有使用、处置和收益管理的自主权。配合“放管服”改革，以及国务院关于深化产教融合的若干意见等文件，《职业学校校企合作促进办法》的出台，给高职院校深入开展校企合作指明了具体实施路径。

《国家职业教育改革实施方案》获批通过。2018 年 11 月 14 日，习近平总书记主持召开了中央全面深化改革委员会第五次会议，会议通过《国家职业教育改革实施方案》并强调，“职业教育是一种教育类型”、“要把职业教育摆在更加突出的位置，对接科技发展趋势和市场需求，完善职业教育和培训体系，优化学校、专业布局，深化办学体制改革和育人机制改革，鼓励和支持社会各界特别是企业积极支持职业教育，着力培养高素质劳动者和技术技能人才，为促进经济社会发展和提高国家竞争力提供优质人才资源支撑”。伴随该方案的获批通过，2018 年 11 月 20 日，国务院发布《关于同意国务院职业教育工作部际联席会议制度的批复》，提出撤销职业教育工作部际联席会议，其职能并入国务院职业教育工作部际联席会议。会议由教育部、国家发展改革委、工业和信息化部、财政部、人力资源和社会保障部、农业农村部、国资委、税务总局、扶贫办 9 个部门和单位组成，原则上每年召开两次会议。中国特色高水平高职教育建设的路线图基本绘制完成，一场改革的大幕正在徐徐拉起。

三　问题与挑战

（一）新时代经济高质量发展与高技能人力资源供给的矛盾突出

新时代中国经济发展由高速增长阶段转向高质量发展阶段，加速产业转型升级、建设现代化经济体系，实现中国制造向中国创造转变，是当前发展的重中之重。与产业转型发展相适应，初级技能劳动者的市场需求逐步减少，高级技术技能人才的市场需求迅速增加。而统计数据显示，2018 年中国 1.65 亿技能劳动者中，高技能人才仅有 4791 万人，在技能劳动者中占比为 29%，远低于西方发达国家高技能劳动人才 40% 的占比。[①] 产业转型升级加速对高技能人才供给提出迫切需求，而劳动力市场中高技能人才长期供给不足成形了供需错配，已经成为当前产业转型发展的瓶颈。根据《中国劳动力市场技能缺口研究》，技能低成为高风险失业人群的主要特点。在中国城镇劳动力需求人口中，高级技师缺口最大，而失业人口中，主体为高中及以下受教育程度群体，其中农村户籍身份失业者占 37%。根据这种趋势预测，到“十三五”期末全国结构性失业人口将增加到 1425 万人[②]。解决结构性失业问题，堵住产业升级需求与人才供应之间的“技能缺口”急需加大与区域产业需求相匹配的高技能人才供给。职业教育作为与经济产业发展关系最为密切的教育类型，具有整合教育链需求与产业链需求的社会价值，高职院校更是承担着为经济社会发展输送高素质技术技能人才的重任，尽管近年来高职教育规模不断扩张，但是在新时代背景下，应对持续提升的

---

① 《多措并举加强技能人才队伍建设》，http://www.gov.cn/zhengce/2018-11/01/content_5336340.htm，2018 年 11 月 1 日。

② 李强、袁志刚：《中国劳动力市场技能缺口研究》，清华大学社会科学学院、复旦大学就业与社会保障研究中心，http://www.199it.com/archives/651604.html。

产业人才需求，人才供给能力进一步提升势在必行。2019 年 3 月 5 日，李克强总理在政府工作报告中提出："改革完善高职院校考试招生办法，鼓励更多应届高中毕业生和退役军人、下岗职工、农民工等报考，今年大规模扩招 100 万人。"① 也就是说，在 2018 年高职教育招生 368.8 万人的基础上，2019 年高职招生人数将增长 27.1%。高职扩招 100 万人是国家的重大战略部署，它既是高职教育发展的一次难得的历史机遇，也必将对高职院校现有的资源建设和教学管理方式提出挑战。面对退役军人、下岗职工、农民工等不同生源对象，资源供给压力增大，教学实施与教学管理难度加大等问题不可避免。应对高质量大规模发展，迫切需要政府加强统筹，制定有益于高职扩招的政策制度，增加高职院校教育教学资源投入，改善优化教学条件和教师队伍，加强分类招生和分类教学管理，真正将高质量扩招落到实处，实现对经济高质量发展的人力资源供给。

（二）国家职业资格框架缺失，严重制约现代职教体系的建设

国家资历框架指按照知识、技能和能力要求，将一国范围内不同级别和类型的学习成果，包括教育文凭、职业资格等系统整理、编制和认证，从而构建的连续性、结构化的资历体系。② 当前，中国高职院校实行"双证书"制度（即毕业生要求获得学历证书和职业资格证书），但两种证书之间缺乏有效衔接。由于中国国家职业资格在形成机制上，采取的是政府主导模式，"自上而下"构建职业资格标准，没有经过市场化的认证和社会化的认同而形成。其结果就是，毕业生进入劳动力市场之后，在学校学习到的专业知识与市场的需求无法匹配。同时，中国现有职业资格制度缺乏明确的顶层设计和法律支撑，导致职业资格的标准设置无法统一，教育体系和职业资格体系相互分离，学历学位证书和职业资格证书无法互认，学历学位认证、职业资格认证、继续教育培训等涉及个体职业发展体系的各个节

① 《李克强作政府工作报告》，http://www.xinhuanet.com/photo/2019-03/05/c_1124194645_2.htm。

② 王扬南：《建立国家资历框架助力职教发展》，《中国教育报》2019 年 3 月 20 日。

点没有纳入同一标准框架中，[①] 不利于打通职前教育和职后教育发展通道，形成社会技能提升的有效载体。因此，建立健全一体化、终身化，横向贯通、纵向衔接的国家资历框架迫在眉睫。要建立和完善国家资历框架，要实现“三个对接”：教育框架与劳动市场的对接、地方框架与国家框架的对接、中国框架与国际框架的对接。总的说来，就是要在遵循国际标准保障资历对等的同时，形成符合中国国情、适应经济社会发展、产业转型升级特点的资历框架，为职业教育现代化提供“中国方案”。[②] 可以从以下三个方面着手：一是对现有职业资格证书体系进行梳理。随着产业发展和劳动力市场变化，原有职业资格设置出现了不适应劳动力市场需求、过多过滥等问题，2014 年以来，国务院分批取消职业资格达 434 项，占总数的 70% 以上，[③] 要求依法设置的职业资格纳入国家目录，实行清单式管理，该项工作还将继续推进。二是研究和制定技术技能人才等级、薪酬体系与证书文凭体系的对应规则。2019 年国家启动了“学历证书 + 职业技能等级证书”（即 1 + X 证书）制度试点工作，鼓励职业院校结合学历教育学习，获得多类职业技能等级证书，作为对毕业生、社会成员职业技能水平的凭证。1 + X 证书制度建设是当前中国深化复合型技术技能人才培养培训模式改革，推进技术技能人才等级建设的有益尝试。三是推进国家学分银行制度，通过探索建立职业教育人才学习账号、创建网络学分库、完善各类职业教育网络学习资源库，推进学历证书、职业资格证书的认定、积累和转化。

（三）产教融合仍有待更为有力的政策推动和体制机制改革的有效推进

在党的十九大报告中，习近平总书记强调要“完善职业教育和培训体

---

① 初庆东、常俊英、王殿君：《国家资历框架构建的国际经验对我国职业资格制度改革的借鉴》，《中国职业技术教育》2019 年第 9 期，第 28 ~ 34 页。

② 匡瑛、石伟平：《论高职百万扩招的政策意图、内涵实质与实现路径》，《中国高教研究》2019 年第 5 期，第 92 ~ 96 页。

③ 《李克强再谈清理职业资格：政府要管住那只“闲不住的手”》，http：//www.gov.cn/guowuyuan/2017 - 05/24/content_ 5196545. htm。

系，深化产教融合、校企合作”。国务院办公厅于 2017 年 12 月印发了《关于深化产教融合的若干意见》（以下简称《意见》），将产教融合上升为国家教育改革和人才资源开发的基本制度安排。“产教融合、校企合作”是当前深化中国特色职业教育改革的核心要求，对新时代中国产业发展和科技发展具有重大意义。但是从目前中国高职教育产教融合发展现状来看，仍受两个方面的制约：一是产教融合内外部支持环境尚待完善。中国目前进入产业升级加速、经济换挡升级的关键时期，产业环境受到自身发展的不确定性和结构的趋合理性的影响，对于高职教育需要产业界提供环境支撑难以给予及时的回应，而高职教育可持续发展对产业环境具有高需求性，二者之间的矛盾对高职产教融合、高质量发展产生不利影响。此外，中国目前产教融合政策机制不健全，尤其缺乏相关经济领域的配套政策，且已有政策重原则轻实施、重目标性轻操作性，由此导致产教融合流于表面，行业企业缺乏参与高职教育的动力机制，合作停留在浅层次，难以深入。可见，目前由产业环境和政策制度构成产教融合的内外部支持环境与高职教育产教融合发展需求尚存一定差距。① 因此，优化发展环境、完善产教融合机制是当前促进职业教育产教融合发展的关键。一方面要积极打造产教融合样本试点，通过推进产教协同育人项目、建设行业企业共建共管的现代产业学院，发挥其示范带动作用。② 另一方面，加快推进《意见》落实，建立健全产教融合政策支持体系和保障机制，加快形成产教融合的政策体系、标准体系、统计体系、绩效评价体系等，细化促进行业企业参与办学的各种政策，提升政策的配套性、部门协调性和具体举措的可操作性，激发其内生动力。二是产教融合资源要素双向对接存在瓶颈。职业教育要紧密结合产业升级需求，引入最前沿行业知识、先进技术、先进工艺融入教育教学过程中，才能真正实现产教融合，提升专业服务产业能力。然后现实中作为行业知识与专业知识纽带的专任教

① 李梦卿、刘博：《高职院校深化产教融合的价值诉求、现实困境与路径选择》，《现代教育管理》2019 年第 3 期，第 80～85 页。

② 马树超、郭文富：《高职教育深化产教融合的经验、问题与对策》，《中国高教研究》2018 年第 4 期，第 58～61 页。

师，既不具备对接产业的能力，又缺乏吸收产业先进技术要素的时间和精力。而行业企业和社会机构作为直接面向市场、面向行业的体制外单元，其掌握的行业知识本可以为职业教育教学改革和资源建设提供服务，但受制于当前体制机制束缚，这些资源难以进入高职院校。要“培育市场导向、对接供需、精准服务、规范运作的产教融合服务组织（企业）”，“允许和鼓励高校向行业企业和社会培训机构购买创新创业、前沿技术课程和教学服务”，[①] 才能更好地推进高职院校提升产教融合的效能。

① 《关于深化产教融合的若干意见》，http：//www. gov. cn/zhengce/content/2017 - 12/19/content_ 5248564. htm。

区 域 报 告

Regional Reports

B.6

协同学视角下京津冀高等教育协同发展研究

刘振东　宋少俊*

摘　要： 京津冀高等教育协同发展是一项系统工程，在京津冀区域经济社会的协同发展进程中发挥着重要作用。当前京津冀高等教育协同发展取得了一定成效，但距离构建具有活力、能够有效服务于经济社会发展的高等教育体系还存在一定差距。本文以协同学理论为视角，通过协同学理论对京津冀高等教育协同发展进行理论指导，建立科学的理论框架，明确各要素在推动京津冀协同发展中所处的地位及应发挥的作用，以及各要素之间的关联机制，从而分析京津冀高等教育协同发展存在问题的深层

* 刘振东，河北大学发展规划处副处长、副教授，博士，研究方向为高等教育；宋少俊，河北大学京津冀协同发展办公室讲师，研究方向为区域协同发展。

次原因。提出构建科学完善的发展规划，建设全面有效的政策法规体系，建立更具活力的教育投入体制，进一步激发各参与主体的内生动力的对策建议，推动服务社会发展功能的全面实现，服务京津冀协同发展国家战略。

关键词： 协同学　京津冀　高等教育　协同发展

京津冀协同发展，是党中央、国务院在新时期做出的一项重大决策部署，着眼于加快建设新型首都经济圈，致力于探索人口经济高密集区域的优化发展模式，推动形成国民经济与社会发展新的增长极，站位高远、意义重大、影响广泛。[①] 京津冀协同发展不仅对京津冀三地可持续发展提供了重大机遇，也对打好“十三五”攻坚战，实现全面建成小康社会具有非常重要的意义。

高等教育作为推动社会创新和发展的动力源泉，在京津冀协同发展战略中具有重要地位。推动京津冀高等教育协同发展，是实现京津冀协同发展的内在需求，也是提升教育整体水平、完善教育总体布局、增强教育发展活力、提高公共服务能力、加快区域创新驱动的重要举措。同时也是配合疏解北京非首都功能，实现产业转型升级，推动科技成果转化转移的关键一环。

自 2015 年 4 月 30 日京津冀协同发展作为国家重大战略正式落地以来，政府部门、高校在长期合作交流的良好基础上进行了更深层次、更为全面、更加紧密的合作，取得了一定成绩。但相较于国内外高等教育协同发展较为成熟的区域，其在协同要素、发展成效以及对经济社会建设的引领和贡献度上仍有明显不足，需要在更为科学的系统指导下，建立具有新时代中国特色、京津冀区域特征的高等教育协同发展体系。

---

① 《京津冀协同发展规划纲要获通过》，人民网，http：//politics. people. com. cn/n/2015/0501/c1001 - 26935006. html。

一 协同学的基本理论及其分析框架

当前，协同发展成为中国经济社会发展中经常会出现的热门词语，特别是京津冀协同发展作为国家战略落地以来，协同发展已经成为各个社会系统介入国家战略的核心路径。因此，有必要对协同学的基本理论进行梳理，并对相关理论在教育发展中的应用进行研究。

（一）协同学的溯源和定义

协同学源自理论物理学，最早是由德国著名理论物理学家赫尔曼·哈肯（Hermann Haken）在研究激光的过程中发现并分析提出的。哈肯教授在研究激光理论的时候发现激光形成的过程是一个典型的非平衡相变，并通过与耗散结构理论的结合，提出了协同的基本概念。他提出系统中的每个子系统都处于自发的独立运动状态，同时也收到其他子系统的关联而形成的协同运动。控制产量的改变会影响协同运动与独立运动的关系，当控制参量达到一定数值即阈值时，协同运动处于主导地位从而支配各子系统的运动，使之处于协同运动的状态，最终形成新的宏观结构或类型。结构是系统产生功能的基础，由协同运动产生的宏观结构必然反映出系统在控制参量影响下体现出的新的功能。协同一方面体现子系统协同运动的过程，另一方面也反映出协同达到新的结构产生的结果。

随着协同学研究的逐步深入，协同学已经成为描述系统从无序到有序，从有序到有序转变的条件和规律的横断学科。[①] 不仅在物理学、化学、生物学等理工学科进行了深入的研究和广泛的应用，其核心观点在社会学、哲学等人文社会科学方面也产生了巨大的影响。

（二）协同学的基本概念

在对协同学理论体系的研究中，有一些基本概念需要厘清。

---

① 郭治安等：《协同学入门》，四川人民出版社，1988，第23页。

1. 系统与子系统

从世界的构成来看，我们可以将其认为是一个由多层次构成的整体，无论是客观物质还是主观认知，都是如此。在协同学的理论体系中，所研究的对象被称为系统，而位于研究对象下一层次的被称为子系统。子系统之间不同的关联及运动方式，构成了系统不同的结构和外在表现，体现不同的功能。根据系统存在的条件，可以分为三种类型：孤立系统、封闭系统和开放系统。孤立系统指独立存在、与环境无任何交换的系统；封闭系统是指与周围环境有能量传递，但无物质交换的系统；开放系统是指与环境既有能量传递，也有物质交换的系统。[①] 在对社会的研究中，社会系统存在着大量的开放系统。

系统要想产生一定的功能和作用，需要通过系统自身的组织形成来实现，而这种组织形成我们称之为结构。因此如果以结构为区分系统类别的要素，可以将系统分为有序结构和无序结构。有序结构是指系统有结构且呈现一定的规律，而无序结构是指系统的结构没有规律存在。无论是有序还是无序结构，都会产生功能，同一系统结构不同产生的功能也不同。

2. 相变

相变是指系统由一种稳定状态向另一种稳定状态的跃迁过程，可以分为平衡相变和非平衡相变。平衡相变是由一个平衡均匀状态向另一个平衡均匀状态的跃迁过程，如固体—液体的转变过程。而非平衡相变则是由一个不平衡定态向另一个不平衡定态的跃迁过程。平衡相变发生的过程中，能量介入相对是一个封闭的过程，可以说平衡相变产生的系统结构是一个“死”的系统结构。而非平衡相变是在非平衡的状态下发生的，必然带来能量耗散，非平衡相变形成的有序结构是通过不断吸收和释放能量形成的，也就形成能量和物质的稳定流动，这种结构被称为耗散结构，是一种“活”的系统结构。

无论是平衡相变还是非平衡相变，都是在能量作用下系统结构发生跃迁的过程。通过对其进一步的研究可以发现，相变过程与子系统的性质不存在必然联系，而是由子系统的协同合作所确定的。因此可以看出，新的系统结

---

① 郭治安等：《协同学入门》，四川人民出版社，1988，第 2 页。

构产生，发挥作用的并不是子系统自身的改变，而是子系统之间协同合作的体现。

3. 控制参量和序参量

参量是物理学的改变，是反应系统一个特征或一个性质的数值。控制参量则是指影响系统变化的一些参数。这些参数一般来自外部环境对系统的影响，通过影响使系统状态发生一定的转变。在相变过程中，控制参量是指推动子系统间开展协同运动的各种要素，包括能量流和物质流。当控制参量到达一定程度时，子系统的协同运动取代子系统的自发运动主导子系统的运动进程，出现新的系统结构。

序参量是临界点前后相变过程中结构变化的体现。序参量是各子系统间协同合作的体现，同时序参量也对子系统协同合作起着控制作用。在协同运动的作用下，序参量最终会主导形成一个稳定的系统结构。

4. 自组织

在相变的过程中，环境通过提供给系统一定的能量流和物质流也就是控制参量来作为子系统开展协同运动的保证。在系统内部，各子系统通过一种自发的组织来接收控制参量，并为新的系统结构的形成提供保障。而这种组织被称为自组织。

自组织是在一定模式下存在的有序的结构，所以无论结构大小，其模式是一定的。当序参量推动组织结构发生变化时，自组织起着接收和反馈信息的作用，确保不同的子系统在序参量的控制下进行协同运动，最终实现新的系统结构的产生。

（三）相关概念在京津冀高等教育协同发展中的映射

协同学作为讨论系统中运动变化的理论体系，不仅仅适用于物理学、化学、生物学等自然科学，其在社会科学中的应用场景也十分广泛，其理论框架通过类比的方式可以解决在社会发展中出现的很多问题。在京津冀高等教育协同发展这一问题上，也可以找到相关概念的映射。

1. 京津冀高等教育系统与子系统

我们讨论京津冀高等教育协同发展的问题，就是将京津冀区域的高等教育作为一个系统进行研究，参与其中的各个部分包括政府主管部门、教学单位、科研院所以及其他关联部分就是子系统。高等教育作为经济社会发展的重要组成部分，与社会环境具有密切的联系，因此高等教育是一个开放系统。

目前，京津冀高等教育的各个组成部分也就是各子系统处于各自的结构中，根据自身需要进行发展，可以说从京津冀高等教育的系统视角来看处于一种无序结构状态，在这种状态下京津冀高等教育对京津冀区域经济社会发挥的功能尚未超过各子系统自身的功能总和，需要建立新的有序结构来进一步激发功能的实现。

2. 京津冀高等教育系统相变

目前，京津冀高等教育系统处于一个不平衡定态，三地高等教育整体水平、教育资源投入与产出等存在巨大的差距，因此京津冀高等教育协同发展的进程可以看作一个非平衡相变的过程。下一阶段京津冀高等教育协同发展的目标并不是简单的提高几个学校的发展水平，再造几个北大、清华、南开，而是要根据三地发展目标的不同去开展差异化的建设路径，最终建设成为互为补充、互为助力的高等教育新体系，建立活的结构，不断从经济社会发展吸收能量并不断释放新的动能。

3. 京津冀高等教育系统控制参量和序参量

控制参量是推动相变过程的各种因素，是环境提供的、用于推动系统中各子系统开展协同运动的能量源、物质源等。在京津冀高等教育这一系统中，社会作为系统的大环境推动高等教育各主体开展协同合作主要来自几个方面，包括三地协同发展高等教育发展的不同需求，来自政府部门的政策引导，来自社会对教育资源包括人、财、物的投入等。因此可以将上述因素作为推动高等教育系统相变过程的控制参量。

序参量作为一种有序结构，是相变发生后出现的一种新的定态，一方面是各子系统协同运动的体现，另一方面也控制着各子系统的运动。在京津冀高等教育协同发展中，最终形成的京津冀高等教育体系就是整个发展过程的序参量。在这个体系中，不同的子系统都能够更高效的确定自身定位和发展方向，最终做到京津冀高等教育这一系统服务经济社会发展功能的实现。

4. 京津冀高等教育系统自组织

为接收和反馈序参量传递的信息和能量，各子系统自发地建立一定的自组织结构。在京津冀高等教育协同发展过程中，各子系统建立的合作实体或合作关系都可以视为自组织。具体看来，包括政府部门的交流合作、高校间的学术交流活动、合作协议或相关联盟等形式。虽然在参与单位数量、合作范围、合作举措等方面各有不同，但都遵循着一定的模式。

这些自组织是京津冀高等教育协同发展的重要平台，也是承接和反馈社会推动京津冀协同发展相关举措的重要抓手，要建立新的有序结构，就需要良好的发挥自组织的作用。

二　京津冀高等教育协同发展现状

（一）基本情况

高等教育作为教育体系中的重要环节，为京津冀协同发展提供着重要的人力保障和智力支持。同时作为创新驱动的核心要素，高等教育也是推动京津冀协同发展的重要动力。通过对世界知名的城市群进行分析可以看出，区域经济一体化的背后必定是高等教育的区域密集与均衡发展。京津冀是高等教育密集区域，总量大、层次高、比重分配合理。截至 2018 年底，京津冀区域共有普通高等学校 270 所（北京 92 所、天津 57 所、河北 121 所），占全国高校总数的 10.26%；其中本科高校 158 所（北京 67 所、天津 30 所、河北 61 所），占全国本科院校总数的 12.71%；“双一流”建设高校 36 所（北京 30 所、天津 5 所、河北 1 所），占总数的 26.28%。由此可见，京津冀区域高等教育资源丰富，结构合理，特别是高水平大学资源丰富，为提升区域科技创新能力提供了强有力的人才保障。

高等教育发展不均衡是京津冀区域高等教育发展的另一显著特征。这从“双一流”建设高校的数量和所占比例可见一斑，北京市“双一流”建设高校30所，占全国总数的21.90%，天津市“双一流”建设高校5所，占全国总数的3.65%，河北省只有1所“双一流”建设高校，且位于天津市，可以说在河北省域内没有代表国内一流高校水平的“双一流”建设高校。从具有显著指标意义的国家重点学科数量来看，北京高校具有61个一级学科国家重点学科，天津有10个一级学科国家重点学科，而河北省只有1个，在二级学科国家重点学科和国家重点（培育）学科数量方面三地差距更加明显。此外，在高层次人才培养数量上，三地存在着明显差距（见表1），由此可见，三地高等教育的发展水平极不均衡，存在断崖式的差距。这一方面是历史原因所造成的，另一方面也是三地经济社会发展不平衡所带来的马太效应在高等教育发展层面的体现。这种不平衡不仅造成了三地高等教育发展的差距，也对三地协同发展所需的创新动力和人才储备产生了很大影响。

表1　京津冀三地2018年高校毕业生情况统计

单位：人

省市	本科生	硕士研究生	博士研究生
北京市	117729	71115	15507
天津市	78461	15451	1731
河北省	175508	14213	1578

资料来源：北京市、天津市、河北省教育事业发展统计年报。

（二）政策背景

2014年2月，习近平总书记在京津冀协同发展工作座谈会明确指出“京津冀地缘相接、人缘相亲，地域一体、文化一脉，历史渊源深厚、交往半径相宜，完全能够相互融合、协同发展”。[①] 2015年4月30日，中央政治

① 《习近平就推进京津冀协同发展提出7点要求》，人民网，http：//politics. people. com. cn/n/2014/0227/c1024 - 24485854. html。

局通过《京津冀协同发展规划纲要》，将京津冀协同发展明确为国家重大战略。其中明确提出“到 2020 年，河北省与京津的公共服务差距明显缩小，区域基本公共服务均等化水平明显提高，公共服务共建共享机制初步形成。重点是建立统一规范灵活的人力资源市场，统筹教育事业发展，加强医疗卫生联动协作，推动社会保险顺畅衔接，提升公共文化体育水平”。[①] 由此可见，教育事业的统筹发展是京津冀协同发展的重要一环，直接关系京津冀公共服务均等化水平。

教育协同发展得到了三地政府部门和教育主体的积极响应。2015 年 10 月，河北省和北京市教育主管部门签署了《京冀两地教育协同发展对话与协作机制框架协议》。2019 年 1 月，北京、天津、河北三地教育主管部门共同签署了《京津冀教育协同发展行动计划（2018～2020 年）》，明确了京津冀教育协同发展的具体目标、实施路径和保障措施。

（三）发展成效

2015 年随着京津冀协同发展国家战略相关政策的落地推进，京津冀高等教育协同发展进入了新阶段，逐步形成了政府引导、高校为主、多方参与的局面。

1. 政府引导

政府作为中国教育事业发展的主要推动力量和投入主体，在高等教育协同发展中起着核心作用。同时，作为教育政策制定和执行的主体，教育主管部门对于国家战略的响应也是相对主动和快速的。2015 年 10 月，在《京津冀协同发展规划纲要》发布不到半年时间，京冀两地教育主管部门率先签署了《京冀两地教育协同发展对话与协助机制框架协议》，[②] 为两地教育协同发展提供了政策依据。同时三地政府部门通过制定专项规划等形式将教育

① 《京津冀协同发展领导小组办公室负责人　就京津冀协同发展有关问题答记者问》，人民网，http：//politics. people. com. cn/n/2015/0824/c1001 -27504163. html。

② 《京冀建立教育协同发展对话与协作机制》，新华网，http：//education. news. cn/2015 -10/17/c_ 1116853369. htm。

协同发展纳入本地“十三五”经济社会发展的总体规划中。2019 年 1 月，北京、天津、河北三地教育主管部门共同签署了《京津冀教育协同发展行动计划（2018 ~2020 年）》，进一步明确了京津冀教育协同发展的具体目标、实施路径和保障措施，成为京津冀教育协同发展的纲领性文件。其中针对推动高等教育创新发展，提出优化高等教育协同育人体系、深化京津冀高校联盟建设、构建高等学校协同创新体系等具体措施。

在相关政策落地实施方面，有关部门进行了积极的探索和推动。积极构建高等教育协同育人体系，如 2016 年 1 月，京津冀教育主管部门签署《京津冀大学生思想政治教育工作协作方案》，建立三地大学生思想政治教育协同发展的长效机制。主动加强三地高等教育的交流融合，如三地政府部门分别签署相关协议，安排高校间的干部挂职交流，天津市还启动了京津冀高校辅导员挂职交流计划，有力地提升了三地思政干部队伍的工作能力。建立紧密型协同创新组织模式。河北省主动借力京津高教资源，积极推动三地共建新型创新机构和智库，其中于 2015 年认定的首批 18 个省级协同创新中心就吸纳了来自三地的高校 18 所，科研单位 26 个。

2. 高校为主

高校是高等教育实施的主体，因此在京津冀高等教育协同发展推进过程中，三地高校发挥着重要的主体作用。在具体工作的开展中，三地高校通过举行学术会议、成立合作联盟以及资源共享等途径实现三地高等教育资源的协同发展。

（1）学术交流活动。学术交流活动作为高校教学科研工作中重要的组成部分，一方面能够有效提升学校的教学科研水平，增强科技创新能力，另一方面也能够加强高校间的互动交流，建立更加密切的合作关系。长期以来，在地缘优势及文化相近的影响下，京津冀三地高校在学术交流活动的开展上具有良好的历史基础。京津冀协同发展国家战略实施以来，三地高校学术交流活动已经从原来的单纯以主办方需求出发逐步转化为以共同发展为目的，交流活动从质和量两个层面具有大幅提升。以河北大学为例，2015 年 6 月至 2018 年 5 月，由该校主办或承办、以京津冀三地高校及科研院所为主要参与对象的大型学术会议共举行20余场，其他中小型学术交流活动超过百场。特别是在2017年2月党中央国务院决定设立雄安新区后，围绕雄安新区建设发展的三地高水平学术活动有了大幅度增长。

（2）多类型校际合作。除了举行一系列的学术交流活动外，三地高校还通过签署协议的形式，建立了涵盖校级合作、学科建设与人才培养、资源共享、协同创新等多个层面的合作联盟，促进了相关高校、学科的发展，从一定程度上解决了三地高等教育不平衡的现实问题。在校际合作方面，河北大学与中国科学院大学、燕山大学与北京理工大学、河北工程大学与天津大学以及河北工业大学与中国民航大学等京津冀高校分别签订了战略合作协议，三地医学类高校、建筑学高校、农林类高校、轻工类高校也分别签约建立战略合作关系。在学科建设和人才培养方面，京津冀三地高校成立了商学联盟、电影教育联盟、继续教育联盟、学前教育联盟、翻译硕士教育联盟、史学联盟等学科间联盟，同时还成立了商科类协同创新联盟、经济学学科协同创新联盟、纺织服装产业协同创新高校联盟等多种联盟，推动三地高校在学科建设、人才培养、协同创新等方面的深入合作、共同发展。在资源共享方面，由河北大学、北京大学、南开大学牵头成立的京津冀信息服务协同创新共同体推动了三地高校图书馆信息资源的共建共享，目前三校以及中国人民大学已经实现了馆藏资源的互借，极大地促进了相关高校科技资源的使用效率。

这些联盟是京津冀高等教育协同发展的重要形式，符合协同学理论中子系统从无序到有序转化过程中产生新结构的理论架构，新结构的产生促进了协同的进程，逐渐形成了自组织的雏形，同时为实现协同后系统功能的提升提供了基础。

3. 多方参与

高等教育作为一个开放系统，在发挥其对于经济社会发展的推动作用时，离不开科研院所、行业协会、企业等其他子系统的参与。在京津冀高等教育协同发展进程中，相关子系统的参与也成为一大显著特征。

在京津冀高校联盟，特别是面向社会、面向产业的相关联盟组建过程中，相关科研院所、行业协会和企业发挥了融合剂和催化剂的作用。以京津冀大数据产业协同创新平台为例，其发起者为北京大数据研究院，融合了三地重点高校、科研院所、孵化平台、产业链企业以及投资人等各方面的力量，建立起集人才培养、创新研发、成果转化、创业孵化等于一体的大数据产业全链条平台，推动以科技创新为动力的大数据产业发展和学科建设。

在科研院所等自行联合组织的科研、产业合作联盟中，也频繁出现三地高校的身影，高等教育与科技创新的密切融合体现得尤为突出。2017 年 11 月，由北京市科学技术研究院、天津市科技协作促进会、河北省科学院、清华大学公共管理学院联合发起了京津冀科研院所联盟。这一联盟共吸引了 91 家机构加入，其中科研院所 51 家、高校 29 家、企业 11 家。

此外，科研院所、行业协会、企业等也通过与高校合作的方式建立更加紧密的联系，力图进一步缩短产业链，减少系统内部损耗，实现更高效的教产学研融合发展，产生更有效的创新动能。2018 年 1 月，河北大学与北京协同创新研究院签署协议，在高层次科研平台共建、高端创新人才培养、未来技术及产业培育、先进技术实施转化等方面开展密切合作。2019 年 1 月，河北农业大学、中国农科院、雄安新区管委会、河北农林科学院在雄安新区签署农业科技战略合作协议，将联合建设国家农业科技创新中心，共同打造农业科技创新成果转移转化基地和研发服务平台。① 燕山大学与三一重工、河北工业大学与华为公司、富士康集团等企业也分别签署战略合作协议，在技术创新专业、人才培养等方面全面合作。

（四）存在问题

在国家政策、教育部门、各高校以及社会各界的共同努力下，京津冀高等教育协同发展取得了一定的成效。但不可否认的是，与京津冀协同发展国家战略对于高等教育的需求相较，京津冀高等教育协同发展仍然存在较大的不足。

（1）京津冀高等教育在推动协同发展的过程中出现主体多元化、建设

① 《河北农大：与中国农科院、雄安新区签署农业科技战略合作协议》，河北教育网，http：//www. hbjyw. cn/news/detail/123895/12. html。

无序化、方向自由化的现象。可以说，京津冀高等教育协同发展存在着较大的随意性和人为因素，这一点在高校间合作体现得尤为突出。同质化、盲目化的合作直接导致建设资源的分散和浪费，也从一定程度上造成参与者对于协同发展的负面感知。

（2）作为目前实施协同发展的主体，三地的高校将合作重点聚焦于学科建设和专业发展层面，与区域经济社会发展的结合不足，直接导致对于区域资源要素的掌握和使用处于严重滞后阶段。京津冀协同发展在经济社会层面的发展成效对于高等教育的影响没有显现。

（3）京津冀高等教育协同发展缺乏有效的实施路径。由于三地高等教育的发展差距，三地在高等教育协同发展中的定位不明晰，协同发展变成了“要”与“给”的单通道关系，缺乏双向互动、合作共赢的机制路径，协同各主体间的动能严重不足。

（4）京津冀高等教育协同发展缺乏有效的过程监控和绩效评价体系，这直接导致很多协同发展工作或项目仅停留在协议上和报道中，没有实质性的工作开展。

三　协同学视角下京津冀高等教育协同发展问题的成因分析

（一）京津冀高等教育协同发展的协同学理论框架

通过学者的相关研究可以得出，非平衡相变具有以下几个共同点：（1）当控制参量达到阈值时，相变便会突然发生，这是一种临界现象；（2）当系统从无序向有序转变时，新态往往具有更为丰富的时空结构；（3）系统突变到新的定态后，需要外界提供能量流、物质流、信息流来保证；（4）新的定态一旦出现，就具有一定的稳定性，不会因外界条件的微小改变而消失。①

① 郭治安等：《协同学入门》，四川人民出版社，1988，第20页。

京津冀高等教育协同发展作为一个非平衡相变过程，可以从以上理论中得到启发。

（1）京津冀高等教育协同发展中各子系统的运动为自发运动，虽然能够促进各子系统自身建设以及自组织的形成，但对于京津冀高等教育新结构的建立并不是关键要素。

（2）京津冀高等教育协同发展源于控制参量的推动，包括社会发展需求的变化、社会对高等教育发展路径的规划、社会对教育投入的改变等。控制参量没有达到阈值时，不能激发京津冀高等教育新结构的建立。

（3）京津冀高等教育的序参量应处于一种新的不平衡的稳定结构，而不是简单的平衡状态，这种结构应涵盖京津冀三地，涵盖高等教育发展的各个阶段，确保各个子系统都能够在系统中处于适当的位置，实现差异化发展，从而实现新的功能。

（4）控制参量应通过自组织来推动序参量的实现，也就是说社会各要素的投入不仅要关注子系统，更要建立新的京津冀高等教育结构，需要将自组织作为关注的重点，用自组织带动各子系统的协同合作。

（5）当新的高等教育结构建立后，便可以形成一种新的发展定态，在这种定态下，各教育主体会处在一种相对稳定的发展状态，系统各功能的实现也会处于稳定状态，不会因为外界及各子系统的微小改变而变化。

（二）基于理论框架的成因分析

在国家战略的指引和有关部门、相关院校的大力推动下，京津冀三地的高等教育协同发展取得了一定的成效，对三地高等教育水平的提升以及创新动能的提高产生了积极的影响。但存在的问题也不容忽视，这也是制约京津冀高等教育协同发展取得突破进展的瓶颈。从协同学的视角可以有更为清晰的分析。

1. 序参量规划缺失，缺乏明晰的结构设计

京津冀高等教育协同发展的目标是建立新的高等教育结构以推动区域经济社会的发展。与非首都功能疏解、生态环境保护、产业转型升级等经济社

会发展的核心要素和京津冀协同发展的关键问题相比较，高等教育协同发展的顶层设计规划和治理制度构建明显不够明晰。体制机制的创新是京津冀高等教育协同发展取得突破的关键要素，需要从国家战略层面统一思想、顶层设计、创新体制，将其作为京津冀协同发展亟待解决的重要问题予以重视，并将其与京津冀经济社会发展进行有效协同，而并不是简单地要求三地进行自我调整和提升。

2. 控制参量不充分，政策制定落后，教育经费投入不足

政策推动是控制参量的重要部分，特别是中国的高等教育体现出明显的国家投入与政府管理特征，因此教育管理部门相关政策的制定对于高等教育协同发展具有核心作用。目前，三地教育部门共同制定了《京津冀教育协同发展行动计划（2018～2020年）》作为京津冀教育协同发展的行动指南，其中对于高等教育的协同发展从高校联盟建设、人才培养、协同创新、服务地方建设等层面进行了具体要求。但可以看出对于京津冀高等教育协同发展没有明确具体的发展目标，在政策方面也多以鼓励、推动等软性方式为主，没有明确且强有力的政策支持。

教育资源特别是经费投入是控制参量的核心部分。京津冀高等教育协同发展需要解决的核心问题是如何在保证高等教育整体水平不断提高的前提下疏解教育领域非首都功能，平衡高等教育资源，构建稳定的京津冀区域高等教育体系。教育投入是教育资源合理分配的重要催化剂，教育资源分配首先要确保相应教育投入的需求。目前京津冀三地高等教育资源投入较为单一，均以地方投入为主，缺乏多元化的教育投入保障，这就导致三地在高等教育上的投入差距较大，且在教育资源分配上教育主体本身的主观能动性不强。

3. 自组织建立不完善，缺乏活力和动力

目前京津冀高等教育协同发展的主要平台是以高校间的合作为主体，这种合作基本基于高校自身的建设发展需求，具有很强的自发性。而这种自发性所带来的弊端就是具有一定的盲目性且实际落实效率低下。在京津冀区域高校间的各种合作、联盟中，重形式、轻内涵，重签约、轻落实的现象普遍存在。很多协议奠定之后就成为一纸空文束之高阁，很多联盟也只停留在新

闻报道中，对高校发展的实际推动作用有限，甚至会产生负面影响。

通过研究可以看出，中国目前的教育政策制定和教育资源投入面向对象均为各教育主体，对自组织缺乏相应的政策落地和资源保障，这也直接导致自组织的动力下降，缺乏对各子系统协同合作的带动作用。

四 国内外成功案例的经验借鉴和对策建议

纵观国内外发展历史，高等教育在区域经济社会发展的进程中起着重要的作用。高等教育既是创新驱动的助燃剂、协同发展的黏合剂，又是产业升级的催化剂和可持续发展的润滑剂。国内外区域经济社会发展的成功案例中高等教育区域协同发展都是重要因素，高等教育协同发展的成功案例也是协同学理论框架在高等教育这一领域的实践印证，这也为京津冀高等教育协同发展提供了经验借鉴和解决对策。

（一）国内外区域高等教育协同发展的经验借鉴

通过对中国长三角、粤港澳大湾区以及美国硅谷、日本东京大湾区开展高等教育协同发展的成功案例进行分析，可以看出，高等教育协同发展要建立新的结构、实现新的功能，也满足协同学的基本理论框架，具体表现为以下几点。

1. 社会环境对高等教育协同发展的重要作用

社会环境对于高等教育协同发展的影响起着非常重要的作用。无论是社会治理层面（政府），还是经济发展层面（产业），当外部环境对于高等教育系统的影响达到一定阈值时，就会激发高等教育协同发展相变过程的发展，建立新的稳定结构。

政府为办学主体的高等教育系统中，政策因素是重要的外部影响力量，长三角的高等教育协同发展政府在政策制定、具体实施方面都积极参与，成为主导力量。而东京大湾区更是政府主导的有力体现。日本政府通过对东京大湾区定位及功能的调整，实现对其高等教育布局的逐步调整。特别是亚洲最大的科学城——筑波科技城的建设，凸显了日本政府对于高等教育和科研单位布局调整的目的和决心。作为政府主导的科学城，筑波从规划设计、投资建设到入驻运营无不体现了政府强有力的介入管理，最终形成了聚集全国1/3的科研机构、2/5的研究人员、两所高水平大学以及全国近半数的科研经费的创新核心区，也为东京大湾区的持续稳定发展提供了强有力的人才和智力保障。

美国硅谷则是产业要素对于高等教育协同发展有力推动的成功案例。硅谷地区高校主要包括以斯坦福大学为代表的私立大学和以加州大学伯克利分校为代表的公立大学。社会投入已经成为大学经费投入的主要来源。而这些经费的源头基本与地方产业发展密切相关，这也使硅谷地区高等教育发展的诉求和核心驱动力趋于一致，为密切合作奠定了良好基础。产业资本的驱动力使各高等教育主体处于相对一致的发展平台和路径，更易产生协同发展的正向合力。

2. 多元的控制参量应着力于子系统

控制参量包括政策规划、资源投入等各个层面，单纯某一个方面不能够达到激发相变的作用。在国内外的成功案例中，政策规划、资金投入等都是推动高等教育协同发展的重要力量，缺一不可。

同时控制参量应将着力点对准各个自组织，依托自组织激发子系统的协同运动，而不是简单的直接作用于各子系统上。长三角高校合作联盟，便是通过三地教育主管部门和相关高校的不断推动，逐步形成由上海的复旦大学、上海交通大学、华东师范大学、同济大学，江苏的南京大学、东南大学，浙江的浙江大学，安徽的中国科学技术大学8所国家985工程、双一流名校组成的区域性高水平大学联盟。相关扶植政策、资金和人员投入都在联盟发展中得以体现，也激发了联盟的实际效果。联盟高校通过实行交换生、暑期班等计划，逐步实现了精品教学资源的共享，打破了校际壁垒和障碍，切实推进了长三角区域高等教育的协同发展。

日本筑波科学城的发展则是另一种自组织形式的体现。日本政府通过建设亚洲最大的科学城——筑波科学城，通过政策、资金的大力扶植形成自组织的框架基础和发展动能，吸引各子系统加入自组织中，从而实现协同发展的最终目标。

3. 子系统主动参与和准确定位

作为子系统，教育主管部门、各教学主体需要发挥自身的优势，推动建立相应的自组织，并积极响应社会环境对于推动高等教育协同发展的能量流、物质流和信息流，主动参与序参量的构建。

大学的主要功能是人才培养、科研创新，产业的主要功能则是将技术产业化和商业化。在硅谷，这两者的边界越来越模糊，大学的创新氛围与产业的创业需求进行高度融合。这种融合不仅体现在科研成果的转化上，更体现在人员和经费的流动上，而且这种流动不仅仅出现在个别公司和大学之间，而是普遍存在于产业与整个高等教育体系之间。这就使高等教育的协同发展有了沟通的纽带、桥梁甚至是平台。

分工的明确也使各子系统处于良好的协调博弈、协同发展层面。《加利福尼亚高等教育总体规划》明确建立了加州大学—加州州立大学—社区大学的三级公立高等教育体系。这一体系的优势在硅谷地区体现得尤为明显。高水平大学和顶尖研究机构提供产业创新发展的核心技术和高层次人才的继续培养，技术大学提供产业发展的生产动能，社区大学则一方面为大学提供人才储备，另一方面为技能人才提供技术基础培训。不同的教学主体在这一体系中均能够最大限度地发挥自身优势，确保社会投入的使用效益，也促进了高等教育的协同发展。

（二）对策建议

基于协同学视角下高等教育协同发展的理论框架，结合国内外高等教育协同发展的成功经验，推动京津冀高等教育协同发展，实现高等教育与区域经济社会发展的良性互动，需要从以下几个方面重点着手。

1. 构建科学完善的发展规划

科学发展，规划先行，要推动京津冀高等教育科学发展、协同发展，首先要构建明晰完善的京津冀高等教育发展规划，遵循教育发展规律，明确建设目标，打破旧有的体制、区域概念，建立明晰的京津冀高等教育体系结构；确定各参与主体的定位、发展路径和发展目标；落实社会环境对于高等教育系统的投入保障；建立健全相关信息通路和反馈机制，确保各项投入能够全面有效地推动京津冀高等教育的协同发展。

2. 建设全面有效的政策法规体系

中国高等教育绝大部分为公办教育，对于政府管理体系的依赖性非常大。因此在控制参量的构成中，政策力量显得尤为重要。政策法规的引导和助力对于推动京津冀高等教育协同发展具有非常重要的作用。教育主管部门要根据规划目标，建立更加全面有效地政策法规体系，用政策手段实现教育主体协同合作的激发和导向，提供有力保障，着力破除制度上对于协同发展的障碍，确保协同发展的顺利进行。

3. 建立更具活力的教育投入体制

目前京津冀高等教育较为单一的教育资源投入体制是制约协同发展的瓶颈所在。下一阶段要逐步建立更具活力的教育投入体制，逐步降低政府拨款在教育投入中的比例，鼓励社会资本、产业加大对高等教育的投入。同时建立更加完善的区域教育投入管理机制，将投入重点从高校自身向自组织转变，通过投入路径的变化推动各子系统参与协同合作的动力。

4. 进一步激发各参与主体的内生动力

新的系统结构的出现需要各子系统的有序运动，因此在京津冀高等教育协同发展中要进一步激发各参与主体的主动性，使其积极参与到协同合作之中。一方面要使各参与主体明确认识和定位，明晰发展方向和路径，另一方面要让各参与主体切实享受到协同发展带来的成效，将引导参与变为主动参与，为京津冀高等教育体系的建设发挥自身的作用。

五　结论

京津冀高等教育协同发展是一项系统工程，在京津冀区域经济社会的协同发展进程中发挥着重要作用。当前京津冀高等教育协同发展取得了一定成效，但距离构建具有活力、能够有效服务于经济社会发展的高等教育体系还存在一定差距，存在着协同发展规划性不强、与经济社会发展结合不足、缺乏实施路径以及监控和评价机制等现实问题。

通过协同学理论对京津冀高等教育协同发展进行理论指导，建立科学的理论框架，明确各要素在推动京津冀协同发展中所处的地位及应发挥的作用，以及各要素之间的关联机制，分析京津冀高等教育协同发展存在问题的深层次原因。分析研究国内外区域高等教育协同发展的成功案例，对相关理论框架的提出进行验证，并提出相应的对策建议。京津冀高等教育协同发展，要构建科学完善的发展规划，建设全面有效的政策法规体系，建立更具活力的教育投入体制，进一步激发各参与主体的内生动力，实现京津冀高等教育新体系的构建，形成多层次的京津冀高等教育系统，从而推动服务社会发展功能的全面实现，服务京津冀协同发展国家战略。

参考文献

郭治安等：《协同学入门》，四川人民出版社，1988。

李军凯等：《京津冀教育协同发展实践策略研究》，科学出版社，2017。

《中国统计年鉴 2018》，中国统计出版社，2019。

宗晓华、冒荣：《合作博弈与集群发展：长三角地区高等教育协同发展研究》，《教育发展研究》2010 年第 9 期，第 1～5 页。

崔玉平、夏焰：《区域高等教育联动改革与协调发展的经济意义——基于长三角地区的分析》，《清华大学教育研究》2012 年第 1 期，第 40～45 页。

沈子奕、郝睿、周墨：《粤港澳大湾区与旧金山及东京湾区发展特征的比较研究》，《国际经济合作》2019 年第 2 期，第 32～42 页。

谢爱磊等：《粤港澳大湾区高等教育融合发展：背景、基础和路径》，《中国高教研究》2019 年第 5 期，第 58～63 页。

张喜才、房风文：《发达国家城市群产业链与高等教育的协同发展及其对京津冀发展的启示》，《现代教育科学》2018 年第 12 期，第 135～139 页。

欧小军：《世界一流大湾区高水平大学集群发展研究——以纽约、旧金山、东京三大湾区为例》，《四川理工学院学报》（社会科学版）2018 年第 6 期，第 83～100 页。

B.7
粤港澳大湾区建设背景下的高等教育合作

袁薇佳　郑慧琪*

摘　要： 2019年2月，中国中央、国务院印发《粤港澳大湾区发展规划纲要》，提出打造粤港澳大湾区，建设世界级城市群建设，创建国际科技创新中心等战略目标，而这些都离不开教育和人才高地的建设，离不开推进粤港澳三地高等教育合作、提升高等教育核心竞争力和整体水平。本文在分析粤港澳三地教育资源总体情况、高等教育合作现状、社会需求和现有制度环境的基础上，提出以下政策建议：通过完善相关法律法规、签订三地合作协议、建立健全合作的组织协调机制、制定合作规划和行动方案等方式，强化激励和落实；通过推动学科专业优势互补、创新联合人才培养模式、促进科研创新与智库建设、吸引和积聚高层次人才、深化教育国际合作、塑造新时代湾区文化精神、加大资金投入支持力度等途径，拓展深化三地高等教育合作。

关键词： 粤港澳　大湾区　高等教育　合作

* 袁薇佳，广东外语外贸大学助理研究员，博士，研究方向为高等教育、比较文化；郑慧琪，广东外语外贸大学文学硕士，研究方向为高等教育。特别鸣谢罗振宇、陈又新、张博、刘祥和提供部分资料和数据。

广东处于中国改革开放前沿，毗邻香港、澳门，经济基础较好，为了更好地发挥集群优势，国家部署推进粤港澳大湾区战略。2017 年，党的十九大报告指出，“要支持香港、澳门融入国家发展大局，以粤港澳大湾区建设、粤港澳合作、泛珠三角区域合作为重点，全面推进内地同香港、澳门互利合作”。2019 年 2 月，中共中央、国务院正式印发《粤港澳大湾区发展规划纲要》（以下简称《规划纲要》）。

粤港澳大湾区包括香港、澳门与广东珠三角 9 个地市，总面积 5.6 万平方公里，2017 年末总人口约 7000 万人，约占全国的 5%；经济总量达 1.5 万亿美元，约占全国的 11%。在世界“四大湾区”中，面积排名第一，人口数量排名第一，经济总量排名第二。粤港澳大湾区建设中，广东省将与香港、澳门携手，建设充满活力的世界级城市群、“一带一路”建设的重要支撑区、有着全球影响力的国际科技创新中心、内地与港澳深度合作示范区。粤港澳大湾区建设是新时代推动构建中国全面开放新格局的新措施，是推动“一国两制”事业持续发展的新载体，对于广东省深化改革、扩大开放的现实探索具有十分重要的意义。

《规划纲要》中专门提出要打造“教育高地”和“人才高地”，建设“国际教育示范区”。在经济全球化、社会信息化的时代，高等教育承载着人才培养、科学研究、社会服务和文化传承创新等功能，高等教育发展与区域发展之间有着复杂而密切的相关性、共生性，是推动区域经济社会发展的强大动力。在新的时代背景下，高等教育的区域合作旨在推动资源重新配置，构建全方位多层次的教育合作体系，“需要区域在高等教育层面的多边合作、区域交流以及院校联结，逐步搭建区域高等教育合作的总体格局”。打造世界一流城市群离不开高等教育合作。要打造世界级城市群，就需要世界一流的高等教育集群，就需要推动粤港澳高等教育合作，构建有特色、国内领先、世界一流的新型高等教育体系。大学对于一座城市而言，既是人才库，也是经济发展的动力加速器。

推进科技创新离不开高等教育合作。《2017 年全球创新指数》（The Global Innovation Index 2017）指出，经济获得源源不断地发展动力，来自坚持“推陈出新”，“持续”是生存之道。该报告还新增一个名叫“创新地带”（cluster of inventive activity）的项目，指区域合作、产业集结，有利于缔造创新环境，提升竞争力。[①] 在区域发展中的大学建设，则常常起到“创新枢纽”“产业枢纽”的作用。

打造教育、人才高地和国际教育示范区离不开高等教育合作。通过区域间的高等教育合作，有助于打造国际人才高地、推动高等教育创新、提升高等教育国际竞争力等，为粤港澳大湾区建设、“一带一路”建设和深度参与全球化竞争提供更具基础性、持续性的动力源，为香港、澳门融入国家发展大局，为中国高等教育走向世界打下更为坚实的基础。

目前世界上著名的纽约湾区、旧金山湾区、东京湾区之所以成为引人注目的世界级湾区，关键在于它们都拥有世界级的大学集群的强大支持，均为全球高等教育及科技创新中心。这些湾区的发展历程，都有一个漫长而艰难的磨合过程。对处于跟跑追赶阶段的粤港澳大湾区，更要找准角色定位，力争建成国际一流湾区和世界级城市群。

一　粤港澳大湾区教育总体状况和高等教育合作现状

（一）粤港澳大湾区教育资源的总体状况

1. 广东省高校情况

（1）整体概况。根据《2017 年广东省教育事业发展统计分析》中的数据，[②] 2017 年，省普通高等学校为 151 所。各种形式的高等教育在校生总规模（不包含军事学校人数）达到 280.58 万人，普通高校（不包括成人教育和网络教育）在校生规模为 204.58 万人。普通高校高等教育毛入学率 2017 年为

① 郭宏泰、郭桦：《香港青年对粤港澳大湾区建设的民调与分析》，《紫荆论坛》2019 年 5 月 4 日。

② 卢晓中主编《2017 年广东省教育事业发展统计分析》，华南理工大学出版社，2018，第 101 ~ 102 页。

38.71%。（根据广东省“十三五”规划目标，拟于2020年达到50%）。

从办学性质来看，2017年广东省公办高校本专科学生127.12万人，研究生10.25万人；民办高校本专科学生65.45万人。

2017年，全省各地区普通本专科招收外地生源（含港澳台侨）达52413人，外地生源占招生总数的9.18%。

（2）粤港澳大湾区广东9市高等教育概况。根据粤港澳大湾区广东9市统计局以及统计年鉴（2017年）数据整理，9市普通高等学校共134所，在校学生166万多人，专任教师8.7万多人（见表1）。

表1　广东省9市高等教育数据

城市	普通高等学校(所)	在校学生(人)	专任教师(人)
广州	82	1057281	59704
深圳	12	91883	5092
珠海	10	133626	6333
佛山	3	49994	1928
惠州	4	37322	1926
东莞	9	112603	4651
中山	5	48661	2065
肇庆	6	93612	3584
江门	3	40055	1840
合计	134	1665037	87123

粤港澳大湾区广东9市的高等院校相对集中于广州、深圳、珠海等地，因此，高校在校生也主要集中于这些地区。未来，广州、深圳、东莞、佛山、中山都将有本土新大学问世，其中又以深圳数量最多。

广州规划在建的有广州交通大学、中科院大学广州学院。华南理工大学广州国际校区一期工程已经竣工，2019年9月正式开学迎新。同年9月底，教育部正式批准筹备设立香港科技大学（广州）。深圳规划在建的大学有中科院深圳理工大学、深圳创新创意设计学院、深圳师范大学、深圳音乐学院等高等院校。还将与香港及内地名校合办“深圳校区”或“深圳研究院”。深圳市委、市政府在2016年10月印发的《关于加快高等教育发展的若干意见》中提出，争取到2025年，深圳的高校达到20所左右。中山规划在建的大学有香山大学、澳门科技大学（中山）和中山科技大学。佛山规划在建佛山理工大学，还将引进北京外国语大学、东北大学等学校到佛山办研究生院。东莞正加快推进大湾区大学的筹建工作。

（3）整体实力。改革开放以来，广东高等教育的发展在规模、质量、结构和效益等方面都取得跨越式进步，形成了比较完整的高等教育体系。粤港澳大湾区广东9市的高等教育学科发展较为齐全，涵盖13大学科门类，拥有从专科、本科、硕士到博士学历的完整人才培养体系。① 广东省高等院校数量位居全国第二，广东民办教育在校生约占全国的1/7，具有独立法人资格的对外合作办学高校占全国的一半，广东整体教育实力和教育质量得到提升。在2017年国家公布的“双一流”大学建设名单中，广东省有5所高校的18个学科进入建设名单，入选高校数排名全国第八。

但是，广东高校的高层次人才特别是博士毕业生数量偏少，在高校专职工作的院士、长江学者等高层次领军人才数量偏少，国际化水平偏低。在2019年6月全球高等教育研究机构QS（Quacquarelli Symonds）发布的2020年世界大学排名中，上榜的广东高校有中山大学（287名）、华南理工大学（480名），深圳大学（701～750）成为新上榜的高校之一。总的来说，广东高等教育的发展与广东省的经济发展地位不相匹配，需要在发展水平和结构优化上加大力度。

2015年，广东在全国较早启动高水平大学建设，并推动高水平理工科大学建设、省市共建本科高校、特色重点学科建设，以超强度建设、超常规投入推动广东高等教育加速发展。2018年，广东省41所本科高校和147个重点建设学科入选2018年广东省“冲一流、补短板、强特色”提升计划。其中，高水平大学重点建设高校10所，粤东西北高校振兴计划12所，特色高校提升计划14所。这三大建设计划旨在推动高校在不同层次争创一流、

① 钟小波：《粤港澳大湾区高等教育发展状况及合作思考》，《中山大学研究生学刊》2018年第1期，第86～98页。

特色发展。未来，这三类高校组团将瞄准国家与地方发展需求，服务创新驱动，立足全面提高创新人才培养能力这个核心点，为广东实现“四个走在全国前列”提供强有力地人才支撑和智力保障。

2. 香港高校情况

香港专上教育[①]及培训机构近四年来均为29个，颁授学位院校共20个。根据香港教育局统计数据，专上教育2016～2017学年、2017～2018学年、2018～2019学年的学生数分别为32.63万人、32.36万人、32.41万人。[②]

香港的高校以大学教育资助委员会（以下简称教资会）资助的8所高校[③]为重点发展院校。根据教资会《2016～2017年报》、《2017～2018年报》整理，教资会资助课程的整体学生人数具体见表2。

表2　大学教育资助委员会资助课程整体学生人数

单位：人

选修课	2015～2016学年	2016～2017学年	2017～2018学年*
副学士学位课程	5394	5184	4484
学士学位课程	82657	83938	85119
研究院修课课程	3421	3212	3000
研究院研究课程	7370	7567	7603
合　计	98842	99817	100206

注：＊2017～2018学年的数字是临时数字。

资料来源：大学教育资助委员会：《2016～2017年报》，第83页；《2017～2018年报》，第86页。

香港有着多所世界知名的高校，其高等教育的优势和特色在于高校准确的定位以及教学、研究国际化水平较高。2017～2018学年，香港高等教育

① 专上教育，亦称香港高等教育，是指中学修业后任何不低于中学修业后的教育程度而属专业、技术、学术性质的教育，可以说是在整个香港教育制度下的最高层次。

② 数字包括就读于大学及专上教育学院开办的专上教育课程，包括证书/文凭课程、副学士或同等学力及学士或更高的学位课程及非本地机构合办，而学生在修业后获得非本地高等学术资格的非本地注册或豁免的学生数。

③ 8所高校分别为：香港城市大学、香港浸会大学、岭南大学、香港中文大学、香港教育大学、香港理工大学、香港科技大学、香港大学。

毛入学率近70%。[①] 作为世界金融贸易中心，香港在经济学、商学和法学等学科上有着较强的实践特色。在2019年世界大学学科排名中，香港的社会科学与管理学学科、自然科学学科、工程和科技学科、艺术人文学科、生命科学与医学学科等在世界排行中位于前列。同时，在科研创新方面，香港有16家国家重点实验室，6个国家工程技术研究中心香港分中心，40多名国家两院院士，曾经获得过包括国家自然科学一等奖在内的诸多国家科技奖励，这样的创新资源密度在全国首屈一指，在世界上也是名列前茅。从国际声誉来看，2019年QS世界大学排名中，香港大学、香港科技大学、香港中文大学、香港城市大学、香港理工大学5所均位列世界大学前100名，领跑港澳台地区。而香港浸会大学，相较于去年，排名也从277名上升为261名，有了明显提升。

但在路透社发布的2016年最具创新力大学排行榜中，旧金山湾区的斯坦福大学排名第1位，加州大学系统排名第15位，而香港没有一所大学进入全球前100位。可见，香港虽拥有世界一流的高等教育资源和人才优势，但大学对科技创新发展的推动作用体现不足。同时，香港高等教育还存在办学空间有限、优质生源不足以及科研开发和实验基地不足等问题。[②]

3. 澳门高校情况

澳门的现代高等教育蓬勃发展。目前，澳门共有10所高等学校，包括4所公立院校和6所私立院校，其中有综合性教学和研究双结合的大学，亦有以应用教学为主的多专业理工学院，以及主力培养旅游会展人才、博彩业专才、专业护理人员及高级管理人才专科学院。随着澳门社会及经济发展迅速，高等院校因应社会及学术发展，开办更多不同专业的高教课程，为社会培养所需要的人才。

根据《澳门年鉴（2018）》，2017～2018学年，澳门高等院校的教学人员2303人，高等教育课程注册学生33098人；共有274个高等教育课程在

① 根据香港教育局专上教育学生数量、适龄人口数量等数据整理测算。

② 陈昌贵、韦惠惠：《粤港澳合作：广东高等教育体制创新的重要选择》，《高等工程教育研究》2008年第5期，第64～67页。

运作中，包括博士学位、硕士学位、学士学位、高等专科学位、学位后文凭及高等教育文凭课程。另外，外地高教机构获批准于2017年在澳门开办共25个高等教育课程。2016～2017学年澳门高等教育毛入学率为81.72%。

在科技创新方面，澳门成立创新科技及智慧城市发展专责组，推动一系列科技创新的工作，对高校和科研机构的投入在GDP中占比相当大。澳门有4个国家重点实验室。

在教育国际化方面，澳门与拉丁语系国家关系密切，在英语、葡萄牙语、拉丁语等专业上有着独特优势，可以将这些语言类专业作为重点建设，谋求与粤港的合作。同时，澳门高等教育也存在着人文社科教育发展相对薄弱、高级人才培养受限、科研创新能力不够强、优质生源不足等问题。①

（二）粤港澳大湾区的高等教育合作现状

高等教育合作，其范畴较为广泛，既包括高等教育系统内要素的整合，如区域间以师生为代表的人员整合，学科专业资源合作，科研创新合作，文化交流等；又包括高等教育结构间整合，如地区间布局结构的整合，比如跨境教育的形式。②

粤港澳三地高等教育的合作经历了初步合作、广泛合作的时期，现在正处于快速发展时期。③ 从新中国成立到改革开放前，香港和澳门的高等教育力量较为薄弱，当时的教育合作主要是港澳学生到内地读大学；改革开放到香港、澳门回归之前，三地的高等教育合作形式更为多样，主要有校际合作、互招学生、合作科研、学者互访等；自香港、澳门回归以来，三地高等教育合作发展迅速，特别是2003年内地分别与香港、澳门特区政府签署《关于建立更紧密经贸关系的安排》，确定要“加强教育合作”，此后，三地

① 陈昌贵、韦惠惠：《粤港澳合作：广东高等教育体制创新的重要选择》，《高等工程教育研究》2008年第5期，第64～67页。

② 李晶、刘晖：《粤港澳大湾区高等教育整合的逻辑与进路》，《高等教育研究》2008年第10期，第31～36页。

③ 钟小波：《粤港澳大湾区高等教育发展状况及合作思考》，《中山大学研究生学刊》2018年第1期，第86～98页。

的教育合作与交流进一步深入。2015 年，国家在“一带一路”相关文件中提出要“深化与港澳台合作，打造粤港澳大湾区”；2016 年，粤港澳大湾区被写入国家“十三五”规划；2019 年 1 月，教育部和广东省政府在北京召开粤港澳大湾区教育合作发展推进会，会议决定以高等教育为抓手，编制“粤港澳大湾区高等教育合作发展规划”，系统谋划大湾区教育合作的总体思路、发展目标、重点任务、改革举措和保障措施；2 月，《规划纲要》正式印发，提出要推动教育合作发展，支持粤港澳高校合作办学，支持大湾区建设国际教育示范区，三地高等教育合作的快速发展正迎来崭新局面。

此外，广东省提出“构建珠三角和香港、澳门高校集群，将广州、深圳、香港、澳门建设成世界一流高等教育中心城市群，将珠海、佛山、东莞建设成为国内区域一流高等教育中心城市群”,① 从而推动高等教育空间布局与世界级城市群总体布局相呼应，培养大批拔尖创新人才和适应现代产业需求的高素质应用型人才，产出一批国际领先的重大原创性成果。

1. 高校联盟

粤港澳三地高校至今合作成立了 10 余个大湾区高校联盟，包括粤港澳高校联盟、粤港澳研究生教育专业联盟、粤港澳高校创新创业联盟、粤港澳大湾区教师联合会、粤港澳大湾区教育智库联盟（筹）等。其中，2016 年成立的粤港澳高校联盟已经汇聚了粤港澳三地 37 所高校，其中香港 9 所、澳门 7 所、广东 21 所，联盟下设粤港澳超算联盟、粤港澳海洋科技创新联盟等 17 个专业联盟，携手打造“粤港澳一小时学术圈”，并将致力于提升联盟高校集群的内涵发展水平和协同创新能力，培养高素质创新型人才。

这些高校联盟在完善大湾区内高等教育的学科布局、加强大湾区内高校开展基础研究和应用基础研究、推动科技成果转化和产业化、推进大湾区高校课程开放共享、教师专业交流、学生体育和艺术交流、学分互认等领域初见成效。

---

① 景李虎：《推动高等教育集群发展支撑国际一流湾区建设》，《中国高等教育》2019 年第 13 ~ 14 期，第 26 ~ 27 页。

2. 合作办学

2013 年，广东省出台引进包括港澳高校在内的世界知名大学来粤合作举办独立设置高等学校的支持政策。根据广东省教育厅数据，截至 2019 年 6 月，广东省共有中外（内地与港澳台）合作办学机构 10 个，其中有着北京师范大学—香港浸会大学联合国际学院、香港中文大学（深圳）等 4 所具有法人资格的中外（内地与港澳台）合作办学机构，占全国此类机构总量的近一半；本科以上的不具法人资格的中外合作办学机构 4 个，经省政府批准设立专科层次不具法人资格中外合作办学机构 2 个，本科以上中外合作办学项目 31 个，广东省审批并获得教育部备案编号的专科层次中外合作办学项目共 46 个。就读广东省中外合作办学机构的学生累计约 4. 4 万人。

（1）粤港合作。目前香港高校在粤开展合作办学的项目有 3 个，分别是：北京师范大学—香港浸会大学联合国际学院、香港中文大学（深圳）以及刚批准筹设的香港科技大学（广州）。北京师范大学—香港浸会大学联合国际学院早在 2005 年在珠海创立，至今已培养 10 届毕业生，人数近万名。香港中文大学（深圳）于 2014 年由中山大学和深圳大学联合成立。香港科技大学（广州）已于 2019 年 9 月底在广州南沙正式动工，该校将致力于为大湾区培育具创新能力的国际化高端人才，并通过成立广州分校加强知识转移，弥补香港高科技制造产业的不足，促进科技与商业协作。此外，香港城市大学在东莞开展合作办学意向已基本明确；香港理工大学分别与深圳市、佛山市进行了深入交流，有了初步意向；香港中文大学（医学院）合作办学项目建设方案已经深圳市政府常务会议通过。

（2）粤澳合作。澳门着力推动与内地高教领域内的各项对外合作，仅 2017 年，就先后与广东、深圳等地进行合作，达成多项教育合作项目的协议，形成了良好的交流渠道和合作模式。在大湾区内，澳门与中山达成《合作建设中山翠亨新区的框架协议》及《中山澳门教育交流合作项目》等。澳门科技大学已于 2012 年与中山市签订合作办学协议，未来将与中山市合作共建香山大学；澳门城市大学在珠海横琴开展合作办学意向也基本明确。同时，澳门还落实与广东等地所签订的各项协议，持续为澳门高等教育领域拓展与外地的合作空间。

3. 互招学生

目前，广东高校经教育部备案可招收港澳学生的高校有 54 所。广东高校在校的港澳台生共 1.2 万人。2019 年，暨南大学将扩招港澳台侨生，达到 2300 人左右，占招生总数的 40%。

在香港，根据大学教育资助委员会《2016～2017 年报》、《2017～2018 年报》，在教资会资助的学校中，大陆学生在港读书人数呈上升趋势。

表 3　按原居地划分的非本地学生人数

学年	非本地生总数	其中：中国内地	所占比例(%)
2015～2016	15727	11891	75.6
2016～2017	16474	12037	73.1
2017～2018	17050	12099	71

注："原居地"是指非本地学生的国籍或居住地点。

资料来源：大学教育资助委员会：《2016～2017 年报》，第 83 页；《2017～2018 年报》，第 87 页。

在澳门，根据《澳门年鉴（2018）》，2017 年，澳门大学、澳门理工学院、旅游学院、澳门科技大学、澳门城市大学及澳门镜湖护理学院继续获教育部批准从内地 31 个省、直辖市、自治区招生。2017～2018 学年，报读上述 6 所院校的内地学生有 22685 人次，新注册人数为 5261 人。2017～2018 学年，澳门报考内地普通高等学校联合招收华侨、港澳台地区学生考试（澳门区）及保送生考试的本科生课程报考人数分别有 275 人和 813 人，录取人数分别为 142 人和 723 人，报考内地高校研究生课程考试（澳门区）的有 373 人，录取人数 209 人。

4. 课程、师资等资源共享

粤港澳三地在课程和师资等方面具有较强的互补性。广东高校的学科门类齐全，在语言文学、中医中药、体育艺术等学科上有着较大的优势。香港高校的国际化程度较高，其教学以西方学术文化和英语作为教学、研究的语言，香港高校学者大多具有海外博士学位，有利于他们跻身全球学术界的主流行列，也利于研究成果在国际上发表。

根据澳门高等教育统计数据，2017 年，在澳门运作的非本地课程中，内地课程为 24 个，注册学生有 829 人，两项指标均为最高。其中，中山大学、暨南大学、华南师范大学共有 10 个课程，占 42%；涉及学生 478 人，占 57.7%。可以看出，在与澳门的课程共享方面，广东高校发挥着重要作用。

在政府层面，广东省教育厅与香港特区政府教育局、澳门特区政府教育暨青年局、澳门高等教育局分别签订合作意向书，在粤港资历框架合作、粤澳教育培训及人才交流、大湾区各级各类教育与培训学分互认等方面进行探索。在高校实践层面，结合学科专业要求和特点，课程和师资资源得到充分共享和融合，比如广东工业大学的粤港机器人学院，依托本校师资和香港科技大学机器人研究所李泽湘团队、松山湖国际机器人产业基地知名企业工程师、国内外创业及金融投资企业人士而创办，其课程培养充分融合了粤港两地的教育、产业优势，并在寒假和暑假开设了训练营。目前，香港城市大学和香港科技大学的老师前往该学院为学生授课。

5. 科研合作方面

近年来，广东积极建设科技创新强省，以科技创新引领高质量发展。2018 年，广东区域创新综合能力排名蝉联全国第一，全省研发投入超过 2500 亿元，技术自给率达 72.5%，科技进步贡献率达 58%。未来，广东将建设好广州南沙科学城、深圳光明科学城、东莞中子科学城以及中山翠亨科学城等 4 座科学城，协同为大湾区建设提供重要支撑。而 4 座科学城的建设都会充分利用湾区高校的力量。

据统计，近年来，港澳高校及在粤机构承担实施了国家重大科技专项、重点研发计划、国家自然科学基金以及省科技创新专项等 800 余项。以香港为例，截至 2017 年 11 月底，香港与广东省和澳门院校的学术研究项目多达 333 项，占香港与内地、澳门合作项目数的约 25%。目前有 6 所香港高校在深圳设立科研机构共 72 个，转化成果及技术服务近 300 项。[①] 香港科技大

① 《校名公布！深圳、广州、佛山、惠州、东莞、中山拟新增 15 所大学》，南方新闻网，2019 年 4 月 1 日。

学的一批成果在深圳成功转化，创办了幻音科技、固高科技、大疆创新、万音达科技等一批高成长性科技企业，其中幻音科技已在香港主板成功上市，大疆创新2018年无人机全球市场份额达到74%。可以说，港澳高校和研发机构在自身获得发展的同时，也释放了巨大的创新效能，加速融入了国家科技创新体系，为大湾区整体科技创新水平的提升提供了有力支持。

为了更好地依托三地高校、科研机构雄厚的研发能力，在政策方面，2019年1月广东省科技厅、财政厅制定出台了港澳高等院校和科研机构参与广东省财政科技计划（专项、基金等）的若干规定，率先突破支持港澳特区的高等院校和科研机构申报广东省财政科技计划项目，允许省财政科研资金直接拨付港澳特区的高等院校和科研机构使用。广东省还会争取将已立项建设的5个粤港澳联合实验室推荐为教育部重点实验室。

2019年6月，粤港澳大湾区研究院、香港“一国两制”研究中心、澳门发展策略研究中心作为三地智库代表在广州签署框架协议，发起成立粤港澳大湾区智库联盟，旨在推动三地智库合作，促进理论创新和成果共享，为大湾区建设提供政策咨询和意见建议。此外，为深化大湾区教育智库交流合作，助推大湾区建设国际教育示范区，广东省教育研究院倡议与港澳有关机构共同发起组建大湾区教育智库联盟。

6. 创新创业方面

广东近年来着力打造创新创业平台，截至2018年底，广东全省孵化器总数达962家，众创空间总数886家。据报道，港澳青年在广州南沙、深圳前海、珠海横琴这三个地方设立的创业团队已经达到360多个，涉及互联网、金融、科技、医学、生物等领域，从业人员近4000人。

2016年，香港科技大学牵头组织，与澳门大学、中山大学、华南理工大学等联合发起成立粤港澳高校创新创业联盟。该联盟于2019年5月举办专创融合师资训练营，为来大自湾区17所高校50余名专业教师提供专业培训，提升创新创业师资水平。在广东省内，先后组织两届粤港澳大湾区学生创新创业项目对接洽谈活动，第一届有三地高校近800名学生参加，内容涉及现代农业、创造业、信息技术服务等8个类别；第二届约300家投资机构和800个创业项目团队参加了活动，据初步统计，达成投资意向6270万元。[①] 此外，还持续组织中国创新创业大赛（港澳台赛），使这些创新创业平台和比赛活动等成为吸引港澳青年来粤创业的助推器。2019年6月，“香港中文大学珠海创新创业基地”在珠海高新区港澳科技成果转化基地正式落户，将主要以“生物医学科学”为主要方向，推动该校相关方面的科技成果能顺利在珠海实现转化，并支持和帮助该校师生在大湾区成功创新创业。[②]

7. 文化交流方面

粤港澳政府创造机会推动三地之间的文化交流。2019年6月，第二十次粤港澳文化合作会议在澳门召开。6月24日，首届粤港澳大湾区文化艺术节正式开幕，三地联手共建“人文湾区”。据广东省教育厅统计，2018年，粤港台澳之间的文化交流总数达到408批7203人次，其中，港澳来粤共199批2884人次，赴港澳共209批4319人次。

目前已成立了粤港澳大湾区音乐教育与艺术发展联盟、美术与设计教育发展联盟、体育教育与发展联盟等，搭建了三地青年学术和文化交流的平台，丰富了交流的形式。广东省文化厅、香港特别行政区政府民政事务局、澳门高教办继续办好“粤港澳青年文化之旅”，通过讲座、文化体验，参观粤港澳三地相关历史文化景点及企业等形式，进一步加深粤港澳三地高校学生共同领略岭南文化之精髓，触摸三地共同的文化脉搏，加深对国家的认知以及对祖国文化的认同。自2009年启动“粤港澳青年文化之旅”以来，三地有超过1000名的青年学生参与了这项活动。此外，澳门社会文化司与教育部签署《教育交流与合作协议》，每年组织教师培训、教育行政人员培训以及学生赴内地的国情教育活动等。在“国情教育教师培训计划”中，专

① 广东省教育厅：《第四届中国“互联网+”大学生创新创业大赛广东省分赛暨第二届粤港澳大湾区大学生创新创业项目对接洽谈活动顺利举行》，http://edu.gd.gov.cn/gkmlpt/content/2/2103/post_2103721.html，2018年9月10日。

② 郑慧梓：《“香港中文大学珠海创新创业基地”落户珠海高新区》，南方+客户端，2019年6月18日。

题学习“一国两制”与《基本法》，以及澳门政制发展、社会文化、经济民生和澳门历史等。

8. 姊妹学校交流

广东省教育部门组织省内高校成立了“粤港澳青少年交流工作小组”，对接港澳教育主管部门、港澳各高校及港澳教育工作者联会等机构共同推进粤港澳青少年教育交流。其中，粤港、粤澳姊妹学校项目作为青少年交流合作的品牌项目重点推进。根据广东省教育厅有关数据，广东省已缔结姊妹学校（园）1023 对，其中粤港姊妹学校 936 对、粤澳姊妹学校 87 对。

二　粤港澳高等教育合作的社会需求和制度环境

（一）粤港澳对教育合作的社会需求

粤港澳大湾区在一流顶尖大学数量上与其他世界三大湾区有一定差距。从三地高校的自身发展来看，迫切需要明确高校定位，立足自身发展实际，结合地区发展需求，全面提升粤港澳大湾区高等教育的竞争力，使粤港澳三地高等教育合作发展达到 1 +1 +1 >3 的效果。2018 年底，首届粤港澳大湾区发展与教育创新高端论坛在广州召开，与会专家学者形成这样的共识——“合作、融合、协同和一体化是湾区发展与教育创新的逻辑起点”，认为要通过自上而下、自下而上两个途径，微观、宏观两个维度，全力推动大湾区的教育协同发展，同时，在制度与机制建设等方面强化保障。①

1. 内地层面

近年来，随着教育经费投入的持续增长，加之国家合作与交流的日益频繁密切，内地高校在学科建设、人才培养、科学研究、社会服务等各方面都取得了长足进步，目前正处于爬坡过坎迈向世界领先的关键阶段。内地高校

① 张宇萌、谢薇：《建设世界一流湾区需打造一流湾区教育》，《现代教育论丛》2019 年第 1 期，第 91 ~96 页。

在世界各项排名中的位次整体前移，但仍然是“大而不强”，亟须提升核心竞争力，支撑引领创新发展。

香港大学教育学院副院长杨锐认为，相比内地高校，香港高等教育的独特魅力不在于学术水平和科研成绩，而是因为它是非西方社会中唯一一个西式高等教育系统。近代以来，香港高校在制度建设上建立了一个符合西方大学的运行模式，而这个模式正是目前世界通用的现代大学模式，因此香港高校在欧美各个排名上的表现非常亮眼。香港高校与世界的“通”，对于内地高校来说非常宝贵，内地高校要借助香港与世界“通”起来，吸收现代大学运行体系中的教育观念、管理理念，最后内化为我所用，使自身兼有国际化理念和中国文化内核，从而促进粤港澳大湾区高等教育进一步融入世界。这也正是内地积极引进港澳高校在粤办学的最核心考量要素。

此外，对广东高校而言，加强与港澳高校的合作，还能够提升自身科技创新能力。香港理工大学校长唐伟章教授说，未来 10 ~ 20 年，中国将由一个科技进口型国家转变为科技出口型国家，在此过程中，大湾区将发挥很重要的作用，大学也将面临更好的机遇。华南理工大学广州国际校区已于 2019 年 9 月招收首批本科生，该校党委书记章熙春说，该校区采用“中方为主、国际协同”的中外合作新机制，直接面向广东与粤港澳大湾区的产业进行科技成果转化，在增强大湾区创新基础能力和科技成果转化能力上发力，深入推进三地科研合作平台建设，推动形成湾区创新集群。广东外语外贸大学党委书记隋广军也谈到，学校将回应国家和地区发展需求，开展高素质人才供给侧改革，创新国际化育人模式，提升学生的国际视野和全球竞争力，培养湾区建设急需的人才。

2. 港澳层面

对港澳地区高校而言，受制于人口结构变化和地缘因素限制，其高等教育发展过程中所面临的两个最大难题就是优质生源不足及办学空间有限，这也成为制约港澳高等教育的两个突出问题。而在这两个方面，内地与港澳可谓有着天然的互补优势。

香港方面，按照当前态势，未来整体出生率将持续走低，这种影响正在波及中学乃至大学。据《星岛日报》报道，近年香港中六毕业生人数持续下降，部分自资院校学位出现供过于求，这种情况将持续，这些院校也在要求政府适当松绑（香港政府规定自资院校招收外地生的比例上限为10%），增加外来生的收取比例，而外来生的大部分占比均为内地生。① 根据香港大学教育资助委员会数据，2017～2018 学年，八大资助课程合计招收 1.7 万名非本地生，其中超过 70% 即 1.2 万人来自内地，在过去六年增加 50%。香港公开大学校长黄玉山表示，未来数年香港人口有所调整，适龄升读大学人数预计将减少，2019 年就或将从现在的 9000 余人下降至 8000 余人，该校将采取择优录取原则继续招收非本地生，以应对学生人数下跌问题。而内地则有着明显的教育人口红利优势，优质生源基数大，追求高质量教育资源的愿望也十分强烈，可以实现互利共赢。

澳门城市大学教务长、教育学院院长李树英认为，澳门地少人多，虽然作为特区，有着国际化的优势和基础，但办学的空间受限。对于澳门高校而言，有着强烈的合作意愿，期待与大湾区内的其他高校开展更为广泛深入的交流合作，特别是在合作办学方面，可以协同发展、优势互补，共同推进大湾区的人才培养。

与此同时，在促进港澳科技创新方面，对于港澳高校而言，与内地开展高等教育合作也优势明显。香港理工大学医疗及社会科学院院长岑浩强以医学院为例，指出高校在大湾区办学对学生个人发展非常有益，“医科学生所能获得的资源不再局限于香港，而是可在大湾区内见更多病人及病例”。香港中文大学工程学院副院长、系统工程与工程管理学系教授及创新科技中心主任黄锦辉表示，香港高校与内地合作有助于实现科研转化，提高大湾区创新、创意水平，最终令大湾区创科发展实现上游基础研究、中游技术转化及下游市场化应用的完整供应链。澳门教育界表示，推动高校和科研机构积极参与大湾区建设，有助于粤港澳大湾区中的“广州—深圳—香港—澳门”国际创新走廊和智慧城市的建设。

---

① 《人口政策持续困扰教育界》，《星岛日报》（电子报），2018 年 7 月 11 日。

（二）粤港澳教育合作的体制机制环境

要促进高等教育与区域经济社会发展之间的良性互动与协调发展，应当创新高等教育的宏观管理机制，并制定配套的推进合作的激励机制。粤港澳三地高校在办学模式、管理体制、人才培养等方面存在显著差异，在未来粤港澳教育合作中，也会成为融合发展需要克服的障碍，需要中央政府以特殊的制度设计来推动体制机制的创新。

1. 法律法规

《宪法》是国家的根本大法，确定了国家各项基本制度，在包括香港特别行政区、澳门特别行政区在内的全国领土范围内具有最高法律地位和最高法律效力。《宪法》为制定香港、澳门基本法，建立香港和澳门特别行政区制度提供了法律依据，是“一国两制”的根本法律保障。作为一种开创性的政治制度，“一国两制”一直在不断地实践探索当中。

（1）广东高校。广东高校基本都是由政府举办或管理，分别由教育部、广东省、广东省教育厅等主管，高校管理制度的制定或修订都需要依据《高等教育法》及《普通高等学校学生管理规定》等一系列法律法规。无论是公办高校，还是民办高校，都必须共同遵守。

（2）香港高校。香港曾受英国殖民统治一百多年，其高等教育深受英国的影响。在一定程度上，香港高等教育的管理模式就是英国高等教育管理模式的翻版。在香港，由政府资助的高等院校，均依据自身的“大学条例”和“学院条例”等成立。这些法定条例明确规定学校是法人团体，享有自主权，同时设立校董会。条例也详细规定了学校的各项工作制度和程序。在法律的保障下，高校的自治型管理得以实现。例如《香港中文大学条例》，其明确规定该校的办学目的、体制、校董会的权力、学位的授予等重要事项。每所院校的条例既有共性也有个性化差别，这与每所院校办学目的的不同紧密关联。

（3）澳门高校。澳门在1991年就公布了有关高等教育制度的法令。澳门回归后，特区政府于2002年开始研究修订高等教育法规，并于2004年及

2005 年先后两次向全澳市民公开征求意见，最终在 2017 年 8 月公布了《高等教育制度》。该制度确立了澳门高等教育的制度框架和重要原则，从保障和持续提升教育素质、强化院校自身的管理水平、加大院校在办学及课程设置方面的自主性和灵活性、强化师资队伍以及提供资源保障等方面提出了修订，该制度目前是澳门高等院校的主要办校依据。《高等教育制度》生效后，极大地激发了澳门高等院校的自主办学活力，通过认证之后的高校有自主权开办更多课程，包括开办以前不允许的双学士、双学位主修及副修以及学硕连读、硕博连读课程。

除了《高等教育制度》，澳门特区政府还颁布了《高等教育规章》《高等教育素质评价制度》《高等教育学分制度》《高等教育基金》《高等教育委员会》等多个行政法规，在具体操作和执行的层面对《高等教育制度》进行了必要的补充，使各项要求和行政程序得到进一步细化，形成了完整的高等教育法律法规体系。

（4）三地合作规定。在教育合作制度层面，目前三地的合作办学主要依据《中华人民共和国中外合作办学条例》（2003 年制定），该条例制定于十几年前，当时的发展状况与当前大湾区建设的现实要求存在着差异，使得该条例在当下的适用性有待进一步完善提升，约束了三地的合作办学进程。

为推动港澳高校和内地的教育融合共进，在具体交流合作平台和机制方面，教育部和三地政府做出积极探索。2004 年，教育部与香港特区教育统筹局共同签订了《内地与香港关于相互承认高等教育学位证书的备忘录》。2008 年以来，广东省教育厅与香港教育局、澳门教育暨青年局相继签订了《推进粤港两地教育交流与合作协议书》《粤澳两地教育交流与合作协议》《粤港教育合作协议》《粤澳高等教育交流合作备忘录》等一系列合作协议，在具体落实方面提供了依据。澳门在 2017 年实施了新的《高等教育制度》后，极大地激发了与澳门以外高校合作的热情，目前，也大多通过签订协议的形式，推进高校之间的合作。2019 年 6 月，广东省教育厅在珠海召开粤港澳资历框架三方研讨活动，省教育厅、香港特区政府教育局、澳门特区政府教育暨青年局、澳门高等教育局分别签订《粤港资历框架合作意向书》

《粤澳教育培训及人才交流合作意向书》，会议还对探索建立湾区各级各类教育与培训学分互认机制、打造湾区教育深度合作示范区等重要问题进行专题研讨。

不过，总体来看，三地教育领域合作缺乏系统性的顶层设计，目前三地的合作多靠规划、备忘录、意向书和院校之间的协议来执行，其他相关的法律法规仍然缺失。

2. 办学体制方面

广东高校在内部管理方面，绝大多数实行党委领导下的校长负责制。在办学体制上，多由政府举办，民办高校的规模小。

香港通过大学制度章程建设，从法律上确定高校的自主管理体制，香港高校所实施的是一种学术内行的自主管理，即校董会制度和“教授治校”。香港高校在招生规模、专业设置、课程及学术水准监督、研究实施、教职员工聘任和薪酬福利、学校资源分配以及校园管理等诸多方面，均有着相当大的自由度。香港高校实行校董会领导的管理体制，校董会是学校的最高决策机构，有权聘任并授权校长作为学校最高行政长官全面管理学校。校董会下又设置了各类专门委员会，作为学校的主要决策组织，教职员工可以通过这些委员会参与学校的重要决策。

澳门高校类似于香港高校，有自己的校董会和决策机构。澳门特区政府则通过设置澳门高等教育辅助办公室，与澳门高校形成平行机构，保障了澳门高校的行政自治。

由于港澳高校在经费来源、办学主体、资格水平等方面均形成了一个多元化体系，办学模式较为机动灵活，从而构成了多渠道办学的格局。在学术氛围方面，港澳高校有着较大的自主权，在学科专业设置、课程编制等方面可以按照规定和程序自主决定。

总的来说，“一国两制、三个关税区、三种货币、三个法律管辖区”的特殊发展背景，使得粤港澳三地在合作上难免会出现体制上、制度上的障碍。三地高等教育合作较多的是院校之间自发形成的、时效较短的合作，暂时没有形成有突破性意义的合作效应，也未能建立高等教育协同发展的长效机制。而粤港澳大湾区广东省9市之间也有着地区差异，在具体合作过程中所存在的利益分歧也会导致出现“本位主义”“地方主义”等，从而阻碍高等教育合作中创新要素的跨境、跨地区流动，使得教授讲学访学、国际人才引进、职业资格互认、科研经费使用、招生、税收税率等要素中存在的问题不能得到有效解决，给三地高等教育合作带来阻碍。

三 粤港澳教育合作的对策建议

粤港澳三地文化同源、人缘相亲、民俗相近、优势互补，在多方面的合作上都有着历史的渊源和现实的基础，尤其是《规划纲要》的出台，更是使三地高等教育的合作具备了天时、地利、人和。广东省教育厅将“推进粤港澳大湾区教育合作发展”确定为2019年“教育厅长突破项目”。结合粤港澳大湾区教育合作的基础和现状，可以从制度上、机制上去设计，在改革中、实践中去突破，通过自上而下、自下而上的方式，推动三地高等教育实现合作的深入和教育的国际化，从而提升高等教育核心竞争力，达到1+1+1>3的效果。

（一）完善体制机制，强化激励和落实

从配套制度环境来看，要有统筹规划，通过加强三地的法制建设，制定适用于整个大湾区的相应政策，从体制机制方面打破阻碍三地高等教育合作发展的制度性障碍，破除影响创新要素流动的“区划壁垒、结构壁垒及行政壁垒”,[①] 从而减少摩擦和冲突，促成合作共识和融合发展。

1. 完善法律法规

制定与粤港澳大湾区相配套的法律法规与国家（区域）政策是促进湾区高校发展的关键。应当适时修订《中外合作办学条例》，使其更适用于大

① 许长青、卢晓中：《粤港澳大湾区高等教育融合发展：理念、现实与制度同构》，《高等教育研究》2019年第1期，第28～36页。

湾区建设实际。探索制定“粤港澳大湾区高等教育合作办学条例”，以完善而强有力的政策保障湾区教育协同创新发展，确保合作的法理性。粤港澳三地的利益诉求不同，但是教育的共同性仍然存在，不同教育行政主体之间的利益诉求，可以通过教育融合政策化解，在教育政策衔接与教育资源融合过程中逐步突破粤港澳三地的高等教育壁垒。① 参考欧洲高等教育合作的“博洛尼亚进程”，应当建立粤港澳大湾区高等院校的框架协议和对接机制，逐步建立区域内高等院校的学分、学历、资格互认标准和制度，外部评价机制与学校内部保障体系等机制。同时，还通过发布备忘录、白皮书等方式，构成较为完善的粤港澳大湾区高等教育合作政策体系。

2. 签订三地合作协议

要加强广东高校与港澳高校开展合作，确保能规范且稳定合作的首要前提是签订合作框架协议。协议应包括合作的原则、目标定位、合作方式等内容。三地高等教育合作，应遵守“一国两制”基本方针和《基本法》规定的合作原则；通过推动三地高等教育体制对接，促进教育资源相对自由地共享和流通，逐步达到三地高等教育协同发展的目标。粤港澳三地的政府部门，应当及时分析三地高等教育发展现状，加强统筹，有计划、有步骤地引导和推进三地高等教育合作体制机制创新。

3. 建立健全合作的组织协调机制

欧盟一体化进程的启示是，高效的区域合作和协调实施机制是区域合作创新的基础和保障。推动粤港澳三地政府之间的合作，构建大湾区高等教育的议事协调机构和体系，逐步消除三地合作的各种法律政策障碍，完善信息互通和资源共享机制，发挥协调实施机构的规划引导和监督仲裁功能，能够最大限度地保障大湾区高等教育的合作发展。在国家层面上，可以考虑建立由中央政府主导、教育部牵头的粤港澳大湾区高等教育协调委员会，构建中央到省区、省区到地方的两级协调机构，形成中央、省区、地市的三级管理

① 欧小军：《“一国两制”背景下粤港澳大湾区高水平大学集群发展研究》，《现代教育管理》2018 年第 9 期，第 17 ~22 页。

组织。同时，可根据不同的合作领域组建相应的专项工作小组，负责各类合作领域规划的具体实施工作。完善大湾区内的校长对话机制、高校联盟、高层次学术会议，研究对湾区高等教育长远发展和整体建设具有战略意义的重要问题，推动湾区高等教育合作制度化、常态化。

4. 建立健全合作的激励机制

探索建立健全政府、高校的多层面高等教育合作的激励机制。粤港澳三地政府要在政策层面改革创新，减少合作障碍，鼓励合作交流，对于积极推进三地高等教育合作的部门和领导，在量化指标等设置方面予以政绩认可。三地高校应当给予踊跃参与三地高等教育合作的教学及科研人员以支持和奖励，如时间支持、信息共享、经费鼓励、实验设施投入等，将参与人员的工作绩效作为职称晋升和工资级别、获得奖励的条件之一。

同时，适度下放管理权限。在“一国两制”前提下，通过制定人员往来、信息流通、科研资金往来、货币税制和资金等多方面的便利政策，扩大互认高等教育学位证书的范围，增加大专/副学位及学历互认的院校名单。简化港澳高校在内地办学的审批流程，对其招生、学制等不作特别规定，为港澳高校到广东办学创造条件。

5. 制定合作发展规划和行动方案

目前，广东省委、省政府已经制定了贯彻落实《规划纲要》的实施意见以及《广东省推进粤港澳大湾区建设三年行动计划（2018～2020 年）》。对于如何推进高等教育合作，还要有针对性地研讨三地高等教育合作的分阶段目标，制定和实施全方位、多形式的合作交流计划和行动方案，推动教育合作的不断深入和发展。同时，要建立对合作计划和方案的成效评价反馈机制，对实施全过程进行追踪、监控和评价，从而不断优化合作计划。[①] 要打造世界一流湾区，长远来看，广州、深圳、香港和澳门四地都需要拥有世界一流的或国内顶尖的高校，而其他层次和多种类型的高校也必须办出所在层

① 韦惠惠：《欧盟高等教育合作对粤港澳大湾区高等教育合作的启示》，《高教探索》2012 年第 4 期，第 43～46 页。

次和类型的一流水平或显著特色，因此，要根据其不同特点，实施错位发展的方案，围绕区域或地方发展目标和特点，构建立体的发展模式，形成和谐共生的高等教育生态。

（二）结合学科专业特点，拓展深化三地合作

在做好顶层设计、完善配套体制机制的基础上，粤港澳大湾区的高校可以利用发展机遇，根据区域社会发展规划要求，深化湾区内高校的联系、交流和合作。结合三地高校资源异质性和互补性的特点，扩大教育融合和教育对外开放领域，在学科专业建设、人才培养、教师教育、科研创新、产学研合作、文化交流等方面进行有效的协调和整合，通过建立互通机制，构建协同模式，推动大湾区高等教育合作提升到更高层次，最终打造“教育资源共享湾区”。

1. 推动学科专业优势互补

要瞄准湾区发展战略，重点开发湾区现有优质资源，“充分考虑大湾区产业发展特点，战略性布局调整学科专业，建设特色鲜明、优势突出、创新能力强、交叉融合程度高的学科体系和专业集群，突出加强粤港澳高校、科研院所、行业企业协同创新，服务大湾区现代产业体系建设”，[①] 要开放三地各自优势学科与专业，促进高校学生广泛流动，有效利用三地优势资源，打造中国最具创造力的区域一体化教育高地。

在政策层面，要鼓励和支持粤港澳高校依托学科和专业优势开展深度合作，并积极引进世界一流大学和特色学科，加强国际前沿和薄弱学科建设，助推湾区内更多学科及高校进入国家“双一流”建设行列。广东省还要立足自身，深入实施高等教育“冲一流、补短板、强特色”提升计划，结合粤港澳大湾区未来的战略性新兴产业重点发展领域，培育一批 ESI 排名进入全球前 1% 的高校和学科。

---

① 景李虎：《推动高等教育集群发展支撑国际一流湾区建设》，《中国高等教育》2019 年第 13 ~ 14 期，第 26 ~ 27 页。

此外，充分挖掘现有与内地名校合作的潜力，如清华大学深圳研究生院等，继续发挥双方科学研究和产业发展的优势。鼓励世界100强高校在广东设立独立分校，并且为其教职工出入境、税务核算、住房、医疗、子女教育等提供便利。探索广东优质高校前往港澳开办分校或是教学点、工作室的可行性，研究如何更好地匹配三地教育资源和需求。

2. 创新联合人才培养模式

大湾区高等教育合作发展要同国家发展战略紧密结合，打造世界一流湾区，要拥有和培养高水平创新型人才，并且是植根于民族文化和面向现代化、面向世界、面向未来的创新型人才。大湾区的人才培养要全面落实立德树人根本任务，坚持道路自信、理论自信、制度自信、文化自信，进一步发挥教育的育人功能。三地高校要共同传承创新中华优秀传统文化，培养并升华中国人的全球意识、国际责任和文明素质，促进三地之间更加和谐融洽。

建设粤港澳大湾区教育发展共同体，要依托人才培养专业联盟和课程联盟等，充分发挥联盟的平台作用，要建立三地对接的终身教育资历框架和标准，促进大湾区高校在专业认证、学分互认、学位互授、课程共建共享等方面的深化合作，鼓励、支持湾区相关高校创新联合人才培养模式。鼓励支持应用型、技能型人才培养合作，根据区域发展需要，引导湾区各地结合区域功能、产业特点，探索差异化高等教育、职业教育发展路径。发挥粤港澳高校创新创业教育联盟等平台作用，通过举办创新创业研讨会、培训创业教育师资队伍、开设在线创业课程、设立创业孵化器等方式，为有志于创业的高校学生提供更多有针对性的指导，鼓励学生积极投入创业实践，使大学成为湾区创新创业的孵化器。

积极推动学生交换、学科竞赛和创新创业活动交流，实施“粤港暑期实习计划”“粤澳暑期实习计划”。加大广东省高校在港澳地区的招生力度，丰富宣传方式，提高港澳地区居民对广东省高校的认可度，通过教育互通促进民心相通。同时，通过多种渠道和策略，深化三地社会及学校群体的共融气氛，建立一个接纳多元文化的和谐环境，促进港澳学生对本地和国家的归属感。

3. 促进科研创新与智库建设

打造世界一流湾区，一流科研技术是关键，而大学是国家和地区科技创新的动力之源。要集聚大湾区行政、高校、企业和社会的力量，建立跨区域、多校园、学科交叉的科研合作平台。尤其是要建立粤港澳高校的科研合作平台，扩大广东高校和港澳地区知名大学、科研机构的实质性合作。理顺产学研协同创新机制，建设基于知识链—专业链—产业链的创新集群。①

充分利用“科研自由港”，依托广东自贸区、港深创新及科技园、深港现代服务业合作区等重点平台，打造创新人才往来畅通、科研设备通关便利、科研资金跨境使用、创新资源信息同步、科研基础设施与仪器设备开放共享的自由港，构建“一小时学术圈”。具体来说，科研创新合作要着重围绕实验室共建、数据库互通、科技设备共用等领域推进湾区企业和高校之间的资源共建与共享，鼓励高校联合开展重大科研攻关项目，提供必要的经费支持与政策倾斜，为研究者创造宽松的科研环境。要创新高校科研成果转化和产业化机制，畅通港澳高校来粤开展科技成果转移转化渠道，推动科研创新与区域内的企业研发相结合，提升从教育科研到市场和创新创业的转化效率，使得企业创新要素和高校科研成果叠加并最终产生更大地效应。

完善三地智库交流合作机制，以推动成立粤港澳大湾区智库联盟为契机，共同开展重大课题研究，加强政策宣传解释，广泛凝聚社会共识，打造高水平智库交流合作平台。着力培育粤港澳大湾区高端智库，利用粤港澳大湾区地处“一带一路”关键节点的区位优势，充分发挥三地高校与“一带一路”沿线国家智库合作优势，与对象国合作开展多领域研究。探索与国内外知名智库、海外高校共建海外科研合作联合点。不断深化与广东省和沿线国家政府部门、知名高校、智库机构和企业长期合作机制，发挥“政府外脑”“旋转门”“麦克风”作用。

4. 吸引和集聚高层次人才

要鼓励三地高校之间正常的人才流动，尤其是高层次人才资源的共享，

---

① 欧小军：《世界一流大湾区高水平大学集群发展研究——以纽约、旧金山、东京三大湾区为例》，《四川理工学院学报》（社会科学版）2018 年第 6 期，第 83 ~ 99 页。

推动建立和完善具有国际竞争力的引才用才机制。创新推动三地教师教育合作，利用好“粤港澳大湾区教师联合会”的平台，深化三地教育领域交流合作，使三地教师实现良好的交流沟通，为教师培养、教育融合等带来新方法和新路径，为三地高校培养具有家国情怀的高素质师资。谋划设立“粤港澳大湾区教师教育学院”，通过建立交流机制、互聘机制等，为未来湾区教师教育发展和师资培养提供保障。

利用“科研自由港”，为科技人才的跨境流动等提供便利条件，针对高层次人才推出“大湾区绿卡”，对其在“科研自由港”获得的工资外收入，不纳入税务核算范畴或是按减征处理；在计算纳税义务时，持有大湾区绿卡的境外人士在“科研自由港”开展科研工作和学术交流期间的停留时间不计算在内。通过出台激励和引导政策等方式，对于港澳高校，尤其是香港高校，鼓励其针对大湾区的创新经济输出相应人才及师资，带动大湾区其他地区的经济转型，从而构建形成大湾区的“人才产业链”。

5. 深化教育国际合作

QS 世界 100 强大学的排名从客观角度反映了香港高校在人才、科研和管理等软硬条件上具备世界级水平。而澳门高校有的学科教育国际化程度也较高。因此，要充分利用香港和澳门在高等教育国际化中的独特区位优势，以人才培养、科研创新为主线，以构建国际高等教育合作联盟为载体，推动形成多区域、多层次、多类型的大学系统国际协作网络。通过不断增强大湾区教育的国际竞争力和影响力，延伸带动内地高等教育的国际化发展。

要建设国际教育示范区，必须具有国际视野、世界一流水平的师资，应当加大财政资助力度，通过多种形式提高师资队伍的国际化水平。资助高校在全球范围内聘请世界知名学者和学术大师加入师资队伍，资助高级学者进行国际学术访问，资助湾区学者与国外高校开展国际科研合作和学术交流，加强对师资队伍的外语培训等。要打造“留学大湾区”品牌，通过合作办学、联合培养、提供补贴等方式，鼓励更多的国际学生到湾区学校就读，同时也鼓励更多的本地学生“走出去”，实现双向交流与互动。要完善与国际接轨的教育配套措施，推动国际教育组织（平台）、国际大型教育类企业、国际教育机构在广东设立总部，鼓励有条件的学校开设双语教学课程、外语教学课程和 AP 课程（美国大学预修课程），为有需求的境外留学生和本地学生提供更多课程选择。

6. 塑造新时代湾区文化精神

文化自信是一个国家和一个民族发展中最基本、最深沉及最持久的力量。要培育新时代中国特色、中国风格、中国气派的新文化，提升港澳地区的国家认同感和民族归属感，同时要充分发挥粤港澳地域相近、文脉相亲的优势，共建人文湾区。而高校需要为人文湾区的建设输出更先进的思想与文化，要坚定文化自信，塑造新时代粤港澳大湾区文化精神。

倾力建设学术和文化高地。加强粤港澳三地间的学术文化交流，创造多种渠道推动传统文化、岭南文化的传承交流，促进学术创新和文化创新。充分利用和发挥湾区内中西方文化长期交汇共存等特色优势，推动中西方文化交流互鉴。在此基础上，打造粤港澳共同的学术圈，以新知识、新思想和新文化引领社会前行。

营造湾区整体文化氛围。进一步完善湾区内公共文化服务体系和文化创意产业体系等，合力推动湾区整体文化的繁荣发展。继续创新体育、艺术、民俗传统、饮食等湾区居民容易认可和接受的方式，比如开展体育品牌赛事、文化演艺活动等，形成常态化的文化交流机制，在相关领域建立行业或专业联盟，比如大湾区体育赛事联盟、粤剧戏曲联盟等，让新时代的中华文化充分滋润和促进湾区健康发展。

要搭建湾区文化交流的平台，加大文化投入。通过政府加大投入，通过市场机制激发文化创新活力。要通过实施一批重点项目，持续推进粤港澳教师和青少年交流互访，始终重视加强粤港澳大湾区公民素质建设，提升公民的文化水平。

7. 加大资金投入支持力度

发挥财政政策导向作用，实施大湾区建设的重大专项激励，大力争取各类资金债券基金支持等。政府要加大对粤港澳三地高校的投入，出台相关优惠政策，鼓励多元化投资，设立粤港澳高等教育合作发展与创新基金，支持组建产学研联合体、高科技开发集团等，全方位推动参与大湾区高等教育合作建设。支持高校多渠道筹措办学资金，推动办学经费来源的多元化，探索形成政府投入和社会捐助建立以基金会为主的高校经费运营模式。逐步开放湾区的高等教育投资市场，鼓励港澳教育资本和教育服务提供商在政策框架下开展高等教育服务贸易。[1]

① 李丹、高芳：《高等教育服务粤港澳大湾区建设的思考》，《学习与探索》2019 年第 2 期，第 158 ~ 162 页。

B.8
以结构优化推进新时代广东高等教育的发展

董小麟*

摘　要： 广东高等教育在改革开放以来取得长足发展，已成为中国高等教育规模名列前茅的大省。在新时代，广东必须抓住当前一系列重大历史机遇，从多个角度加快推进高等教育供给侧的结构优化，从而在粤港澳大湾区建设中打造教育发展新高地，并在高等教育大众化向高等教育普及化的新发展阶段转换中，实现从高等教育大省向高等教育强省的历史性转变。

关键词： 广东高等教育　新时代　高等教育结构　创新

自1977年恢复高考并在1978年党的十一届三中全会确立改革开放基本国策以来，中国的高等教育以较快的发展速度，创造了当今世界各国相比较下最大的高等教育规模，2018年普通本专科在校生达到2831万人（若含其他形式的高等教育，全部在读学生达到3833万人）。

广东高等教育发展既与全国的发展保持同方向推进，又有其在规模占比及结构调整方面的自身特点，对全国高等教育及广东经济的发展，都做出了重要贡献。与此同时，面对新时代高等教育即将实现普及化的要求和中国经

* 董小麟，广东外语外贸大学教授，原副校长，全国科技名词审定委员会经济学名词审定委员，粤港澳大湾区广州智库学术委员，研究方向为经济改革与发展、高等教育。

济社会发展的新机遇新挑战，广东高等教育发展需要以结构优化为基本抓手，促进高等教育功能的全面提升。

一　广东高等教育发展的基本历程

（一）改革开放40年来广东高等教育的发展

1978 年广东省普通高校本专科招生数为 1.3 万人，居全国各省级行政区划的第 9 位；当年在校生 3.4 万人，居全国第 4 位。[①] 按照教育部规划司 2018 年 8 月公布的 2017 年统计数据，当年全国普通高校本专科在校生为 27535869 人，而广东省同口径在校生为 1925775 人，广东省占全国比重为 6.99%，绝对数及占比已居全国第三位（次于山东省、河南省）；当年普通本专科招生人数，全国为 7614893 人，广东省为 558417 人，广东省占全国的 7.33%，绝对数及占比达到全国第二位（次于河南省）。与改革开放前夕相比，40 年来，广东高等教育在绝对规模及相对地位上都有显著提升。

2018 年，广东普通高校毕业生达到 55.3 万人，[②] 再创历史新高；“十三五”期间的前三年（2016 ~ 2018 年）已向社会输送普通高校应届毕业生达 165 万人，超过了“十一五”期间同口径毕业生的总和，相当于“十二五”期间 243 万毕业生的 68%。预计“十三五”期间广东普通高校应届毕业生总规模将比“十二五”期间增长 15% 以上。[③]

总体而言，广东高等教育大省的地位已经确立。表 1 依据教育部规划司 2018 年公布的 2017 年普通高校毕业生数、招生数、在校生数及专任教师数，列出这几项主要指标均排在内地前四位的省级行政区数据。从这些数据可见，山东、江苏当年招生数已经低于毕业生数，其在校生规模将趋于减

① 当年数据所指的广东省，包括海南行政区；海南于 1988 年建省。

② 据广东省统计局：2018 年广东省国民经济和社会发展统计公报。

③ 据广东省教育厅公布的历年相关数据计算。

少；而河南、广东则招生数明显大于毕业生数，可见粤豫两省的高等教育规模将保持趋升态势。

表 1　中国内地普通高等教育规模最大的四个省级行政区主要指标

单位：人

区域	毕业生数		招生数		在校生数		专任教师数	
	绝对数	排序	绝对数	排序	绝对数	排序	绝对数	排序
山东	571220	1	548479	3	2015345	1	110807	2
广东	511222	2	558417	2	1925775	3	104381	4
河南	504119	3	569361	1	2004662	2	108449	3
江苏	489522	4	456629	4	1767877	4	112888	1
全国总计	7358287		7614893		27535869		1633248	

资料来源：据教育部规划司公布的 2017 年数据整理，http：//www. moe. gov. cn/s78/A03/moe_560/jytjsj_ 2017/。

广东高等教育发展规模提升较快的原因，一是广东作为改革开放先行一步的省份，经济发展速度较快，经济总量自 1989 年起至 2018 年已连续 30 年居全国第一，从而持续拉动本省高等教育要适应经济社会发展对较高层次人才不断增长需求而扩大规模；二是广东因经济发展吸引人口增长，常住人口规模从 1978 年的全国第六位提升至第六次全国人口普查（2010 年）以来的全国首位，相应带来各年龄段受教育人口的增长；三是广东注重基础教育和高中阶段教育的发展，1986 年全面普及小学教育，1996 年成为当时率先完成“两基”（基本普及九年义务教育，基本扫除青壮年文盲）任务的两个省之一，2007 年广东省委决定开启普及高中阶段教育的工作，这一切均为高等教育发展提供了基础生源；四是不断加大教育投入，2018 年全省地方教育经费投入 4268.43 亿元（不含中央在粤学校经费，含中央财政对粤转移支付经费，其中对高等教育投入总经费为 799.88 亿元），与 1978 年的 19.9 亿元相比，增幅极大。①

---

① 以上数据部分采自《南方日报》2009 年 10 月 29 日，部分采自广东省人民政府网站公布的广东省 2018 年度教育经费统计快报，http：//www. gd. gov. cn/zwgk/zdlyxxgkzl/jy/content/post_2382566. html。

（二）广东高等教育发展在当前的基本格局

1. 广东普通高校平均规模高于全国

在普通高校数量上，2018 年广东省已有 151 所，占全国 2633 所的 5.73%；2019 年广东省有普通高校 154 所，占全国同期 2688 所的比例维持不变。① 我们按照同一年度即 2018 年数据对比，广东省高校数量占比与在校大学生数占全国 6.99% 相比较，按校均学生数口径所反映出来的事实是广东高校平均规模明显大于全国。2019 年在广东高等教育继续扩招情况下，广东高校平均在校生还将继续维持大于全国的趋势。其部分原因既出于 20 世纪 90 年代末以来持续数年的并校因素（但此因素非广东特有），也在于广东省多年以来赋予省属高校持续扩招的责任（此因素在广东省表现比较显著）。

2. 广东普通高校的生师比居较高状态

按照教育部规划司公布数据计算 2017 年普通高校在校本专科生与专任教师之比，全国是 16.86∶1，广东省是 18.45∶1，比全国高出 1.6 个百分点；若不考虑北京该项生师比仅为 8.50∶1 等特殊的情况，与前述有关高等教育大省比较，广东也高于江苏的 15.66∶1、山东的 18.19∶1，而与河南的 18.48∶1 相近。这一情况可判断为与粤豫两省近年高校扩招速度较快有一定关系，但这一生师比仍属现行高校评估标准的可行范围。

3. 广东高校的本专科结构与东部经济发达省份有一定差异

广东普通高校在本专科结构上与东部经济发达地区的各省（直辖市）有一定差异。在东部地区，包括京、沪、津三个直辖市以及鲁、苏、浙、闽、粤五省在内，北京的本专科比例是最高的，这与首都偏重发展较高水平高校直接相关。而在其余 7 个省（直辖市）中，本专科比例按照由高到低的顺序排列，则依次为上海、天津、福建、江苏、浙江、广东、山东，广东在东部地区各省级行政区域中，本科比重仅高于山东，而低于其余各省（直辖市）（见表 2）。

---

① 教育部网站公告，http://www.moe.gov.cn/jyb_xxgk/s5743/s5744/201906/t20190617_386200.html。

表2　广东与东部经济发达地区省（直辖市）普通高校本专科在校生数量与结构比较

单位：人

区域	在校本科生数	在校专科生数	在校本专科生比例
全国	16486320	11049549	1.49∶1
北京市	515269	77609	6.64∶1
天津市	341775	172894	1.98∶1
上海市	376152	138765	2.71∶1
山东省	1036819	978526	1.06∶1
江苏省	1096984	670893	1.64∶1
浙江省	616276	386070	1.60∶1
福建省	497440	253547	1.96∶1
广东省	1105754	820021	1.35∶1

资料来源：据教育部规划司公布的2017年数据整理并计算相关比例，http：//www.moe.gov.cn/s78/A03/moe_ 560/jytjsj_ 2017/。

广东本科比重偏低的原因，除历史因素外，一是与广东作为工业大省对技能操作型的高职高专人才需求相对较多有关；二是与民办高校比重较大有关，民办高校除独立学院模式外，一般均以高职高专形式起步；三是省外进入广东求职的大批本科及以上学历者在一定程度上可弥补当地本科生培养的缺口。

4. 广东高校的区域布局相对集中

广东高校在区域布局上是偏重于珠江三角洲地区的。① 在教育部2019年6月公布的全国高校名单中，广东省有154所普通本专科院校，布局在珠三角9市的就有127所，占比高达82.5%，这一比重与珠三角GDP在全省的占比比较近似，而其余粤东西北12个地级市只有27所。

在珠三角的高校布局中，广州就有82所，占全省高校数量的53.2%，占珠三角高校数量的64%，且包含了广东省内全部的国家“双一流”学科；这一布局使广州市每10万人口中的在校大学生数量排在全国城市之首。

① 珠三角在地理范畴上包括广州、深圳、珠海、佛山、东莞、中山、江门、惠州、肇庆9个内地城市，以及香港、澳门两个特别行政区。本文分析的广东高等教育，涉及珠三角的，限于内地9市。

（三）广东在新时代发展高等教育的客观要求

1. 高等教育办学规模仍需提升

目前，广东高等教育毛入学率仍低于全国水平，2018 年该指标为 42.43%，比全国当年达到的 48.1% 低了约 5.7 个百分点，差距较大。因此，相对于广东经济社会发展较快所需要的高等教育毕业生规模而言，广东近年来每年吸收省外毕业生来粤就业人数一般在 15 万~20 万人。这在一定意义上也是有利于广东发展的，毕竟人才来源的多元化对人才使用效益非常有利，但同时也说明广东高等教育的发展需求仍然强劲，供给侧的不足是存在的，我们应该采取措施加快广东高等教育规模提升，更好地满足广东人民群众日益增长的接受高等教育的需求。

2. 普通本专科人才培养结构仍有优化空间

从表 2 可知，在广东普通高等教育在校生结构中，本专科生的比例是低于全国平均水平的，在东部沿海地区排位更是靠后；而近年广东高考招生录取过程也反映本科需求依然旺盛于专科。尽管广东省在采取措施打通中职中专生进入高职高专的新途径，以及采取其他一些办法，尽快扩大高职高专生源，但本科特别是理工类应用型本科按照高于全省整体招生规模提升比例进行进一步扩招是必需的，若干符合条件的高职高专升格为应用型职业型本科高校也是需要的。与此同时，广东高职高专的教研教改与整体办学质量在国内有较强竞争力，2018 年获得全国唯一一项高职教育国家级教学成果特等奖；且全省专科毕业生初次就业率高于本科和研究生毕业生就业率，2018 年专科毕业生初次就业率为 94.56%，[①] 比本科毕业生 93.84% 的初次就业率要高出 0.72 个百分点。因此，适当加大本科特别是理工科应用型本科的招生比例，并不等于必然压减高职特别是理工类高职专业的招生规模，本科与高职的结构优化是一种互补互促的关系。

---

① 广东省人民政府网站，http://www.gd.gov.cn/zwgk/zdlyxxgkzl/jy/content/post_1408021.html。

3. 高等教育中理工科占比仍需提升

作为工业制造业大省，广东对理工科人才的客观需求是强烈的；但高校理工科学科专业吸收的学生占比却长期低于全国。因此，中共广东省委、广东省人民政府在2016年以“粤发〔2016〕1号”的名义，印发了《关于加强理工科大学和理工类学科建设服务创新发展的意见》（简称《意见》）。《意见》指出：广东理工科高校只占全省高校总数23.4%，低于35%的全国平均水平；理工类学生只占全省学生总数的33.6%，低于40%的全国平均水平。《意见》要求，广东要在2020年使理工科学生占比达到47%。《意见》做出的分析与提出的要求，是以国内经济较发达地区的高等教育学科结构为参照的。此后，从2016年起，广东省已连续几年把高等教育扩招的重点放在理工科方面，特别是工科领域，这一趋势还将延续。

4. 在粤港澳大湾区建设中促进广东高等教育发展

2019年2月，中共中央国务院印发了《粤港澳大湾区发展规划纲要》（以下简称《规划纲要》），标志着粤港澳大湾区建设已从谋划、设计的完成，进入具体落地实施阶段。《规划纲要》提出：要加强产学研深度融合。建立以企业为主体、市场为导向、产学研深度融合的技术创新体系，支持粤港澳企业、高校、科研院所共建高水平的协同创新平台，推动科技成果转化。实施粤港澳科技创新合作发展计划和粤港联合创新资助计划，支持设立粤港澳产学研创新联盟；推动教育合作发展。支持粤港澳高校合作办学，鼓励联合共建优势学科、实验室和研究中心。充分发挥粤港澳高校联盟的作用，鼓励三地高校探索开展相互承认特定课程学分、实施更灵活的交换生安排、科研成果分享转化等方面的合作交流。支持大湾区建设国际教育示范区，引进世界知名大学和特色学院，推进世界一流大学和一流学科建设；创新内地与港澳合作办学方式，支持各类职业教育实训基地交流合作，共建一批特色职业教育园区。

广东要抓住建设粤港澳大湾区的重大战略机遇，把各方面工作提升到新的高度。要抓住《规划纲要》中关于合作、协同的关键词，以开放、改革和创新的思维，进一步联手港澳优质高等教育资源，用好粤港澳大湾区这个世界级城市群的大平台，在科技创新、服务产业、强化学科、打造特色等方面有新的更大作为。

二　广东高等教育结构优化面临的挑战与机遇

（一）广东高等教育结构优化的压力与挑战

进入新时代，中国经济发展进入动力与方式转换时期，结构优化是主要内容，高等教育也不例外。中国高等教育走向普及化的过程，必然也必须是结构优化加快推进的过程。从广东高等教育现状看，结构优化面临的挑战主要来自以下方面。

1. 广东高等教育发展的区域性结构

高等教育的存在，对区域发展可以发挥科技与文化的引领和推动作用，正如高等教育的发达程度及高校水平与一国经济社会科技文化发展水平呈正相关关系一样。广东珠三角与粤东西北的差距长期难以缩小，在相当程度上与粤东西北高校布局少、高校发展水平不高有直接关系。相当一段时期内，粤东西北高校发展没有获得重点扶持，并且还将部分粤东西北高校的新校区建设布局在珠三角，从而加大粤东西北高校人才向珠三角的集中；同时部分粤东西北城市长期没有本科层次的高校，使粤东西北高校服务区域经济社会发展的能力明显不足。考虑粤东西北常住人口占全省比例约在45%左右，高校只占27%，其中本科院校占比更只有14.9%，在教育部2019年6月公布高校名录广东省的67所本科院校中，粤东西北只有10所（未包括目前在建的或珠三角向粤东西北发展建设中的异地校区）；因此在粤东西北发展一批水平较高、学科适应当地经济社会发展需要的高校特别是本科高校，是必须应对的一个重要而艰巨的挑战。

笔者2017年12月提出的目前可先实行珠三角实力较强的高校对口帮扶粤东西北高校加强学科建设、提升科研教学水平的建议，把它作为带动粤东西北发展的一项基本举措，获得了省委省政府采纳，并已在2018年开始实施。但必须强调的是这种扶持要有实效，人才队伍建设是关键。从长期看，还必须有扎根粤东西北地区的优质高校。

2. 广东高等教育发展的层次性结构

广东省截至2019年6月的普通高校数量在国内居第二位，仅次于江苏省。在2018年的广东普通高校中，本科院校64所，高职高专87所。广东省本科院校占全省普通高校数的42.38%，与当年全国本科院校1245所并且占比47.28%相比，低了近5个百分点。这种格局，既反映广东本科院校历史发展基础的原因，也反映广东对经济发展一线人才需求较大，因而成为高职教育规模领先全国的大省之一。广东省为提升本省高等教育毛入学率和满足省内适龄青年上大学的需求，用好省级政府对高职的审批权，也促进了省内高职院校发展较快较多。2019年广东省新增3所本科高校，其本专科高校比例趋于进一步协调。但同时应该注意的是，在广东省本科高校中，高水平大学占比相对不高，所以，如何从本科形式高校的数量型发展转变为更多实力型的本科高校，也是广东高等教育面临的一个重要挑战。

3. 广东高等教育发展的所有制结构

截至2019年6月，在广东省的154所普通高校中，公办高校100所，民办（含独立学院，下同）50所，内地与港澳合作办学2所，中外合作办学2所。在国内高校数量最多的前四个省份中，广东省民办高校数量占比最大。

基于同属东部发达地区且民营经济比重大的情况，此处我们把高校数量居国内中上的浙江省也列入比较；并把民办普通高校绝对数比较多的湖北省、四川省也一并列入比较（参见表3）。

从表3可见，广东民办高校绝对数量与江苏并列全国第一，但由于江苏高校总量比广东多13所，因而广东民办高校占比高于江苏2.6个百分点；四川、湖北的民办高校占比高于广东，其中四川比广东该项占比高出4个百分点，但这两个省份高校总数分别比广东少28和26所，民办高校绝对数也分别比广东少4所和8所。如果再结合在校生的绝对数观察，广东作为民办高等教育规模第一大省的地位是确定无疑的。

表 3　广东与国内部分高等教育大省的普通高校所有制结构比较

单位：所，%

省份	普通高校总数	公办高校		民办高校		中外合作或内地与港澳合作	
		数量	占比	数量	占比	数量	占比
江苏	167	114	68.3	50	29.9	3	1.8
广东	154	100	64.9	50	32.5	4	2.6
山东	146	106	72.6	40	27.4	0	0.0
河南	141	101	71.6	39	27.7	1	0.7
湖北	128	86	67.2	42	32.8	0	0.0
四川	126	80	64.5	46	36.5	0	0.0
浙江	108	72	66.7	34	31.5	2	1.8

资料来源：据教育部官网 2019 年 6 月公布的高校名录统计及计算，http：//www. moe. gov. cn/jyb_ xxgk/s5743/s5744/201906/t20190617_ 386200. html。

在普通高校结构中民办高校占比大，为什么是广东高等教育面临的一种挑战呢？这首先是因为民办高校发展历史较短，目前总体还是数量型发展，学校的品牌打造还需要夯实根基；但更重要的因素是其资金来源大多主要依靠学费，这与欧美发达国家历史较长的私立大学比较，明显少了依靠社会捐助的重要来源；而缺乏公益组织或个人的捐助，不仅影响投入规模，也影响投入的决策方式与结构，一般对能够吸引生源的有效投入属于优先考虑，而科研和教师素质提升等方面的投入往往相对短缺，因而加强内涵发展的局面亟待形成。此外，外部体制的原因，即公办高校有事业编制（虽然近年来部分公办高校已经采取“双轨制”改革，对高水平师资经一定任期并考核通过才可转入正式事业编制），而民办没有此类编制，后者人才进出完全市场化，使民办高校师资队伍流动性较大，特别是获得高学历高学位或高职称后的民办高校师资，跳槽到包括公办高校在内的其他单位的并不鲜见，所以民办高校普遍较为缺乏中青年高水平高职称的教学科研骨干。总体上看，在当前和今后一段时期内，民办高校占比大，招生和培养本科及高职高专人才较多，这固然对利用社会资源加快广东高等教育规模有利，对于民办高校发挥比较擅长培养应用型人才的优势是有利的；但从广东高校作为一个群体观察，对于广东高校总体上多出科研成果和加快提升学科水平，扩大能够“冲一流”的高校群体，全面增强与其他兄弟省份高校的竞争力，把高等教育大省建成高等教育强省，实际上是存在相当大压力和挑战的。

4. 广东高等教育发展的学科结构问题

在广东高等教育规模发展较快的同时，学科专业结构的优化和优势学科的地位所面临的挑战也相对明显：一是理工科比重特别是工科比重需要提高，这是广东经济社会发展中工业特别是制造业规模较大所决定的；二是由于广东高水平大学相对不多，基础研究和原创性研究在高校的力量只集中在少数几所大学，需要相应扩大原创性研究的基础；三是部分公办高校部分专业建设薄弱，民办高校基本采取完全市场化导向的发展方式也使其专业建设上的长远规划相对欠缺。因此，广东研发能力强的高校与长三角相比在数量上就差距很大。

从国家“双一流”高校和学科的布局看，[①] 北京有“双一流”建设高校 8 所、“双一流”学科建设高校 21 所，上海各为 4 所和 9 所，天津各为 2 所和 4 所，江苏各为 2 所和 13 所，湖北各为 2 所和 5 所，四川各为 2 所和 7 所，陕西各为 2 所和 4 所，广东各为 2 所和 3 所，学校数列全国省份第八位；从学科数量看，除北京、上海遥遥领先外，广东列入“双一流”的学科为“18 +1”（加号后面的表示属于自定学科），学科数居全国省份第六位，但与江苏的“42 +1”和湖北的“28 +1”差距明显。

（二）广东高等教育结构优化面临的历史机遇

1. 新时代发展动力转换的历史机遇

新时代的一个重要标志就是发展动力的转换。在习近平提出的新发展理念的理论体系中，创新被置于首位，而“创新发展注重的是解决发展动力问题”，“创新是引领发展的第一动力。发展动力决定发展速度、效能、可

① 本文没有把“双一流”入选的军队院校列入统计，以增强省际可比性。

持续性”,[1] 因此必须坚持把创新摆在国家发展全局的核心位置。2018 年 3 月，习近平在参加十三届全国人大一次会议广东代表团审议时，明确指出：发展是第一要务，人才是第一资源，创新是第一动力。中国如果不走创新驱动道路，新旧动能不能顺利转换，是不可能真正强大起来的，只能是大而不强。强起来靠创新，创新靠人才。[2]

因此，新时代动力转换将对高层次人才有更多的需求；而创新带来的供给侧结构性改革中的技术结构、市场需求结构的相应变化，以及以更高视角观察的生产方式变革和生活方式变革，同时也要求人才供给结构与经济科技文化社会的变革相适应。同时，广东又是被国家寄予厚望的在新时代改革开放与发展中要继续走在前列的省份。所以，广东高等教育必须抓住新时代动力转换的重大历史机遇，在高等教育人才培养的数量与结构上，要迅速跃升和优化，在服务国家和地方经济建设、科技进步上走在前列。

2. 粤港澳大湾区打造教育和人才高地的机遇

《规划纲要》所规划的粤港澳大湾区，包括广东珠三角 9 个地级以上城市及香港、澳门两个特别行政区。粤港澳大湾区是习近平总书记亲自谋划、亲自部署、亲自推动的国家战略，属于中国最高层次的顶层设计；对广东而言，是继改革开放初期获邓小平所作的最高层次顶层设计而实行“特殊政策、灵活措施”并率先建设三个特区之后，又一次最重大的战略发展机遇。

从《规划纲要》的内容看，无论是建设国际科技创新中心，加快基础设施互联互通，构建具有国际竞争力的现代产业体系，还是推进生态文明建设和建设宜居宜业宜游的优质生活圈，都离不开高校的参与和人才的投入。其中《规划纲要》第八章就把“打造教育与人才高地”设为第一节，其涉及高等教育的规划内容包括但不限于：支持粤港澳高校合作办学，鼓励联合共建优势学科、实验室和研究中心；支持大湾区建设国际教育示范区，引进

① 《习近平谈治国理政》（第二卷），外文出版社，2017，第 198 页。

② 《人民日报》2018 年 3 月 8 日。

世界知名大学和特色学院，推进世界一流大学和一流学科建设；推进粤港澳职业教育在招生就业、培养培训、师生交流、技能竞赛等方面的合作，共建一批特色职业教育园区，等等。

要充分理解粤港澳大湾区高等教育的合作发展及对外开放，其目的既是让高等教育资源更好地集聚，从而为该湾区的发展提供更强的教学、科研和社会服务；同时也是追求区域高等教育及其机构（高校）实现高质量发展。广东高等教育要牢牢把握这一重大战略机遇，把服务粤港澳大湾区和借力粤港澳大湾区更好地优化高等教育结构结合起来，在粤港澳大湾区的发展中实现自身的高质量成长。

3. 高等教育即将进入普及化时代的机遇

根据教育部 2010 年发布的《国家中长期教育改革和发展规划纲要（2010～2020 年）》，高等教育毛入学率要从 2009 年的 24.2% 提升到 2015 年的 36%，并在 2020 年达到 40%。但在高等教育规模快速扩展中，2015 年已经提前实现原定 2020 年的目标。因此，2017 年 1 月国务院印发的《国家教育事业发展“十三五”规划》就已经把高等教育毛入学率达到 50% 作为 2020 年实现的预期指标。在实践中，2018 年中国的高等教育毛入学率已经达到 48.1%，因而到 2020 年实现毛入学率突破 50%，进入高等教育普及化时代，应该是没有疑问的。

抓住高等教育普及化的历史机遇，不仅是因为截至 2018 年，广东高等教育毛入学率仍显著低于全国水平而形成的压力所致，也是因为进入普及化时代的高等教育，其竞争必然更加激烈，高校之间、学科之间的优胜劣汰将进一步深化和激烈。只有牢牢把握机遇，积极应对挑战，广东才能更好更及时地从高等教育大省向高等教育强省进发。

4. 高等教育自身改革发展的机遇

2018 年 9 月 10 日召开的全国教育大会是新时代中国教育改革发展的一次标志性的重要会议。习近平在大会上做出重要讲话，讲话中针对高等教育改革发展方面明确指出：要深化教育体制改革，健全立德树人落实机制，扭转不科学的教育评价导向，坚决克服唯分数、唯升学、唯文凭、唯论文、唯帽子的顽瘴痼疾，从根本上解决教育评价指挥棒问题。要深化办学体制和教育管理改革，充分激发教育事业发展生机活力。要提升教育服务经济社会发展的能力，调整优化高校区域布局、学科结构、专业设置，建立健全学科专业动态调整机制，加快一流大学和一流学科建设，推进产学研协同创新，积极投身实施创新驱动发展战略，着重培养创新型、复合型、应用型人才。要扩大教育开放，同世界一流资源开展高水平合作办学。①

全国教育大会要求全面加强党的领导，坚持立德树人，并从改革教育评价导向、提升教育为经济社会发展服务能力、优化高校布局及学科结构、建设一流大学和一流学科、增强产学研协同创新和扩大教育开放等方面进行部署。这些要求，与广东高等教育发展的趋势完全一致，广东应紧密结合自身的不足，及时抓住全国性的改革发展机遇，争取尽快把高等教育领域的短板补足，把优势做得更扎实。

三　新时代广东高等教育结构优化的基本方向、路径与措施

（一）新时代广东高等教育结构优化的基本方向

新时代广东高等教育结构优化，要按照国家部署的加强高等职业教育发展、加快本科应用型高校的转型发展、部分高校建设“双一流”高校和“双一流”学科等要求；同时要结合广东实际，实施“冲一流、补短板、强特色”提升计划，在加快弥补广东高等教育毛入学率尚因低于全国水平而需进行速度型赶超的同时，着力在结构优化中提升高等教育内涵发展水平。

广东结合自身高等教育发展情况，结合广东经济社会发展的趋势，要

① 《人民日报》2018 年 9 月 11 日。

着重从以下方面抢抓高等教育自身改革发展的机遇：一是加强粤东西北地区高等教育资源的配置，完善省内高校的区域布局；二是着重培育发展应用型本科院校和符合产业发展、社会发展所需职业技术学院，加强其专业建设与经济社会一线岗位需求的对接；三是多方协同建设一流高校和一流学科，保护、支持基础学科和原创研发团队建设，打造抢占世界一流科技创新高地的一批平台和基地；四是充分用好粤港澳大湾区建设的政策，通过引入港澳和国外优质高校、学科，特别是理工科高校和理工科学科，促进广东高水平大学群体的加快形成，并鼓励实力强的企业和基金投入举办不同层次不同类型的高水平大学；五是完善分类指导的高等学校治理机制，提升公办高校的活力，加强对民办高校实施分类管理的制度创新与可持续发展机制的培育，探索更有效的中外合作及与港澳合作办学实体的管理运行机制。

（二）新时代广东高等教育结构优化的路径

1. 加强广东高等教育的科技创新力

广东高等教育科技创新力对广东经济发展的直接支撑力还要进一步提高。作为自2009年以来连续30年的内地经济总量第一大省，为增强发展后劲，加快广东经济转型升级，广东率先加强对科技研发工作的重视。1996年9月出台的《广东省专利保护条例》是全国第一部关于专利保护的地方性法规。进入21世纪以来，广东紧锣密鼓地加强对研发成果与知识产权工作的重视，近十余年来先后出台了《广东省知识产权战略纲要（2007～2020年）》《关于加快建设知识产权强省的决定》《创建知识产权服务业发展示范省规划（2013～2020年）》。国家知识产权局专利管理司与国家知识产权发展研究中心自2011年起发布的各年度《全国专利实力状况报告》以来，直至2018年的报告，均显示广东省专利综合实力指数连续8年位居全国第一。[1]

---

① 国家知识产权局网站，http：//www. sipo. gov. cn/zscqgz/1138935. htm。

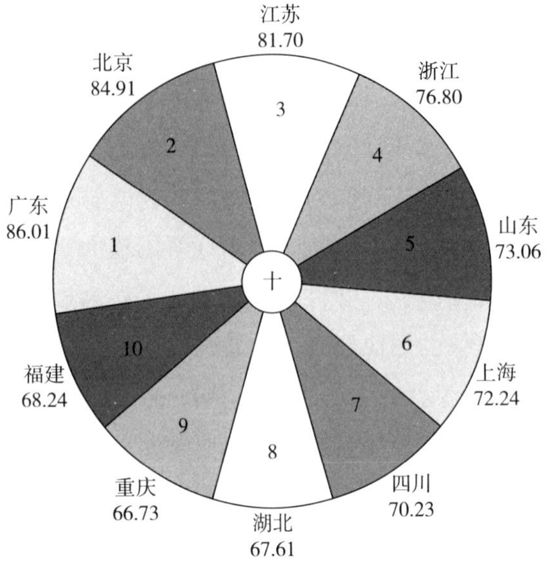

图1　2018年全国专利实力排名前10位的省（直辖市）

资料来源：国家知识产权局网站，http://www.sipo.gov.cn/zscqgz/1138935.htm。

广东专利实力能够持续居全国前列，主要原因是企业成为高技术研发的重要主体，是广东专利申请和拥有的突出群体、其中以深圳的华为、中兴等企业为代表的高科技制造业企业，在国内、国际均成为专利特别是发明专利申请和保有的名列前茅的优秀企业。而广东高校固然是不可或缺的科技研发主体，但与企业专利领先地位相比，广东高校的专利特别是发明专利的申请或保有的实力还相对不足。

在全国截至2016年底的高校有效发明专利排行前50强名单中，广东省或按照珠三角统计均只有2所，长三角则拥有18所，其中江苏有9所（见表4）。固然，高水平大学还需要很强的原创性科学研究，这些成果可能大量表现为高水平论文而非专利；但衡量高水平大学特别是理工科大学的科技研发能力，考察其专利特别是发明专利的获授权及有效发明专利的保有能力，其作用是不可替代的，因为它对于生产力发展的驱动作用往往是更为直接的。

表4 中国内地高校有效发明专利保有量排行50强（截至2016年底）

单位：件

序号	高校名称	有效发明专利量	序号	高校名称	有效发明专利量
1	清华大学	8002	2	浙江大学	7764
3	哈尔滨工业大学	5007	4	东南大学	4665
5	上海交通大学	4494	6	华南理工大学	3770
7	北京航空航天大学	3635	8	天津大学	3598
9	西安交通大学	3088	10	浙江工业大学	2722
11	华中科技大学	2708	12	江苏大学	2634
13	北京工业大学	2594	14	西安电子科技大学	2526
15	山东大学	2460	16	电子科技大学	2360
17	哈尔滨工程大学	2187	18	同济大学	2169
19	东华大学	2050	20	南京航空航天大学	1969
21	大连理工大学	1965	22	中南大学	1921
23	吉林大学	1919	24	重庆大学	1909
25	北京大学	1888	26	河海大学	1852
27	四川大学	1751	28	江南大学	1745
29	北京理工大学	1686	30	北京化工大学	1635
31	陕西科技大学	1574	32	武汉大学	1548
33	苏州大学	1520	34	西北工业大学	1471
35	复旦大学	1454	36	厦门大学	1449
37	南京工业大学	1412	38	中国农业大学	1408
39	国防科学技术大学	1403	40	中国矿业大学	1385
41	华东理工大学	1372	42	中山大学	1340
43	北京科技大学	1326	44	合肥工业大学	1321
45	上海大学	1314	46	南京大学	1288
47	武汉理工大学	1287	48	宁波大学	1215
49	常州大学	1201	50	昆明理工大学	1195

资料来源：人民网教育频道，http：//edu. people. com. cn/n1/2017/0322/c367001 -29162467. html。

华南理工大学作为设于广东行政区划内的高校，是国内发明专利授权与保有量跃升比较快的高校。2017年其获得的发明专利授权为1229件，居当年国内第5位（列浙江大学2016件、清华大学1761件、哈尔滨工业大学1605件和东南大学1549件之后）；其2018年获得的发明专利授权为1312

件，进一步跃居当年国内第 4 位（位列浙江大学 1838 件、清华大学 1721 件和东南大学 1437 件之后）。但广东辖区高校发明专利的总体获授权和保有情况则未形成集团军态势。当然，我们在指出必须重视专利等知识产权研发、拥有的同时，还必须强调与生产力发展的实际结合，不断提升科技创新的知识产权转化的能力。

2. 加强广东高等教育区域协调发展

按照教育部 2019 年 6 月公布的全国普通高校名单，在粤东西北 12 个地级市拥有 27 所普通高校，只占珠三角 9 市高校数量 127 所的 21.3%。其中粤东包括汕头、潮州、揭阳、汕尾四市共有 7 所（本科 3 所），粤西包括湛江、茂名、阳江三市共有 12 所（本科 5 所），粤北山区包括韶关、清远、云浮、河源、梅州五市共有 8 所（本科 2 所）。

2018 年 1 月，广东省政府常务会议审议通过了“冲一流、补短板、强特色”的工作计划及资金安排方案，整合形成“高水平大学建设计划”、“粤东西北高校振兴计划”和“特色高校提升计划”，以推动省内高校（不分隶属关系）区别定位、争创一流、特色发展。按照“粤东西北高校振兴计划”，除原先已经列入“211”系列的汕头大学不再作为该计划入选的本科院校，以及广东海洋大学和由汕头大学与以色列方面合作的广东以色列理工学院以外，其余粤东西北 6 所公办本科院校均被列入。考虑珠三角地区处于与粤东西北相接地带的几所较薄弱高校也需要加强建设，这个振兴计划把位于江门的五邑大学、位于肇庆的肇庆学院和位于惠州的惠州学院一并列入。2018 年 11 月，省政府确定珠三角与粤东西北共 18 所高校建立一一对应的帮扶关系，在广东省所确定的高水平大学重点建设高校中，除广州中医药大学外，其余均承担帮扶粤东西北高校提升水平的责任：中山大学——嘉应学院，华南理工大学——广东石油化工学院，暨南大学——五邑大学，华南农业大学——韶关学院，华南师范大学——岭南师范学院，广东工业大学——肇庆学院，南方医科大学——广东医科大学，深圳大学——韩山师范学院，南方科技大学——惠州学院。没有列入帮扶结对的位于粤东西北的汕头大学、广东以色列理工学院和广东海洋大学则已经列入广东省高水平大学重点学科建设。

近年新布局的填补粤东西北地区本科院校空白地级市的广东药科大学云浮校区、广东技术师范学院河源校区、广东金融学院清远校区，以及阳江、揭阳、汕尾筹划中引进省内或海外高校举办本科学校或校区，或已投入建设，或已抓紧谋划，预计3~5年基本可以实现本科院校在全省地级以上行政区域全覆盖（建成并开始招生）。

要实现区域协调发展，首先，既需要珠三角与粤东西北高校对口帮扶取得成效，也需要在省级高等教育经费投入上增加对粤东西北高校的投入力度；同时，粤东西北高校的开放改革步伐需要加大，包括目前在全省民办高校中，粤东西北仅有4所，仅占全省民办高校总数的8%，需要采取鼓励、支持民办高校到粤东西北布局的政策。再次，粤东西北高校的治理水平与治理能力的提升，特别是高水平师资队伍的稳定、增强，都是解决粤东西北高等教育短板的重要路径。

3. 加强广东高等教育的开放发展

广东高等教育的开放发展一直是有特色的。与国外及港澳台高校的交流呈常态化，国际合作的双学位、交换生项目较多，师资的海外访学人次、吸收国际留学生和招收港澳生数目等都居内地领先地位。进入新时代以来，广东高等教育扩大开放掀开新的一页，继北京师范大学—香港浸会大学联合国际学院举办数年以后，暨南大学与英国伯明翰大学联合学院也已举办并运行；在校际（校地）合作方面，截至2019年新生招生阶段，香港中文大学（深圳）、深圳北理莫斯科大学、广东以色列理工学院等高水平大学已进入开展教育教学工作的实际运作阶段；香港科技大学（广州）、澳门科技大学（中山）、香港城市大学（惠州），以及澳门城市大学、香港大学医学院、香港中文大学医学院等来广东办学事宜也在积极而顺利地推进。在粤港澳大湾区国家战略实施背景下，广东高等教育开放发展的新格局将加快推进。

高等教育的进一步开放发展，不仅是增加广东高等教育资源、丰富广东高等教育结构的重要路径，也是深化改革、构建更有活力的高等教育体制机制的重要路径，是增强广东高等教育对广东经济社会发展支撑作用的重要路径。

广东对高等教育的开放发展，除按照国家公布的境外投资负面清单对境外高校进入中国大陆办学进行管理外，需要把理工农医类高校或者其专业的引入作为重点，这既是因广东原有理工科专业发展相对不足所决定，也是广东加强科技创新人才培养所需和广东高校增强科技研发能力所需。而且这种合作办学对于参与合作的广东高校，也是提升实力和构建现代大学制度的重要机遇。今后我们仍需要以粤港澳大湾区建设为依托，进一步增强国际优质高等教育资源的集聚，打造中国南方高等教育特别是理工科高等教育的强省。

4. 加强广东高等教育的体制创新

高等教育的体制改革，可以从外部的宏观性因素与内部的治理模式因素分别观察。40 年来，在宏观管理方面，主要包括减少非教育行政主管部门的其他部门及厅局办学，扩大省（自治区、直辖市）管高校和部分市管高校的比重；减少单科性院校、增加多科性及综合性大学比例，以打造有利于学生综合素质教育的高校环境；把高职高专办学审批权下放到省一级；实行中职与高职有机衔接；把高校专业技术职务评审权下放到高校；实施鼓励和支持社会资金投入办学（民办高校），包括在特定历史阶段为满足高校本科扩招而举办独立学院；支持发展公办高校的异地校区或分校；稳步发展中外合作（以及大陆与港澳合作）高校或设于公办高校内合作举办的二级学院，等等。在高校内部治理体制机制方面，明确并强化党对高校的领导，健全了高校内部的党委（常委会）、党政联席会、校长办公会、教代会（工会代表大会）和学术委员会、教学指导委员会、学位委员会、教师专业技术职务评审委员会等机构与机制，推行建立大学章程，完善学分制建设，强化师德和学风建设等制度与机制，对民办高校的治理提出进一步完善的要求，等等。在以上的体制机制改革中，广东都贯彻落实了党和国家的部署。

在新时代，广东高等教育的体制机制创新，建议从以下方面推进。对公办高校异地校区管理体制和管理方式的运行绩效加以研究，争取解决好某些综合性或多科性大学因分拆校区，造成学生因所处校区的学科过于单薄而影响其跨学科跨专业拓展知识与能力的问题；进一步完善公办高校领导班子的产生机制，争取扩大遴选面的问题（可以跨行业，如来自科技界、企业界等）；除财政投入外，可考虑引入社会基金支持办学的问题；对民办高校的治理机制加以规范、完善，促进其现代大学制度建设的问题；制订和完善对各类高校考核机制的差异化问题；研究对民办高校实行营利性、非营利性分类管理的考核机制及资源投入机制的差异性问题；研究制订对与境外高校合作举办独立法人实体高校的治理模式与考核机制问题，等等。

除了对高校本身的管理机制加以完善外，我们还需要应对高等教育普及化以后的发展模式的创新。目前已开始的高职与中职之间开行直通车的政策、对退役军人等的专有录取政策等，都有利于提升高等教育服务社会的宏观效益。考虑人口的社会流动性的增强，考虑粤港澳大湾区资源流动性的特点，建议进一步放开高校师资特别是高水平师资的“双聘”问题，并鼓励珠三角高校高水平教师（含退休的）到粤东西北高校挂职执教。

（三）新时代广东高等教育结构优化的若干促进措施

1. 在实施粤港澳大湾区发展战略中借势提升广东高等教育层次结构

鉴于“打造教育和人才高地”是粤港澳大湾区建设的一项重要内容，广东可以乘势而上，加快解决珠三角地区一流高校和一流学科与长三角地区差距过大的不足，提升广东高等教育层次结构。

一是要在粤港澳大湾区建设中充分用好香港高校的较强实力。根据《泰晤士高等教育》世界大学排名榜（2018），香港拥有三所全球排名100强大学（港大、科技大、中文大），且位次均比上年提升；另按教育组织Quacquarelli Symonds所发表的QS世界大学2019年排名（QS World University Rankings），香港这三所大学已进入全球50强。而在这两个榜单中，大陆高校只有清华、北大两所进入。这些榜单因采用的指标体系的结构性因素，不存在绝对“准确”，但两份榜单同时出现这个结果，仍有较强参考意义。广东除引入港澳高水平大学来粤办学外，还可以通过共建科研平台、基地，以及合组教学、科研团队等方式实行多样化合作。而港澳高校也欢迎获得广东这个更大的工作平台，特别是香港一些高水平教师和科研人员的一些理工农医类研究成果，需要有更多的测试空间或案例（医学领域为病例）；在港澳地区由于可测试样本少，甚至有的产业属于空白，而广东作为全国人口第一大省也是国内产业体系最完整的大省，加之高等教育毛入学率尚在赶超全国水平的阶段，就可以为港澳高校来粤发展提供较为广阔的教学、科研和社会服务的舞台。

二是要借力粤港澳大湾区建设国际一流湾区和世界级城市群的发展定位，充分利用国内外优质资源，高水平、高起点办出若干所瞄准国内国际一流大学层次的新大学。综观世界几大湾区，均各有世界一流大学布局，一流的高等学府是世界级城市群应有的成分，粤港澳大湾区当然也不会例外。目前广东省已经开始筹备的有粤港澳大湾区大学、中国科学院大学广州学院、中科院深圳理工大学、粤港澳大湾区教师教育学院等。一个高起点的站在亚太和国际前沿的一流大学群，将可崛起于这一新兴经济体的首个大湾区。

2. 紧密结合经济发展方式转变优化高等教育专业结构

近年来广东强调要从“广东制造”向“广东创造”和“广东智造”转变，更需要代表先进制造业和智能化技术发展要求的理工科、“新工科”得到提升。但工科的办学投入往往较大，一些现有高校，特别是民办本科高校，愿意举办工科专业的相对比例不大。因此要提升理工科比重和质量，需要给予更大投入。除财政采取定向专项投入外，引导有实力的企业或行业协会举办设于应用型高校的产业学院，以及企业冠名实验室、实训室等，是可行的措施。其中行业协会建设的实训基地可以采取开放式模式，由多校共享。同时可以结合港澳地区高校的引入，支持港澳高校（包括联手企业）在粤建设理工农医类实验室、实训室、科技孵化器等。

广东高等教育专业结构的优化，不仅要着重加大新工科发展力度，也要对其他学科的结构加以优化，包括学科本身的增设或淘汰，以及学科内部教学内容的结构优化。在专业结构优化中，要防止过于实用主义取向，防止削弱本科基础课和基本功训练，要既着眼于学生未来应用技能的增强，又要着眼有利于夯实本科层次学生的中长期发展后劲的可靠基础。

考虑各高校学科结构的相对局限性，可以按照一定地理范围实行高校的片区内专业结构布局研究，形成片区高校联席会议，促进专业互补格局的形成。

3. 扩大粤东西北高等教育资源配置的方式

为弥补粤东西北地区高等教育布点相对不足特别是本科院校未全覆盖各地级市的情况，广东省已采取引进珠三角地区有实力的高校到粤东西北办新校区、实行珠三角较强的本科高校与粤东西北本科高校对口帮扶等措施。但从加快弥补粤东西北高等教育发展短板的现实考虑，可以采取多样化的资源配置方式。

一是对部分缺乏本科院校的粤东西北地级市，不仅引进一所高校举办分校区，还需要考虑该分校区拟设立的专业是否过于单薄，是否能够服务该地区主要产业；如有需要，可以把分校区作为过渡形式，将来发展为独立设置的本科院校。

二是尽管广东省高等教育结构中存在本科比例稍低于全国的情况，但从广东实际看，既然截至 2018 年，广东高等教育毛入学率尚未达到全国水平，这就意味着广东本专科都存在加快发展的空间。因此，在粤东西北的高校布局中，仍然存在加强高职高专的必要，这也是粤东西北的产业结构的特点对人才需求所决定的。加之在全省截至 2019 年 6 月的高职高专院校中，民办的有 25 所，而布局在粤东西北的民办高职高专仅有 3 所，占比仅 12%，比粤东西北全部高等学校在全省偏低的比例（17.5%）还要低 5.5 个百分点。如果我们结合粤东西北各市经济结构中的民营经济比重通常较高的特点，我们鼓励支持民办高职高专院校在粤东西北增加布局，既有必要也较为可行。在国家实施民办教育新政新法后，可以进一步引导国内企业特别是实体经济领域的企业参与办学，例如对粤东西北高校建设短板突出的地区实行招标办学方式等。

三是进一步完善珠三角高校和粤东西北高校间的帮扶与共建关系。除目前的 9 +9 帮扶关系外，这些高校和其他未纳入共建关系的高校，都可以加入，并且应鼓励港澳地区高校也参与进来。共建的方式可以是多样化的，如师资共享，建立双聘、互聘关系；学科共建，形成课程资源共享、硕博点共建的关系；科研平台共享，共同争取纵向项目，共同承担横向的特别是为地方经济社会发展服务的课题；同建智库，等等。

4. 加大对不同类型高等教育机构的分类指导

分类指导是高等教育普及化以后一个更加重要的高等教育管理理念与方式。

分类指导涉及的角度很多，主要包括公办高等教育与民办高等教育及中外合作（内地与港澳合作）的高等教育，民办高校按营利性与非营利性分类，本科院校与高职高专，研究型大学与应用型大学，理工科与人文社会科等等。其中涉及的法律法规、政策安排，都有一定的区别，这种区别既存在于高等教育机构的分类，也存在于同一类别中不同地区的差异，或不同特色高校的差异，是一个需要不断深入研究并在实践中不断探索和完善的过程。

考虑分类指导是一个高等教育管理的大系统问题，难以整齐划一地全面推进，需要在一定时期突出重点，优先解决某些方面的问题。基于高等教育发展的历史及现实中新事物的成长因素，当前宜以民办高校的分类指导和高职高专办学机制完善为重点考量。

民办教育实行非营利性与营利性的分类，目的是取代以往的“可以取得合理回报”的含糊提法。目前国家对民办教育促进法进行修改后，已经明确了这种分类，但具体的“中华人民共和国民办教育促进法实施条例”经过反复研究和征求意见，截至 2019 年 6 月尚未出台。一些政策措施则部分地落实到各省级行政区进行拟定，但各省政策仍然需要以民办教育促进法及其实施条例为基本依据。广东作为民办教育大省，当前必以稳定民办学校的办学信心为重，同时须加强质量监督与指导、帮助，各项政策与实际工作应围绕民办教育外部环境和内部治理的“双完善”而展开。

在高等职业教育方面，国家政策已经非常明朗，进入 2019 年以来有关文件密集出台。2019 年 1 月 24 日，国务院发布了《国家职业教育改革实施方案》（国发〔2019〕4 号）。教育部、财政部又在 4 月先后发布《教育部财政部关于实施中国特色高水平高职学校和专业建设计划的意见》（教职成

〔2019〕5号）和《中国特色高水平高职学校和专业建设计划项目遴选管理办法（试行）》（教职成〔2019〕8号）；同年5月，发布《教育部关于深入学习贯彻〈国家职业教育改革实施方案〉的通知》（教职成〔2019〕12号），教育部、国家发改委、财政部、人力资源和社会保障部、农业农村部、退役军人部6部门联合发布《高职扩招专项工作实施方案》（教职成〔2019〕12号）。实际上，按照国务院的《国家职业教育改革实施方案》，高等职业教育不仅针对现有高职高专类院校，同时也涵盖“一大批普通本科高等学校向应用型转变”。这一系列文件体现的精神，就是要加强职业技能应用型人才培养的规模和质量。因此，相关文件既强调增强学生实践能力，要求“在职业院校、应用型本科高校启动‘学历证书＋若干职业技能等级证书’制度试点（以下称1＋X证书制度试点）工作”，也要求教师增强理论与实践结合的能力，逐步实现“双师型”教师（同时具备理论教学和实践教学能力的教师）占专业课教师总数超过一半；既强调学校教学教育质量提高，又强调校企合作的必要性；既强调学校应培养高水平技能型人才，又强调社会应重视高水平技能型人才的使用及待遇；并且在入学通道上做出重大的拓展式的改革。这将开创中国高等职业教育的供给侧结构性改革的新路，推动职业教育大改革大发展。教育部要求各级教育行政部门要切实负起统筹规划、综合协调和宏观管理职业教育的责任，推动区域职业教育发展。广东省是中国高等职业教育大省，必须抓住国家高度重视职业教育的历史机遇，在抓一流本科院校及学科建设的同时，下大力气抢抓高水平一流高职院校的建设，为争取建成高等教育强省提供强有力的支撑。

参考文献

《习近平谈治国理政》（第二卷），外文出版社，2017。

习近平：《决胜全面建成小康社会　夺取新时代中国特色社会主义伟大胜利——在中国共产党第十九次全国代表大会上的报告》，《人民日报》2017年10月28日。

《国家中长期教育改革和发展规划纲要（2010～2020年）》，教育部官网，http：//

old. moe. gov. cn/publicfiles/business/htmlfiles/moe/info_ list/201407/xxgk_ 171904. html。

《国家教育事业发展“十三五”规划》，教育部官网，http：//www. moe. gov. cn/jyb_ xwfb/s6052/moe_ 838/201701/t20170119_ 295317. html。

《国家职业教育改革实施方案》，中国中央人民政府网，http：//www. gov. cn/zhengce/content/2019 -02/13/content_ 5365341. htm。

《粤港澳大湾区发展规划纲要》，人民出版社，2019。

张耀荣等编《广东高等教育发展史》，广东高等教育出版社，2002。

广东省教育厅编《广东省高等职业教育质量年度报告（2018）》，广东高等教育出版社，2018。

B.9

广东建设中国特色新型高校智库研究报告*

韩永辉　张　帆　赖嘉豪**

摘　要： 广东高校智库在助力广东产业经济转型、积极探索外经贸发展新路径、智力支持粤港澳大湾区建设，以及高效保障现代社会体系构建等方面取得了显著的成就。进入“新时代”的广东社会经济发展亟须更强的高校智库的智力支持。但当前高校智库改革面临困境依然突出，包括高校智库体制机制障碍较多、高校智库参与社会交流渠道较为狭窄、优质高校智库数量不足、高校智库研究质量有待继续提高等突出的问题。为进一步推进广东新型高校智库建设，可以采取三大政策路径：一是加强体制机制改革，推动成果审议机制变革，创新职称评定体系，活化雇员制度建设，拓展优化资金来源；二是优化研究产品质量，深化高校与智库联动发展，坚持数据导向，拓展服务对象，积极参与市场竞争；三是升级社会交流方式，加强高校智库品牌营销，推动研究成果社会共享，积极把握国际学术话语权。

关键词： 中国特色新型智库　高校智库　广东

---

* 本文得到国家自然科学基金资助项目（项目号：71603060；71873041；71573058）、广东省自然科学基金项目（项目号：2017A030313422）、广州市哲学社会科学发展“十三五”规划课题（项目号：2019GZZK07）的支持。

** 韩永辉，广东外语外贸大学广东国际战略研究院副教授、博士生导师、珠江学者，研究方向为高校智库改革；张帆，广东外语外贸大学广东国际战略研究院博士研究生；赖嘉豪，广东外语外贸大学经济贸易学院。同时感谢李子文、韦东明、谭舒婷、韩铭辉、陈宇轩、冯竣炜、况丽文等同学对本文在资料整理和数据收集方面的贡献。

一 研究问题与研究状况

改革开放以来，中国特色高校智库建设已经获得巨大的进展。但随着中国发展进入“新时代”，传统的智库，尤其是体制内的高校智库面临着艰巨的转型挑战。当前，高校智库改革利益纠缠风险突出，一方面是高校智库内部改革阻力重重，传统既得利益群体不能，也不愿意适应新的时代需求；另一方面是面临外部新型智库的挑战和竞争，更富“侵略性”、进取性和现代性的新型社会智库已逐渐形成了对传统高校智库的竞争优势。此外，随着中国社会经济发展进入“新时代”，广东面临着较大的发展压力，亟须高校智库及其智力支持。

近年来，党和政府高度重视新型高校智库建设。教育部于2014年印发了《中国特色新型高校智库建设推进计划》，2015年中央发布了《关于加强中国特色新型智库建设的意见》，要建设中国特色智库，适度超前，服务决策，为中国智库未来的发展指明了方向。在党的十九大报告中，习近平总书记明确强调要“加强中国特色新型智库建设”。广东是中国新时代下深化改革开放的前沿阵地，同样也必须在中国特色新型高校智库建设方面展开深入的理论探索和实践分析。那么，当前广东高校智库建设的现状如何？存在什么问题和困难？如何更好地推进高校智库发展建设？科学地回答这些问题，能够为广东实现“四个走在前列”提供智力支撑，为建设中国特色新型智库和推进中国政府治理体系和治理能力现代化提供广东经验和智慧，为“新时代”下的广东社会经济发展赋能。

打造新型高校智库，首先要明晰中国特色新型智库的建设内涵。大部分学者均认为中国特色新型智库建设必须要坚持党的领导，坚持中国特色社会主义，通过根植中国现实，提出解决中国发展问题的中国方案①。其次应明确新型高校

① 李国强：《对“加强中国特色新型智库建设”的认识和探索》，《中国行政管理》2014年第5期；王嘉文：《中国特色新型智库的发展现状与建设路径研究》，《创新科技》2016年第11期；詹国辉、张新文：《中国智库发展研究：国际经验、限度与路径选择》，《湖北社会科学》2017年第1期。

智库发展的定位。一些研究认为，高校智库在基础研究、跨学科联动、研究独立性、人才培养、研究成果发布、服务社会和决策方案推广实施等多个方面都具有独特优势[①]。再次应厘清当前中国特色高校智库建设中主要面临的问题。许多学者发现，当前中国高校智库的建设存在以下问题，包括"量大质低"、空间布局不均、机制呆板、智库建设和学科创新协同性较低、新型高校智库决策贡献不足，以及智库缺乏长远规划等[②]。侯定凯和朱红蕊发现中国高校智库的建设过程中存在传统优势"学科依赖"和政府干预"学科偏离"的矛盾[③]。

为解决中国特色高校智库发展过程中的种种困境，部分学者提出了一些具有参考价值的政策路径，如加强智库建设和学科创新协同性[④]，完善制度建设[⑤]，

① 王莉、吴文清：《地方高校智库建设的逻辑分析——基于地方政府治理模式创新的探讨》，《清华大学教育研究》2013 年第 6 期；陈斌：《高校智库建设：服务社会的应然与实然》，《高校教育管理》2014 年第6 期；秦惠民、解水青：《我国高校智库建设相关问题及对策研究》，《中国高校科技》2014 年第 4 期；邹巍、郭辰：《我国新型高校智库建设的现状及其提升路径》，《教育科学》2014 年第 3 期；姜朝晖：《中国特色新型高校智库：内涵、特征及定位》，《高校教育管理》2016 年第 2 期；全守杰、王运来：《高校智库的涵义与特征》，《现代教育管理》2016 年第 1 期。

② 杜宝贵、隋立民、任立云：《我国高校智库协同建设路径探析》，《现代教育管理》2014 年第 4 期；杜宝贵、隋立民：《正确认识中国高校智库建设中的几个关系》，《高校教育管理》2014 年第 2 期；秦惠民、解水青：《我国高校智库建设相关问题及对策研究》，《中国高校科技》2014 年第 4 期；薛二勇：《我国高校建设中国特色新型智库的政策分析》，《高等教育研究》2015 年第 12 期；文少保：《高校智库服务政府决策的逻辑起点、难点与策略——国家治理能力现代化的视角》，《中国高教研究》2015 年第 1 期；朱宏亮、蒋艳：《中国高校智库发展现状与未来策略思考》，《高校教育管理》2016 年第 2 期。

③ 侯定凯、朱红蕊：《"相互妥协"或"相得益彰"？——反思高校智库与学科发展的关系》，《高校教育管理》2019 年第 1 期。

④ 侯定凯、朱红蕊：《"相互妥协"或"相得益彰"？——反思高校智库与学科发展的关系》，《高校教育管理》2019 年第 1 期。

⑤ 李伟：《关于高校智库建设的思考》，《科技资讯》2013 年第 27 期；杜宝贵、隋立民、任立云：《我国高校智库协同建设路径探析》，《现代教育管理》2014 年第 4 期；高振强：《地方高校智库的属性及其发展策略》，《高教发展与评估》2014 年第3 期；顾岩峰：《我国高校智库建设路径探析》，《河北大学学报》（哲学社会科学版）2014 年第 6 期；郭瑶：《高校智库建设的现状与建议》，《经营与管理》2015 年第 2 期；陈丽：《论我国高校智库建设的三重逻辑》，《高教探索》2016 年第 3 期；孔祥金、孙长凯、闻德亮：《高校智库性质研究机构建设现状与发展策略》，《现代教育管理》2016 年第 5 期；李晶、刘晖：《旋转门：高校智库服务政府决策的制度创新》，《教育发展研究》2018 年第 7 期。

发挥人才和学科优势[1]，加强反思性政策评估研究[2]，以及完善长远规划等[3]。

总体而言，关于新型智库和高校智库的研究文献已经有了一定的积累，在智库发展面临的问题方面也提出了一定深度的见解，但现有文献在智库建设路径方面依然较为薄弱，尤其是基于广东实际情况出发的智库研究文献不足。为此，必须基于广东情景，从政府扶持和智库自生的“双元”角度对广东高校智库的发展建设进行深入分析。

本文余下部分安排如下：第二部分是对广东高校智库发展现状和成就的分析，第三部分是对广东高校智库当前面临的困境和挑战进行研究，第四部分是全文的总结和政策建议。

二　广东新型高校智库的建设现状

当前，广东高校智库在助力广东产业经济转型、探索外经贸发展新路径、支持粤港澳大湾区建设以及高效保障现代社会体系构建等方面均颇有建树。

（一）有效助力广东产业经济转型

广东高校智库在助力广东产业经济转型方面成果显著。一是通过培养优质人才和提供咨询服务等方式，落实“产学研”结合。以暨南大学产业经济研究院为例，其在产业竞争力、产业发展规划、产业政策与企业发展战略等领域先后承担了各类横向课题150多项，委托方覆盖省主要职能部门、所

---

① 杜静元：《高校智库建设的国际经验与启示》，《管理观察》2015年第6期；王莉、吴文清：《地方高校智库建设的系统论分析》，《系统科学学报》2016年第2期；刘福才、张继明：《高校智库的价值定位与可持续发展》，《教育研究》2017年第10期；吴敏、汪育文：《中国高校智库研究主题领域及发展态势分析》，《图书馆工作与研究》2018年第12期。

② 韩万渠：《中国高校智库的组织变迁、发展困境与对策研究》，《高教探索》2016年第5期。

③ 张雪红、张莹：《我国高校智库建设现状调查与分析》，《图书馆工作与研究》2017年第8期。

有珠三角9市以及大部分粤东西北城市，大量研究成果成为地方政府推动经济发展方式升级决策的重要依据。二是发挥学术研究优势。以广州大学广州发展研究院为例，其承接了大量的部、省、市级课题研究，创办了包括《决策内参》和“广州蓝皮书”系列等研究品牌，为广东经济发展提供了深刻的见解。三是聚焦新兴产业。以深圳大学文化产业研究院为例，其通过紧密结合深圳市“文化强市”和大力发展文化创意产业的战略规划，已初步形成文化产业新兴业态研究、区域文化产业发展研究、文化产业政策与知识产权研究三个特色研究方向，在学术研究、人才培养、项目开发等方面开展了一系列国际合作。

（二）积极探索外经贸发展新路径

广东高校智库在探索外经贸发展新路径方面，基于广东对外经贸发展的实际，结合国家与地方发展战略的需要，在经贸问题研究、对外经贸战略、经贸合作新路径探索方面成果斐然。以广东外语外贸大学广东国际战略研究院为例，其聚焦“中国参与全球经济治理”、“21世纪海上丝绸之路”、“周边外交”、“全球价值链”等重大问题，依托于其对外经贸研究以及国际战略研究的学科优势，优质研究硕果累累。此外，广东高校智库通过运用自身的学科与专业优势，在广东外经贸发展路径的制度设计与宏观规划层面做出了较大贡献。以中山大学自贸区综合研究院为例，在法治化国际化便利化营商环境建设、投资贸易便利化、国际贸易功能集成、国际航运中心建设、自由贸易港建设、泛珠三角经贸合作等开放型经济理论与政策议题上深入研究，为广东外经贸建设、大湾区发展战略做出了卓越的决策建议贡献。其每年编制发布“中国自由贸易试验区制度创新指数”和《中国自由贸易试验区发展报告》，创办《自贸区决策参考》，举办自贸区高端论坛，为广东对外经贸发展提供了高水平的决策咨询服务。

（三）智力支持粤港澳大湾区建设

广东高校智库通过实地调研和提供政府咨询报告等方式，在支持粤港澳大湾区发展方面做出了巨大的贡献。以中山大学为例，从 20 世纪 50 年代始，中山大学就有一批学者从事港澳问题研究。1983 年，中山大学成立了港澳研究所，这是全国最早的综合性港澳研究机构，2015 年成立中山大学粤港澳发展研究院，是首批国家高端智库试点单位。此外，广东高校智库通过运用大数据等前沿技术，为粤港澳大湾区发展提供了先进的研究成果与现实技术支持。以广东工业大学的广东制造业大数据创新研究中心为例，其通过举办系列特色沙龙活动和面向中小企业的传统产业转型升级专题培训班，对传播大数据技术与思维，推动粤港澳大湾区传统制造业转型升级起到了积极作用。同时，研究中心还开展了一系列大数据理论研究与产学研合作，主办了两届大数据产学研高峰论坛。

（四）高效保障现代社会体系构建

广东高校智库通过多渠道方式保障了广东现代社会体系的构建。一是积极探索社会治理格局。以华南理工大学社会治理研究中心为例，其于 2015 年成立，是广东省截止到 2018 年唯一以社会治理为主题的省级智库，其聚焦社会治理创新体制机制、社会治理格局及改革实践路径等议题，关注广东社会体系结构之现实问题，产出了大量优质科研成果。二是深入了解与把握基层治理需求。以华南师范大学广东党的建设研究院为例，近年来其积极深入基层调研，调研对象涉及不同层级、不同发展水平地区的基层组织。从城乡工作结合的佛山云东海街道基层党建调研，到发展水平较高地区的深圳市大鹏新区的基层党建调研，研究院产出了大量极其富有价值的调研报告与研究报告，对于当前广东社会体系基层治理所遇到的问题与客观需要有着较为深入的研究。三是深入现代政府治理研究。以华南理工大学政府绩效评价中心为例，其主要从事政府绩效评价的理论方法与实证研究，在政府整体（部门）绩效评价、财政支出绩效评价、法治政府绩效评价等方面建树颇丰，也与广东省人大常委会、省人民政府、省财政厅，以及深圳市、佛山市等十几家地方政府或部门展开了广泛的合作，使得相关研究成果可以得到及时的应用与反馈。四是通过丰富的产品类型服务现代社会体系构建。以暨南大学广州市舆情大数据研究中心为例，其长期从事舆情民意监测、研究和服务，发布的国庆阅兵系列调查、世博会民意调查、亚运会系列调查、“骆家辉上任驻华大使认知与评价调查”、“数说财经”调查等成果受到境内外众多媒体的广泛关注。五是深入“三农”问题研究，推动广东城乡和产业均衡发展。以华南农业大学国家农业制度与发展研究院为例，其以国家农业制度与发展为中心议题，以农地产权制度与农业经营制度、农业合作与契约、农业分工与要素市场发育、农业经营方式与转型发展等为主要研究方向。研究院不仅注重广东本省的农业与产业协作问题，更放眼全国乃至世界，从不同国家、地区的农业发展与产业协同经验中汲取精华，为广东城乡和产业协同均衡发展的理论与实践做出了较大的贡献，为区域发展与平衡的社会体系构建提供了重要的保障。

三　广东新型高校智库建设的问题

虽然广东在新型高校建设方面取得了一定的成就，但目前仍然面临着优质高校智库数量不足、高校智库研究质量有待继续提高、高校智库体制机制障碍较多，以及高校智库参与社会交流渠道较为狭窄等问题。

（一）优质高校智库不足

广东省的高校智库呈现着高速发展、数量增长的良好趋势，但也反映出了先进高校智库不拔尖和优质高校智库数量偏低等问题与挑战。

1. 先进高校智库不拔尖

广东先进高校智库在全国智库综合排名中并未处于领先水平。根据上海社会科学院智库研究中心编写的《2017 年中国智库报告》，中国智库综合影响力的前 40 名中广东省高校智库仅有中山大学粤港澳发展研究院入选（排名第 33），排名在全国先进高校智库中属于中流水平。此外，根据同一份报告结果，在高校智库系统影响力前 10 名中，只有中山大学粤港澳发展研究院（排名第 6）与华南理工大学公共政策研究院（排名第 9）

入选，且排名都未能跻身前五，这深刻反映了广东省先进高校智库不拔尖的问题。

2. 优质高校智库数量偏低

当前广东优质高校智库数量明显不足。在与经济水平相当的长三角地区以及北京地区相比时，优质高校智库数量不足的劣势则体现得更为明显。2017 年广东省公布的首批 15 家省重点培育智库候选单位中，属于或依托于高校的智库数量达到了 12 家（见表 1）。然而，根据南京大学中国智库研究与评价中心、光明日报智库研究与发布中心联合课题组 CTTI 高校智库百强评价报告，广东省当前仅有 7 家高校智库进入全国高校智库 100 强。同时，榜单中将近 60% 的高校智库处于北京地区以及长三角地区（见图 1）。这直观地反映了广东优质高校智库数量不足的情况，这是与广东省当前的经济发展实力、产业转型需求以及实现“四个走在前列”的要求所不匹配的。

表 1　广东省重点培育智库候选单位名单

序号	是否属高校智库	重点培育智库候选单位（排名不分先后）
1	否（依托于高校）	粤港澳大湾区研究院
2	否	广东省省情调查研究中心
3	否	环境保护部华南环境科学研究所
4	否	广东亚太创新经济研究院
5	是	地方治理与公共政策研究中心（中山大学）
6	是	中山大学自贸区综合研究院
7	是	广东省社会治理研究中心（华南理工大学）
8	是	华南理工大学政府绩效评价中心
9	是	国家农业制度与发展研究院（华南农业大学）
10	是	广东党的建设研究院（华南师范大学）
11	是	广东制造业大数据创新研究中心（广东工业大学）
12	是	广东国际战略研究院（广东外语外贸大学）
13	是	华南商业智库（广东财经大学）
14	是	华南创新金融研究院（广东金融学院）
15	是	深圳大学文化产业研究院

资料来源：中共广东省委宣传部：《广东重点培育智库候选单位公示》，2017 年 7 月 27 日。

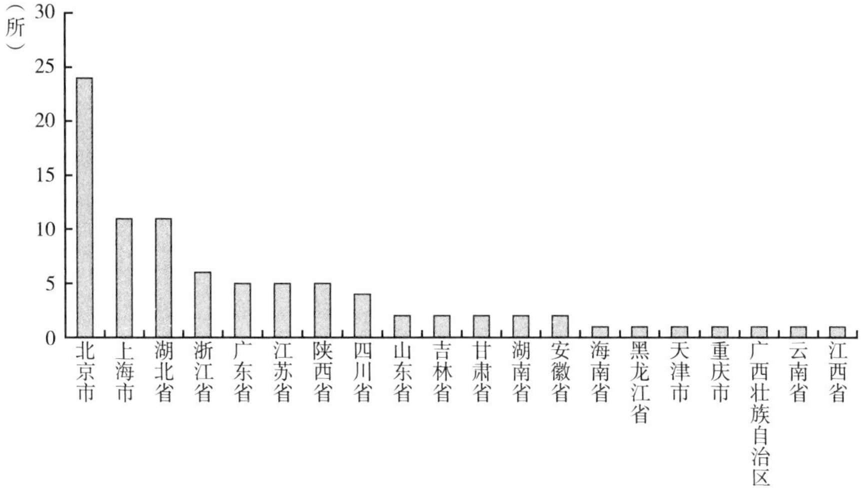

图 1　中国百强大学智库的地区分布

资料来源：《CTTI 高校智库百强评价报告》。

其次，在 7 所上榜智库中，属于广东省首批重点智库建设名单的仅有 2 家，分别是广东国际战略研究院和华南理工大学社会治理研究中心（见表 2）。这从侧面反映了省内高校智库建设资源分配不足以及资源错配较为严重的问题，不利于广东省内优质高校智库数量的提升。

表 2　CTTI 高校智库 100 强榜单（广东）

序号	等级	智库名称
1	A +	中山大学粤港澳发展研究院
2	A	广东外语外贸大学广东国际战略研究院
3	A	暨南大学华侨华人研究院
4	A	深圳大学港澳基本法研究中心
5	A −	华南理工大学社会治理研究中心
6	A −	暨南大学广州市舆情大数据研究中心
7	A −	广州大学广州发展研究院

资料来源：《2018 CTTI 高校智库暨百强榜报告》。

（二）研究成果质量有待继续提高

当前，广东高校智库的研究质量与水平在逐步提升，但是与国内领先水平仍然存在着较大差距。当前广东高校智库研究成果存在三方面问题：时效性不足、前瞻性不足以及落地适用性不足。

1. 研究成果时效性不足

广东高校智库研究成果存在着滞后于实际需求、时效性需要提高的问题。一方面，研究成果的时效性问题实际上是全国高校与高校智库科研过程中所遇到的普遍性问题。这是由高校智库作为“体制内”单位的性质所决定的，原因在于在当前体制内的考核制度下，高校智库会追求更多的政府政策课题以及任务以提升自身的名誉与受资助水平，而不是选择侧重于研究最具紧迫性的科研议题。另外，在高校智库聚焦的人文社科研究领域，由于研究对于数据时效性的高要求以及国际形势的风云际变，研究成果时效性不足的问题表现得更为显著。另一方面，当前高校的科研评价体系存在着“重理论轻应用”、“重纵向轻横向”的现象。论文、专著、纵向课题的数量、级别是衡量老师科研水平的指标。因此，高校智库的科研工作者在进行课题研究以及议题研究时，常常因为评教要求以及学校要求而分身于论文的写作与发表事项上，降低了智库研究前沿与现实议题、课题的效率，进而减弱了研究成果的时效性。加之论文发表的周期较长，大量基于智库研究的极具时效性的文章与研究内容见之于学术界时已经失去或降低了时效性，对于需求方的效用大幅度降低。

2. 研究成果前瞻性不足

广东省高校智库的研究成果存在着对于前沿研究领域涉及少、研究成果前瞻性不足的问题。广东高校智库基本由政府全额拨款支撑运营，这种对财政的高度依赖性决定了高校智库的研究成果均为自觉或不自觉地宣传、阐释和支持政府的政策，但对于前沿的研究议题以及领域缺乏拓展的积极性。同时，同造成智库研究成果时效性不足的原因一样，在当前中国的科研考核以及评价体系下，对于论文发表数量以及纵向课题的追求进一步使得高校智库研究人员重视政府政策以及政策相关领域的研究，以达到发表更多论文的目的。而对于国家发展更为需要的学科前沿领域的研究拓展积极性降低。这些问题导致广东高校智库的研究成果聚焦于已有的政策效果评估以及政策解读，而缺少前瞻性的研究成果，进而导致广东高校智库与国内一线高端高校智库差距较为明显（见表3）。

表3　5家大学高端智库的研究领域

序号	智库名称	研究方向
1	北京大学国家发展研究院	以国家发展为中心议题，研究重大的战略、制度、政策和理论基础问题，关注全球格局变迁，参与改革发展与建设新型国际治理秩序
2	清华大学国情研究院	中国经济和社会、中国政治与治理、中国资源环境和可持续发展、中国与世界
3	中国人民大学国家发展与战略研究院	经济治理和发展、政府治理和法治体系、社会治理
4	复旦大学中国研究院	中国道路、中国模式和中国话语的原创性理论研究和政策研究
5	武汉大学国际法研究所	国际公法、国际私法、国际经济法

资料来源：本文作者根据资料搜集。

3. 研究成果落地适用性不足

当前广东省高校智库研究成果存在着操作性不强、成果难以直接落地且不适应本省商业性、市场性强环境的问题。造成此问题的原因，除了智库研究结果时效性以及前瞻性不足的问题外，还在于产出的科研成果对地区特性需求的关注度不足。一方面，由于高校智库研究成果自身所具有的学术性质，其很难达到直接为政府以及企业提供具体政策细则以及市场决策的能力，这在很大程度上削弱了广东高校智库研究成果的落地实用性。同时，高校智库的研究成果聚焦于宏观政策研究以及经济效益分析，对于企业需求的市场环境分析以及行业分析涉及较少，出现了供需错位的情况，进一步降低了相关研究成果的落地实用性。另一方面，由于珠三角地区高度商业化与国际化的环境，大量极具实力的国际咨询公司分割了广东地区市场、产业、经济政策咨询的份额。如尼尔森、麦肯锡、埃森哲、德勤咨询等相关的专业公司机构为市场和企业提供着更为市场化、产业化和专业化的咨询服务，与高校智库的相关研究业务与研究成果形成了较为激烈的竞争关系，打击了高校智库拓展相关研究的积极性。

（三）体制机制障碍较多

当前，广东省高校智库发展所面临的体制机制障碍较多，具体表现为成果审议机制不完善、职称评定机制发展滞后、雇员体系建设不合理、跨学科研究组织能力欠缺以及研究资金来源单一等五个方面。

1. 成果审议机制不完善

广东省高校智库研究成果的审议基本由课题的立项方全权负责。在大多数情况下，立项方基本为政府、行政机构或是相关的事业单位。然而，智库的研究成果是依托于专业知识，通过科学的实证手段分析，进而对复杂程度高的实践问题所提出的思考和设计。这使得委托方（立项方）与承接方（智库）之间存在着信息不对称、知识体系不对称的问题。在这种情况下，虽然在进行课题立项以及研究成果审议时行政单位以及事业单位会组织专家团队进行评估，但政策制定者与机构碍于知识领域差异，通常很难对高校智库的研究成果进行准确的判断。

2. 职称评定机制发展滞后

职称评定机制发展滞后的问题是当前阻碍广东省高校智库进一步发展的一大体制障碍。一方面，在当前中国高校的教职评定以及科研评估体系下，论文、专著和纵向课题的数量与级别是衡量老师科研水平以及教职评定的标准。因此，高校智库的科研工作者在进行具有紧迫性的科研工作时，常常因为评教要求以及学校要求而分身于论文的写作与发表事项以及申请课题上，降低了智库研究议题、课题的完成效率，进而削弱了智库科研成果的时效性与学术质量。这样的体制实际上不仅没有起到激励研究人员积极性、提升智库效率的作用，反而对智库的运作造成了负的外部影响，降低了智库对于其关注议题的科研效率。另一方面，由于高校智库在很多情况下带有学院的性质，智库内的研究人员实际上和大学教师一样，要承担科研、教学的双重任务。在部分学校，智库的研究人员还需要为校内的部分学院代课。在这种情况下，智库科研人员实际上承担着比普通高校教师更重的科研压力。而当前大部分高校智库的职称评定机制并没有考虑此一方面的特殊性，采用和学院一致的教职评定机制，这是不符合高校智库发展趋势与需要的。

3. 雇员体系建设不合理

当前，广东省高校智库的发展存在着雇员体系建设不合理的问题，体现在研究人员和行政人员比例不合理以及缺乏“旋转门”机制两个方面。一方面，由于高校智库属于事业单位，对于党政以及行政人员的数量有着一定要求，但重视程度远远不足一般的学院单位。在大多数高校内，相关的行政人员分配标准并不是着眼于智库的性质与实际需求，而是简单地以智库在院校系统内的行政级别以及人数决定。这导致了高校智库行政人员以及研究人员比例失调，科研人员基数大，配套的行政人员不足。同时，行政人员系统内的党政人员较多，而负责如公关、财务、办公室管理等职能的行政人员数量与所占比例明显不足，增大了人力资本以及拖累了智库资源的配置效率，造成了无谓损失。而外国高校智库的人员配比一般较为合理，如华盛顿国际与战略研究中心的研究人员与行政辅助人员之比约为 1∶1，该比例在美国胡佛研究所约为 1∶2.5①。在人员配比方面布鲁金斯学会最为典型，其拥有研究人员约 100 名，而辅助人员接近 300 人，主辅人员比例达到 1∶3。300 人的辅助队伍中包括研究助理和公共关系、捐款筹集、人事管理等方面的工作人员。另一方面，广东省高校智库的雇员体系缺乏让高级政府人员参与智库研究的“旋转门”机制，研究人员基本完全由高校教授或是科研工作者组成，缺乏让实际的政策制定人员参与进智库科研的空间与机制；同时，高校智库研究者也缺少参与实际政府决策的机遇。

4. 跨学科研究组织能力欠缺

是否具有交叉学科、跨学科的科研能力以及组织能力，已经成为一流高校在学科前沿领域是否取得突破的重要因素。西方高端智库的人才库以及科学研究都非常重视跨学科研究的能力。一方面其强调科研人员在智库研究领域内的专业深度，另一方面也强调相关科研人员的专业广度。在西方的综合性智库中，自然科学与社会科学方面的专家数量配比比较合理，其中较为典

① 陈英霞、刘昊：《美国一流高校智库人员配置与管理模式研究——以斯坦福大学胡佛研究所为例》，《比较教育研究》2014 年第 2 期。

型的代表有国际应用系统分析研究所。其研究队伍构成中包含了经济学家、数学家、运筹学家、系统分析学家、工程技术人员和计算机科技人员、物理学家和环境学家、生态与社会学家以及生物学家等多个领域的专家。但大部分广东高校智库的研究人员结构仍然集中于少数专业领域，且以社科为主。其中，又以经济学、国际关系、统计学为主要的构成部分，社会科学中其他学科领域的研究人员构成少。从长远来看，这并不利于广东省高校智库向综合性智库以及一流智库发展。

5. 研究资金来源单一

由于高校智库的“事业”性质，广东省高校智库的研究资金来源单一，主要依靠政府和高校拨款。这样单一的资金来源不仅在客观上压抑了智库科研的前瞻性以及对前沿领域的探索，而且容易使智库形成“附和”政府的倾向，不利于智库发挥“独立思考”以及进行“不可行研究”。这也是当前广东高校智库在各个领域排名较低的一个重要原因。事实上，高校智库的独立性、竞争力和影响力很大程度上受到资金来源的影响。全球各顶级高校智库的高质量发展常依赖于多元化的资金来源渠道。多元化的资金来源可以是政府的拨款和补贴，也可以是企业和基金会的资助。除此之外，个人的捐赠以及智库所经营的其他业务也是重要的资金来源。

（四）参与社会交流渠道狭窄

广东高校智库参与社会交流渠道狭窄的问题体现在以下四个方面：研究过程社会参与不足、研究成果社会宣传有限、研究国际话语权缺失以及智库联盟作用有待落实。

1. 研究过程社会参与不足

当前，广东省高校智库研究过程的社会参与明显不足。首先，广东省排名靠前的多所智库基本以“大湾区”、“发展战略”、“公共政策”等经济与政策问题为研究议题，属于上文所提到的较为典型的政策导向性智库。这导致较为知名的高校智库基本聚焦于政策问题研究以及政策解释研究，对于反映社会实际需求的研究议题的参与积极性较低，无法知晓社会意见和真实的社会需求。其次，由于当前高校智库的人员构成、研究性质以学术性为主，资金来源与信息交流基本也限定于政策界与学术界内，高校智库研究过程中的交流与参与基本也限定于学术圈以及政策制定圈。这使得智库本身缺乏与社会交流、参与社会议题研究的驱动力。

2. 研究成果社会宣传有限

高校智库的研究成果基本以论文、课题报告、专著的形式呈现，这使得研究成果仅在掌握相关学术话语体系的人群以及政策制定圈子内小范围内分享。同时，基于智库研究过程社会参与不足的原因，智库缺乏对于研究结果进行通俗化的再解释以及宣传的驱动力。对于新媒体、电视、普通报刊等的运用较少，研究成果与社会隔离。这使得社会公众与高校智库间的“距离感”加剧，进一步削弱了智库与社会的双向互动，如此故步自封的举措也不符合新时代中国特色智库的建设要求。大部分的高校智库没有设立自己的官方网站或是其他网络平台，研究进度成果无法为外界所知悉，建设过程不透明，社会宣传与参与度更是无从提及。

3. 研究国际话语权缺失

广东省高校智库由于本身的性质而偏好于政策性研究，其研究成果的接受方主要为政府以及事业单位，而且研究用语主要为中文。其智库成果与科研作品大多无法在国际学术界传播，造成了与国际学术界交流的隔阂。其次，当前广东省高校智库的研究议题集中于国内经济、政策、产业等领域，对于国际议题的研究数量偏少，且质量有待提高。根据《2017 年中国智库报告》，国际类智库专业影响力排行榜前十中无一广东高校智库上榜（见表 4）。

表 4　国际类智库专业影响力 2017 年排名前十位

排位	智库名称	排位	智库名称
1	中国现代国际关系研究院	6	中国国际战略学会
2	中国国际问题研究院	7	新华社世界问题研究中心
3	上海国际问题研究院	8	北京大学国际战略研究院
4	中国社会科学院亚太与全球战略研究院	9	全球化智库(原中国与全球化智库)
5	中国社会科学院国家全球战略智库	10	复旦大学美国研究中心

资料来源：《2017 年中国智库报告》。

4. 智库联盟作用有待落实

自2010年广东省智库联盟正式成立以来，虽然智库联盟成功促进了广东省高校智库、机关单位、事业单位、官方智库之间的联络与了解，但未能做到真正建设互联互通的信息网络与科研合作机制。近年来，智库联盟虽然得到了扩大与增长，但是联盟的大型活动多为机关、智库间的碰头会以及调研形式的走访活动，这使得智库联盟沦为形式，并未能够真正地资源共享和发挥倍增优势。

四　广东新型高校智库建设的政策建议

广东高校智库在长期的历史实践中为广东社会经济发展提供了有力的智力支持，但是面临着“新时代”下的新挑战，广东必须加快推进新型高校智库的建设发展，克服当前广东高校智库发展中面临的困难和挑战。为此我们提出推进广东新型高校智库建设的三大政策路径，分别从体制机制改革、研究产品供给优化、社会交流升级三大方面入手，旨在解决目前广东优质高校智库不足、研究成果质量有待继续提高、体制机制障碍较多和参与社会交流狭窄的问题。

（一）体制机制改革路径——推动成果审议机制变革，创新职称评定体系，活化雇员制度建设，拓展优化资金来源

广东高校智库的体制机制变革，需从成果审议机制、职称评定体系、雇员制度建设以及运营资金来源等多个方面进行革新。

1. 推动成果审议机制变革，简化审议手续，优化评审平台建设

第一，简化审议手续，提高审议效率。智库与政府的合作是长期的、息息相关的。从智库得出研究成果再到政府进行进一步研究，最终投入实施，需要一个相对长的过程。因此，简化审议的手续和提高审议效率，有助于提高智库的运行效率和增加研究的最大产出。对于长期建立合作关系的智库，政府可考虑合理简化成果审议的手续，免去部分重复、重要程度不高的审议

手续，将更多的精力投入成果的研究与实施，最终按照成果实施的经济效益进行评估，提高成果产出效率。第二，优化成果审议平台建设，广泛吸收社会意见。智库的研究成果众多，由政府主导进行成果审议，存在时间过长、工作量较大的缺点。因而，可以建立审议平台，将智库研究成果公开展示，由其他的智库、学者以及社会上的、通过审议资格认定的审查人员进行审议，这不仅有助于提高政府办事效率，还促进了智库与智库、智库与社会间的经验交流。

2. 创新高校智库职称评定体系，实现职称评定标准多元化

第一，创新高校智库职称评定体系。高校的评定体系重点在于教学与研究，但不适用于以咨询项目为核心的智库，应当创新高效智库的职称评定体系，摆脱“唯论文论”的思想，鼓励研究人员积极了解社会市场需求，参与相关的研究和咨询工作，调整论文在职称评定中的比例，将重心放到解决社会迫切需求上。第二，多元化职称评定机制。由于智库的学者大多属于研究生导师，因此，对其的职称评定应不仅仅停留在其个人的研究水平上面，还应当考察其培养学生的水平，通过加强导师与学生之间的纽带作用，提高导师加强学生学术能力的积极性，这有利于促进导师与学生的共同发展，培养导师的责任心，增强学生的学术竞争力，为未来智库的建设注入新血液。

3. 活化智库雇员关系，加快人才输送，鼓励人才流动

一是关注雇员职业发展诉求。尽管智库雇员的待遇水平较高，对雇员的吸引力较大，然而，雇员的未来职业发展诉求并未得到更好的表达，主要原因在于雇佣年限较长等不合理之处，因此，需要将雇佣关系灵活化。在考虑智库建设的同时，也应当在雇佣年限、雇佣待遇等方面广泛吸取雇员的合理诉求，营造良好的雇佣氛围，有助于吸引更多有才能的学者加入智库的建设。二是降低智库间的人才输送门槛，鼓励人才下沉。对于智库间的人才输送门槛应当适当放低，鼓励人才往更高水平的智库发展，也要平衡地区间的人才待遇，避免人才向经济发达的城市集中，导致智库发展不平衡。同时，要鼓励人才前往新一线城市的高校进行发展，通过高水平智库人才带动低水平智库建设的发展。通过降低智库间人才输送门槛，帮助区域智库的发展。

三是引入“旋转门”机制。通过加快政界和学术界之间的人才流动，让人才将政府和社会的需求充分表达，用智库的创新思维帮助政府治理，同时提高政府的执政效率和智库的研究深度，还可以通过从社会引入人才，如通过引入商业咨询公司的人才资源，提高智库雇员的丰富程度。

4. 拓展高校智库资金来源，优化政府资金投入，拓宽社会融资渠道

智库建设需要资金支持，目前政府支出仍然占高校智库资金来源的很大一部分，这一定程度上对高校智库研究的独立性和参考价值产生负面影响，还使得高校智库缺乏高质量发展的动力。因此，必须推动智库建设资金来源多元化。一是优化政府对高校智库的资金投入。以研究成果所带来的经济效益和社会效益作为参考，营造“多劳多得，量质同增”的良好氛围，推动智库之间竞争，为高校智库的进一步发展注入新动力。二是拓宽高校智库的社会融资渠道。智库建设需要政府财政的支持与鼓励，这些资金不仅需要维持智库的基本运作，还需要保证科研人员的研究福利，随着智库的发展，智库数量、水平有望迎来质的飞跃，仅仅依靠政府财政支出加重了财政负担，因此，智库需要面向社会，从社会广泛吸纳资金。一方面可以学习外国高校，寻求商业机构、校友组织的援助，另一方面通过帮助企业、个人进行相关研究工作，或者派遣人员帮助企业完成员工培训，这样不仅增加智库的收入，提高企业的创新能力，还有助于智库人才面向社会的未来发展。

（二）研究产品供给优化路径——深化高校与智库联动发展，坚持数据导向，拓展服务对象，积极参与市场竞争

优化广东高校智库的研究产品供给，亟须从高校与智库联动、数据导向、拓宽研究领域和服务对象以及积极参与市场竞争等四个方面着手。

1. 加强高校与智库的合作，鼓励参与国际化学术交流，营造跨学科交流氛围

一是加强智库与高校的合作。基于大多数智库与高校挂钩的现实因素，智库可以与高校进行合作，结合高校的教育资源培养高素质的人才队伍，也应当因地制宜，利用高校直接向智库输送人才队伍。二是鼓励、支持人才队伍出席国际化学术交流活动。使人才视野面向国际化，并通过学术交流向国

外优秀高校借鉴研究经验，最终达到人才培养高素质、国际化的目的。三是营造跨学科交流氛围。目前学科研究存在较为单一且封闭的缺点，而且随着当前社会的发展，研究学科单一的智库已经逐渐难以满足政府乃至社会发展的需求，因此，需要加强学科之间的交流，通过智库间举行学术交流活动、课题研究合作等措施，加强跨学科交流，帮助智库人才拓宽相关学科的知识领域，进一步培养复合型人才。

2. 搭建数据库，优化信息服务，解决数据分析需求

以数据为导向，积极搭建独特的数据库和先进的IT系统。目前各大高校设有数字图书馆和数据库，然而并没有针对智库的数据搜集和数据建设，对智库研究的帮助意义颇微。若专门为智库设立数据库、信息技术系统，会面临成本过高的难题。因此，加强高校数字图书馆与智库之间的合作存在必要性、可行性，通过对现有的数据库进行改造，增加或完善数据导向系统，并提供必要的信息服务，为智库的研究开辟绿色通道，同时也鼓励智库直接参与到数据库改造的工作中，从根本上解决智库日益增长的数据分析需求。

3. 拓展服务对象，深化研究领域

随着智库数量的增多，如何提高智库的质量成为一个有待解决的问题。目前的智库主要以其研究方向进行命名，专门化程度较高，主要为政策的制定提供建议，然而，面向社会的智库则较少，存在服务对象单一的问题。因此，需要鼓励智库拓展其服务对象，根据智库的研究方向，为企业提供投资建议、法律咨询等服务。此外，由于目前智库的建设还处于起步阶段，进行跨学科研究需要长期的发展与积累，因此，各大智库应当将深化研究领域作为主要目标，在专门化的基础上对研究方向进一步细分、发展。

4. 推动智库研究成果竞争，营造智库共同进步的良好氛围

通过鼓励智库将成果积极参与市场竞争，让智库可以根据社会需求，提供相关研究产品，或是将智库的研究产品投入市场，根据市场需求进行竞争，政府在其中对具有创新能力的智库给予奖励，通过智库之间的市场竞争，营造智库相互竞争、共同进步的良好氛围。

（三）社会交流升级路径——加强高校智库品牌营销，推动研究成果社会共享，积极把握国际学术话语权

推动广东高校智库升级社会交流的能力，亟须从提高公众影响力、推动研究成果社会共享、把握国际学术话语权、推进智库联盟建设等四方面入手。

1. 加强高校智库品牌营销，塑造公众影响力

高校智库除了依靠高校的名气效应进行营销外，还应当积极打造自身品牌，通过完善目前的门户网站，如建立微信公众号、微博等，在互联网上掀起新的潮流。此外，还可以鼓励高校智库开展面向社会的学术沙龙，鼓励社会群众积极参与，拉近群众与高校智库之间的距离，让群众为智库的进一步发展提供建议，以塑造公众影响力。

2. 探索研究成果展示新媒介，推动研究成果社会共享

智库成果需要展示，才能发挥社会效应。首先可以推动成果展示的途径和方式更新。针对目前研究成果展示工作不足的问题，需要搭建研究成果的展示平台，创新研究成果的宣传渠道和方式，除传统媒体外，还要积极探索运用新媒体平台和移动端软件平台，挖掘使用更多的媒介形式。其次是实现智库研究成果的社会共享。鼓励智库积极了解目前社会需求，帮助社会解决急需解决的问题，为智库的研究起到指导性作用，并积极加强智库研究成果所带来的经济、社会效益的宣传，使智库研究成果深入人心。

3. 推进高校智库参与国际交流，积极把握国际学术话语权

智库还要参与国家重大的对外战略，积极把握国际学术话语权。一是鼓励参与国际学术交流。除本省的智库之间进行学术交流外，还要把握好广州、深圳这两个国际化城市所带来的利好效应，积极参与国际学术的交流，与外国优秀大学进行学术交流，直接参与国际学术圈内，进行国际学术对话。二是建立学术团体，把握国际学术话语权。尽管广东作为教育大省，著名高校众多，但单个高校在国际学术上的影响力有限。因此，需要考虑以广东高校作为主体，加以邻省知名高校，建立学术团体，共同参与国际学术交

流，形成名气叠加效应，为掌握国际学术话语权提供前提条件。

4. 完善高校智库共享平台和联盟机制，推动高校智库资源共享

各个高校智库各有优势，通过联盟机制实现资源和成果共享。一是建立高效智库资源共享平台，打破智库间的知识壁垒；组建智库信息资源共享组织和管理机构，并利用制度规范智库之间信息共享的职责范围和权利义务，以保证资源共享的有序进行。二是完善高校智库联盟机制，实现研究成果倍增。以区域内重点高校智库为核心，组建小型高校智库联盟，加强管理，鼓励联盟内部各智库履行相应的权利与义务，积极开展智库之间的交流与合作，显现“1 +1 >2”的研究成果，并为跨学科研究积累经验。

专题报告

Special Reports

B.10 新中国成立70年高等教育国际化发展历程概览

熊建辉　朱泽浩　蔡进宝*

摘　要： 本研究通过 CiteSpace 软件，对中文期刊网上自新中国成立以来的高等教育国际化的研究文献（1949～2019 年）进行了分析，发现70 年来高等教育国际化研究具有六个方面的特点：从研究者看，该领域的研究人员众多，有突出贡献的作者数量可观；从研究机构看，不同机构都有关于高等教育国际化方面的研究，主要以教育类研究机构为主，高校是高等教育国际化研究的主要阵地；从研究内容看，热点主题有高等教

* 熊建辉，博士，教育部教育发展研究中心专职研究人员、广东外语外贸大学高等教育研究中心特聘研究员，主要研究方向为宏观教育政策、国际与比较教育、教育对外开放与中外人文交流；朱泽浩，江西理工大学外语学院硕士研究生，研究方向为中英互译、高等教育国际化；蔡进宝，江西理工大学外语学院副教授、国际教育合作中心主任，研究方向为高等教育国际化。

育、人才培养、留学生、管理体制、国际化等；从合作程度看，无论是作者间还是机构间，合作水平和程度都有待提升；从发展模式看，我国高等教育国际化发展从最初的以单向学习借鉴模式为主演变为以双向互惠、均衡流动为主；从研究热点的发展趋势看，高等教育国际化发展大体上经历了五个不同的阶段。基于以上发现，本研究提出如下建议：新时代中国高等教育国际化发展应更加注重机构和人员之间的深度合作、更加聚焦国际化的内涵发展和质量提升、更加追求更高水平更可持续方向，为做强中国高等教育、服务支撑教育现代化和国家现代化建设、提升中国国际影响力，更好地助力于服务人的全面发展、民族复兴、强国建设和文明互鉴、人类进步做出新的贡献。

关键词： 高等教育　国际化　新中国　70 年

一　研究背景和方法

新中国成立 70 年来，中国高等教育的国际化始终与其现代化同向而行，坚持以我为主、兼收并蓄，扎根本土、面向世界，取得了举世瞩目的历史性成就。在 70 年的发展历程中，不同历史时期的高等教育国际化在发展内涵、涉及领域和内容、作用和影响力等方面都不尽相同。回顾新中国高等教育国际化 70 年发展历程、梳理总结其成绩和经验、展望其未来发展趋势，对更好把握好新时代中国高等教育国际化发展的战略方向和创新路径、更好服务、做强中国高等教育、更好服务支撑强国建设具有重要的意义。

通过文献梳理发现，有关 70 年来的中国高等教育国际化研究的文献数量十分丰富。“国际化”一词出现得很早，但是运用到高等教育领域相对较晚。国内对高等教育国际化的最初研究主要集中于探讨其发展趋势、政治经济因素，介绍发达国家高等教育国际化经验，其后逐渐深入高等教育国际化的内涵及其表现特征的研究（龚放、赵曙明，1987；舒志定，1998），再到高等教育国际化要素、影响因素、进程及其途径（陈学飞，1997；杨德广、王勤，2000）。随着我国改革开放的逐渐深入，研究者开始更多地聚焦国家政策对高等教育国际化的影响。有学者梳理了改革开放40年来教育对外开放政策的变迁，发现教育对外开放涵盖出国留学教育、来华留学教育、中外合作办学、境外办学、汉语国际推广、外专外教等诸多领域（刘宝存、张继桥，2018）。还有学者对改革开放40年来我国高等教育国际化发展的历程和基本特征进行了梳理与分析，对未来我国高等教育国际化的发展方向进行了展望（伍宸、宋永华，2018）。归纳起来，学术界对高等教育国际化的界定仍存在较大的分歧，到目前也没有统一的定论（魏腊云，2002；宋文红、朱月娥，2002；王庆石、刘伟，2009）。学界通常采纳加拿大学者 Jane Knight（1994）提出的定义，即高等教育国际化是一个将跨国界或跨文化维度整合到高等教育的教学、科研以及社会服务中的一个动态过程，涉及教学、研究和社会服务三大职能。这些研究文献从不同角度对我国高等教育国际化的发展进行了细致分析，丰富了高等教育国际化的内涵，也为我国高等教育国际化的未来发展指明了方向。

从研究方法上看，多学科方法不断被引入高等教育领域的研究，特别是随着计算机软件技术的应用，出现了文献计量法或知识图谱等方法。熊建辉（2017）通过运用文献计量方法，专门阐述了我国高师院校的国际化最新进展、学术影响力和趋势，总结了我国高师院校国际化发展中的成果以及不足。但是运用知识图谱方法来研究高等教育国际化的文献比较少。因此，本文运用知识图谱方法对新中国70年高等教育国际化研究进行透析具有一定的意义。

有鉴于此，本文运用 CiteSpace 可视化软件，从研究作者、研究机构、研究热点和研究趋势四个方面分析新中国70年高等教育国际化研究文献。CiteSpace 软件是2004年美国德雷塞尔大学陈超美博士开发的一种知识图谱软件，能够直观地展现出最前沿领域和学科知识的信息汇聚点，从宏观、中观、微观等不同层面揭示一个领域或学科的发展概貌。运用 CiteSpace 软件可以全面透视高等教育国际化 70 年发展演进情况，挖掘、分析和显示教育领域知识及其联系，为深入推进新时代高等教育国际化高质量研究、促进高等教育国际化可持续发展提供参考（郭文斌，2016）。本文的数据主要来源于中国知网（CNKI），以主题“高等教育国际化”，搜索 1979 年 1 月 1 日到 2019 年 7 月 1 日的文献，共得文献 5815 条，经过人工剔除报告、会议、摘要、访谈、人物简介等文献，最终获得 5593 条无交叉或重复的可用文献。从超星期刊数据库以主题“高等教育国际化”、发表时间为 1949 ~ 1979 年进行文献搜索，同样经过人工剔除筛选后，共获得无交叉或重复的可用文献 63 条。将这些文献导出，导入 CiteSpace 5. 4. R3（32 - bit）中，得出了一系列有价值的结论。

二　新中国70年高等教育国际化的发展阶段

我们可大致将新中国高等教育国际化的发展演进趋势分为五个阶段，各个阶段具体情况分析如下。

（一）起步探索和曲折发展阶段（1949 ~ 1977年）

20 世纪 80 年代中期之前，无论是在亚洲还是欧美，无论是发展中国家还是发达国家，国际化在教育领域里实际上一直处于边缘状态（Callan，2000）。这一时期，无论是个体，还是组织、机构、国家等，国际化并未得到显著关注。人们对高等教育的关注则更偏重于高等教育本身。1950 年，新中国成立后的首次全国高等教育会议对中国当时高等教育的状况进行了全面总结，包括高等学校的数量、分布、种类、各类学生人数、高等教育质量、教学内容以及存在的问题等，并指出当时的高等教育无法满足国家建设的需要，急需对高等教育进行调整和改造，明确提出“以理论与实际一致的方法，培养具有高度文化水平，掌握现代科学技术的成就，全心全意为人民服务的高级建设人才”为新中国高等教育的方针任务（马叙伦，1954）。由于新中国成立初期的高等教育是从半殖民地半封建社会的旧中国发展而来，很多教育制度、教育内容、教学方法等都带有半殖民地半封建的色彩。因此，从1949年到1965年这段时间，高等教育主要针对自身的发展，经历了从恢复整顿到初步发展的过程。

总体来说，中华人民共和国成立后的17年是社会主义建设的探索时期。这一时期，党和国家主要将教育看作是社会主义建设和社会主义改造的重要工具。因此，党和国家将重心放在培养能够为社会主义建设做出贡献的人才上，同时希望通过教育来为社会主义改造服务。在新中国成立初期，刘少奇就表示：“苏联有许多世界上所没有的完全新的科学知识，我们只有从苏联才能学到这些科学知识，如经济学、银行学、财政学、商业学、教育学等”（教育部，1984）。以此为契机，我国在人才紧缺的情况下，积极派遣学生去国外学习，借鉴他国经验，其中主要是学习借鉴苏联经验。这段时间，关于对苏联教育的研究尤为突出，如1951年程今吾从苏联高等教育的发展和现状、高等学校的行政领导和教育实施、高等学校的科学研究工作和研究生培养以及苏联高等教育的行政机构和领导方法四个方面对苏联的高等教育情况进行了详细的介绍（程今吾，1951）。福民和李敬永（1952）通过介绍高等教育改革的基本原则以及要点，说明资本主义国家高等学校专业划分比较笼统，最终带来高失业率，然后提出苏联高等教育的改革主要是按照国家的建设需要，把空泛的划分转变成若干具体的专业，从而促进了国家的发展，进而表明要向苏联学习，使中国的高等教育改革能为国家建设服务。此后，又有许多学者纷纷对苏联教育的相关内容进行了分析，加之国家派遣一部分学者去苏联进行学习，学成后的学者们又纷纷返回国内进行社会主义建设和社会主义改造，促进了高等教育的进一步发展。至此，虽有派出学者进行访学，但这一时期的高等教育主要关注于培养社会主义建设所需人才。因此，这一时期我国高等教育的国际化发展处于以派遣学者访学为主的起步探索阶段。从这一时期高等教育的内容来看，人们主要的关注点在苏联上。因此，“苏维埃社会主义共和国联盟”

成为这一时期研究聚类的代名词。

随后的1966～1976年，十年“文革”对教育造成巨大的损失。其中，对高等教育的最大影响来自全国教育工作会通过的《全国教育工作会议纪要》（1971年4月），该纪要决定工宣队长期领导学校，让大多数知识分子到工农兵中接受再教育，缩短大学学制，取消高考制度和实施推荐制度，将多数高等院校交由地方领导等（顾明远，1998）。这一政策的实施，使得高等教育走向低谷，并持续长达十年之久。这一状态直到1977年党中央决定重新恢复高考才得以结束。据统计，1977年冬和1978年夏，参加高考的人数规模是世界历史上最大，报考总人数达到了1160万人。1977年恢复高考制度政策的实施，不仅改变了几代人的命运，为我国在新时期以及以后的发展和腾飞奠定了良好的基础，也为高等教育国际化的发展打下了坚实的基础。

概括来看，1949～1977年近30年的时间里，高等教育国际化在我国受到的关注度不高，处于起步探索阶段，并经历了曲折的发展。这一时期的高等教育主要聚焦于自身整顿、发展与培养社会主义建设人才。但即便如此，相关政策尤其是恢复高考制度的实施，为高等教育的国际化发展奠定了坚实的基础。

（二）全面恢复和初步发展阶段（1978～1991年）

1978年，以邓小平同志为核心的党中央做出改革开放的战略决策。自此，我国的政治、经济、社会等各领域逐渐恢复生机，稳步提升。以改革开放为新的起点，我国的高等教育迈向了新的征程，国际化发展也正式走上轨道。1983年，邓小平同志提出，“教育要面向现代化、面向世界、面向未来”。这三个面向的提出，直接推动了高等教育国际化的发展。这一阶段中国逐步开展一系列国际化活动，其中最为显著的有两点：第一，经历了曲折发展的高等教育进入了全面恢复阶段，其国际化观念逐步形成；第二，留学生是这一时期鲜明的特色，也是高等教育国际化的初步发展。对应聚类关键词为“留学生”。

20世纪80年代至90年代，世界格局发生了很大的变化。冷战结束、苏联解体、民族主义开始酝酿产生，以美苏为主的争霸局面被打破，国际活动、国际项目广泛开展，欧洲与日本经济复苏，欧洲经济一体化，等等，这些变化直接推动世界各国加快国际化发展。日本和欧洲在国际化的进程中发展得很快。1983年，日本首相中曾根康弘在其竞选演讲中提出了“21世纪教育改革五原则”，而国际化原则位居榜首；1986年日本召开“大学的国际化与外国留学生”国际学术研讨会，吸引了来自包括中国在内的数十名学者共同讨论大学教育的国际化趋向。而欧洲早在1985年的欧洲议会上就已规定成员国之间的高校毕业证书相互承认，以便促进共同体各成员国之间的教学交流，国际化意识在欧洲十分强烈。随着改革开放的深入，中国的大门逐渐敞开，中国与其他国家之间的交流逐渐频繁。在此过程中，国际化观念也在大量的研究中逐渐形成，中国的高等教育国际化逐渐受到学者的关注，国际化形式以派遣留学生为主。

这一时期的出国留学可以分为两个阶段。第一阶段，从1978年到1985年。1978年8月，教育部根据邓小平同志做出的要增大外派出国留学生的指示，下发了《关于增选出国留学生的通知》，将原500人的出国选拔计划增加2500人，使当时的出国留学人员总数达到3000人（江彦桥，2005）。1984年以前，出国留学的形式都是以国家公派为主，1981年颁布的《关于自费出国留学的暂行规定》明确规定在校学生不准自费出国留学。而1984年国务院颁发的《关于自费出国留学的暂行规定》指出，已通过正当和合法手续获得外汇资助或国外奖学金的我国公民，均可申请到国外自费留学。这一规定放宽了自费出国留学的限制。自此，这一时期的出国留学人员大幅增加，1985年人数为4888人，达到20世纪80年代的顶峰。1979～1985年，出国留学人员年均达到3800余人，超过了改革开放初确立的每年3000人的派出目标（陈昌贵，2007）。

第二阶段，从1986年到1991年。1986年以后，出国留学主要以调整为主。1986年出台的《关于出国留学人员工作的若干暂行规定》是第一份全面阐述出国留学教育政策的法规性文件，同时国家在留学人员回国政策、自费出国留学人员政策等方面做了大量的努力与调整，逐渐形成了涵盖自费留学、公派留学、留学回国三部分的教育政策文件。由于关于留学人员政策的逐步完善，这一阶段的出国留学人员在数目上明显增多，成为高等教育国际化的一个主要特点。

概括来看，这一时期受政治方面的影响以及改革开放政策的实施和深入推进，高等教育国际化观念逐步形成，高等教育国际化得到了初步发展，但高等教育国际化形式单一，以人员流动为主。从政策来看，这一时期由于处于改革开放初期，这些政策是基于宏观层面提出的，尽管并未具体到微观层面的实施，但这些政策却对后期高等教育国际化的进一步发展具有一定的指导作用。

（三）扩大发展阶段（1992～2001年）

1992 年十四大召开，明确提出我国社会主义经济体制改革的目标是建设社会主义市场经济体制。以党的十四大为时间节点，高等教育的国际化进入扩大发展阶段。这一时期，主要的热点聚类有高等教育、国际化和留学生 3 个。这一时期，各国都在发展市场经济，世界经济呈大发展、大开放、大融合趋势。经济的发展对人才的需求逐渐增多，国际人才市场需要大量人才，推动了高等教育国际化在全球范围内的拓展。因此，这一时期，高等教育国际化的一个最直观的表现就是留学生规模急剧扩大。

1992 年，我国出国留学人数为 6540 人；到 2000 年时，出国留学人数已经上升至 38989 人，是 20 世纪 90 年代初期的近 6 倍。而来华留学人数也在这段时间突飞猛进，从 1980 年到 1996 年，我国先后接受了来自 160 多个国家和地区的 21 万名外国留学生，其中 1996 年一年就达 4.1 万人（王留栓，1998）。

随着出国留学人数和来华留学人数的增多，相关的研究也就随之而来。通过对“留学生”所包含的关键词进行查找发现，这一聚类所涵盖的内容有培养模式、国际化人才、教学模式、研究生教育等关键词。这一系列内容的讨论，丰富了高等教育国际化的内涵。

另外，随着以信息技术革命为中心的高新技术，尤其是现代通信、国际信息网络等的迅猛发展，世界经济逐渐融为一体。经济全球化成为世界经济发展的产物，而它又进一步推动了经济的发展，为高等教育国际化提供了物质基础。同时，经济全球化要求包括资本、人才、科技在内的生产要素在全球范围内自由流动和组合，这就要求高校必须培养高素质人才，加强国际交流与合作。《服务贸易总协定》（GATS）于1995年正式生效，使教育在全球范围内进行商业化、市场化运作，加速了高等教育国际化发展的进程，各国的利益相关者开始积极参与到教育贸易中来，各层面的国际教育活动纷至沓来，高等教育国际化内容更为丰富（田泽忠、陈君、王新然，2017）。高等学校除了大规模招收留学生外，国际合作项目、联合办学、国际研究、国际课程等内容也纷纷在各高校出现。王留栓、褚骊从发展教育出口产业着手，对澳大利亚的高等教育国际化从发展进程、主要特征两方面进行了概述，提出高等教育国际化进程是国家间的互动、互利、互惠行为，具有诸多好处值得我国借鉴，我国高等教育国际化应根据国情，从五个方面着手，走有中国特色的国际化道路（王留栓、褚骊，1999）。张民选（1999）从经济利益方面分析教育国际化与经济间的关系，指出发达国家利用教育国际化进程的四条途径来获取经济利益，表明高等教育本身就是一项重要的知识产业，发展中国家在此过程中付出了巨大的代价，但是这一代价是难以避免的，发展中国家要想使本国的科技赶上世界先进水平，必须坚持开放，培养人才，努力扩大外国留学生规模，积极争取参与国际科研和咨询项目等。

概括来看，这一时期高等教育的国际化发展深受经济方面的影响，国际化内容也从单一的派出留学生到出国留学、来华留学、人才培养、高等学校间交流与联合办学等方面，奠定了高等教育国际化在教育国际化领域中的核心地位。

（四）快速发展阶段（2002～2012年）

经过上一时期高等教育国际化的扩大发展，这一时期我国经济持续发力，推动高等教育领域不断扩大，进入规模扩张的快速发展阶段。从分析来看，这一时期的聚类包含“人才培养”和“孔子学院”。2001 年底，我国加入世界贸易组织（WTO），中国同时面临来自经济全球化和 WTO 的挑战。根据 GATS，“教育服务”也被纳入服务贸易范畴，这就意味着 WTO 成员方要遵守协定，开放教育市场。同时，GATS 第 13 条规定：除了由各国政府彻底自主的教学活动以外（如军事院校），凡收取学费、带有商业性质的教学活动均属于教育服务贸易范畴，所有 WTO 成员方均有权参与教育服务竞争（何万宁，2001）。这一协定的提出使得高等教育国际化的参与者已不仅仅限于高校，国家政府、非政府组织、营利机构、私立高校等部门也都积极地参与到各项国际教育活动中，目的是在这一过程中获得经济利益。但由于高等教育的国际化是以经济利益驱动的，其隐藏的弊端逐步显露，许多机构为了增加经济利益，变得急功近利，成为学位和知识出口的贸易机构。同时，发达国家为吸引人才，提供了优厚待遇，使得包括中国在内的许多发展中国家人才严重流失，这一系列问题的出现使人们对高等教育的国际化进行了深入的思考。

可以看出，人才培养无论是在哪一个时期都被置于重要的地位。中国加入 WTO，会有越来越多的人才在中国和世界各国之间流动，这就要求相关人员必须通晓国际贸易法律、法规和习惯，了解国际教育发展水平和动向。因此，人才的培养模式和标准必须与国际接轨（卢铁城，2001）。而高等教育作为人才培养的主要阵地，就必须适时做出相关调整，确保能培养出复合型人才，满足市场需要。这一时期人才“走出去”与“请进来”双向发力，高校机构之间学者访学、开展讲座、聘请专家等活动不断增多。我国引智引才等一系列政策相继推出，吸引了大量的外籍专家和人才。同时，国内各高校间的交流活动也十分频繁，推动了高等教育的内涵式发展。

通过对“孔子学院”所包含的关键词进行分析，该聚类下的关键词主要包含孔子学院、中外合作办学、境外办学、国际交流与合作、培养模式等内容。“教育服务”有四种方式：一是提供远程教育服务；二是鼓励出国留学；三是提倡境外办学；四是鼓励专业人才流动。根据这四种方式，这一聚类主要与“教育服务”方式的第三点相一致，表明这一时期我国在境外办学方面有很大的建树。国家出台了一系列政策推动中外合作办学、境外办学以及孔子学院的发展。2003年国务院颁布的《中外合作办学条例》是我国的第一份中外合作领域的行政法规，随后《中外合作办学条例实施办法》等一系列文件的出台，规范了中外合作办学的建设。截至2012年，全国共举办中外合作办学项目和机构1765个。关于境外办学，《国家中长期教育改革和发展规划纲要（2010～2020年）》提出要“推动高水平教育机构海外办学，加强教育国际交流，广泛开展国际合作和教育服务”。在这一政策的鼓舞下，2011年我国第一所境外大学老挝苏州大学成立。在孔子学院发展方面，该纲要强调，要支持国际汉语教育，提高孔子学院办学质量和水平。2004年，全球第一所孔子学院在韩国首尔成立，2007年设立汉语国际教育硕士专业学位。这一系列教育活动的推出，使得高等教育国际化在广度和深度上都得到了扩展。

概括来看，高等教育国际化的发展在这一时期仍受到来自经济方面的影响，而从事高等教育国际化的机构也从最初单一的高校发展到各种国际机构和组织，高等教育国际化增添了新的内容，总体表现为内容广泛、全球化特征十分显著。

（五）提质增效阶段（2012年至今）

党的十八大以来，以习近平同志为核心的党中央对内从教育是民生大计、对外从教育服务中国特色大国外交的战略高度，将教育视为人民对美好生活向往之首，是建设人类美好社会、推动人类文明进步的强大力量和促进中外民心相通、助力构建人类命运共同体的重要力量（熊建辉，2019）。习近平总书记关于教育的重要论述将教育对外开放置于前所未有的高度，特别是提出大学肩负“国际交流与合作”的职能，首次将大学的使命上升至推动人的全面发展、实现民族复兴和构建人类命运共同体、促进人类进步等内容上来。以十八大的成功召开为新的起点，中国高等教育国际化开启了新时代转型升级、提质增效、内涵发展，更好服务支撑做强中国教育和社会主义现代化强国建设的新征程。

三　中国高等教育国际化发展趋势

通过对新中国高等教育国际化研究的 70 年文献从研究作者、研究机构、研究热点和研究趋势四个方面进行分析，我们发现，中国的高等教育国际化发展从最初的探索起步到逐步发展壮大，再到提质增效、转向内涵式发展，积累了相当数量的研究文献，聚集了一大批核心研究力量，总体上形成了突出的核心研究主题。随着高等教育国际化的进一步发展，前沿性研究主题频现，为进一步拓展和深化高等教育国际化的发展提供了新的视野。

为进一步明确新时代中国高等教育国际化的发展情况，本文结合已有分析，剖析关键词“双一流”建设，得出该聚类包含职业教育、双向留学、“一带一路”、人文交流、“双一流”建设等内容。

第一，高等职业教育作为中国高等教育结构体系中的重要组成部分，其国际化的发展在新时代得到显著提升。2016 年 7 月，教育部印发《推动共建“一带一路”教育行动》，专门对职业教育“走出去”提出了明确的要求，即要发挥政府引领、行业主导作用，促进高等学校、职业院校与行业企业深化产教融合；鼓励中国优质职业教育配合高铁、电信运营等行业企业走出去，探索开展多种形式的境外合作办学，合作设立职业院校、培训中心，合作开发教学资源和项目，开展多层次职业教育和培训，培养当地急需的各类“一带一路”建设者。以此为标志，中国职业教育国际化水平不断提升，成为新时代中国高等教育国际化发展新的着力点和增长点。

第二，双向留学进入提升完善新阶段。回顾新中国 70 年的留学工作，无论是出国留学还是来华留学，都获得了长足的发展，留学规模不断扩大，留学效益显著提高。2013 年，习近平总书记提出“支持留学、鼓励回国、来去自由、发挥作用”的留学工作方针。此后，学成归国的人数比例稳步增长。根据 2018 年教育部公布的数据，改革开放 40 年来，学成归国人数占全部已完成学业人数的比例为 83.73%，而这一比例在

2011 年仅为 72.02%①。2016 年中共中央办公厅、国务院办公厅印发的《关于做好新时期教育对外开放工作的若干意见》，提出要“加快留学事业发展，提高留学教育质量”，留学工作质量得到保障，成效显著。据统计，2017 年，我国出国留学人数已经突破 60 万大关。与此同时，我国的来华留学教育同样获得了新的提升和发展。自 2013 年提出“一带一路”倡议以来，来华留学生数量迅猛增长，中国正从全球主要的人才流失国逐渐转变为主要的人才获得国，正实现在全球范围内的人才循环（刘进、陈劲，2018）。留学人员作为国与国之间文化交流的使者，在增进民心相通、包容互鉴方面起着重要的作用。随着来华留学人员国别的增多，高校与相应国高校之间的交流也日渐频繁，这不仅增进了高校间的友谊，而且对中国文化“走出去”起到了促进的作用。同时，随着来华留学人员数量和种类的双向增多，我国在来华留学招生政策、来华留学招生管理、来华留学人才培养等方面加大了关注力度，各方面得到了提升。总之，新时代的双向留学不仅从数量上得到了大幅提升，而且在质量上得到了相关政策的保障。

第三，这一时期，以习近平同志为核心的党中央高度重视中外人文交流工作，通过完善人文交流机制，创新人文交流方式，在更大范围、更高层次上推进了不同文明交流互鉴。2000 年尤其是十八大以来，中国先后与俄罗斯、美国、英国、法国、欧盟、印尼、德国、南非、印度、日本等国家和国际组织建立了一系列高级别人文交流机制，完成了中外人文交流的战略布局；同时，在“一带一路”倡议提出并实施过程中，中国与共建国家开展广泛的合作，促进了不同国家、不同文化的人文交流更上一层楼，为推进构建人类命运共同体贡献了中国力量。

第四，这一时期最突出的研究热点是“一带一路”和“双一流”建设。“一带一路”作为国家政治经济外交的重大战略，给高等教育国际化带来了新的使命、新的任务和新的要求。一方面，“一带一路”建设立足国际，主

① 教育部：《2017 年出国留学、回国服务规模双增长》，（2018－03－30）［2018－07－25］，http：//www. moe. gov. cn/jyb_ xwfb/gzdt_ gzdt/s5987/201803/t20180329_ 331771. html。

张跨区域文化交流、人才培养国际化、学术组织国际化、校际合作国际化等新理念（白鹭，2015），这就要求我们要将这些理念贯穿于高等教育国际化建设的全过程，变单向的“请进来”为“请进来”与“走出去”并重，从“输入国”朝着“输出国”发展，向共建国家输出本国高等教育，培养国家急需的“五类人才”。另一方面，“一带一路”建设使得中国与世界的联系越来越密切，高校间人才的竞争已不仅仅限于国内，我国高校同样面临来自世界各地的人才竞争，这就要求高校反思当前存在的问题，扩大交流与合作，主动学习和借鉴世界先进的思想观念、教育管理、课程与评价、办学经验等，从而推动高等教育朝向更深层次发展。“双一流”建设是党中央、国务院在新的历史时期为加快我国高等教育强国建设做出的重大战略决策部署。虽然目前我国高等教育国际化取得了长足的发展，但是国际化水平总体还比较低，研究及实践还存在不少问题，还未契合我国高等教育事业发展，与我国大国地位不相符。对于高校而言，国际化是衡量大学办学水平的重要指标，是世界一流大学的基本特征（任友群，2016）。纵观世界范围的一流大学，国际化都是其发展战略的重要组成部分，而建设“双一流”大学不仅有利于推动新时代教育强国建设，同时也能提高中国教育在世界的影响力，面向全球传播中国声音，从而吸引全球一流生源、师资队伍和教学资源等，为本土高等教育国际化发展奠定坚实基础，进而推动创造更广阔合作交流平台，促进互联互通，为构建人类命运共同体做出贡献。

总结这一时期高等教育国际化研究的发展，我国的高等教育国际化各方面得到深入发展，教育领域始终坚持党对教育事业的全面领导，加强顶层设计能力，从战略高度上对教育国际化进行了全面的指导，从而推动高等教育国际化朝着内涵式方向深入发展。

四　政策建议

基于以上新中国高等教育国际化研究 70 年文献的研究，我们发现，要进一步提升新时代高等教育国际化研究的质量和水平，更好服务中国高等教育国际化水平提升，更好支撑中国特色、世界水平的高等教育强国建设，可以重点从以下几个方面着力。

第一，加强机构和人员之间的深度合作与交流。从研究作者和研究机构的可视化图谱中，我们发现，我国高等教育国际化70年的发展历程中，存在研究作者和研究机构合作欠缺的现象。有鉴于此，建议在以后的研究中，学者间可以进行大量的合作研究。这样不仅有利于新的研究的提出，而且对于学者来说，也是相互借鉴、相互学习的过程，有利于加深对高等教育国际化的了解和教育资源的相互流通。对于机构来说，各研究机构应发挥各自优势，扩大交流与合作的机会与领域，鼓励教师学生“走出去”，并将先进的国际化理念、教学方法、教学模式等“引进来”。同时，可以建立长效的合作机制，加大合作鼓励力度，促进多学科、跨学科等多种形式的交流与合作，实现人才和资源的多向流通。

第二，加强对提升高等教育国际化发展的战略认识。虽然“提升我国教育国际化水平”已经在党中央、国务院层面的顶层设计文件中提出，并且教育国际化的战略重要性也日益深入人心，很多地方和院校也逐渐重视起教育国际化，但是从总体上看，一些地方院校对提升高等教育国际化的认识还局限于提高自身院校国际知名度层面上，重形式、轻内容、轻质量等现象仍在很大程度上存在，这不利于更好地提升中国高等教育国际化水平、服务中国教育现代化和国家现代化建设、提升中国国际影响力。因此，未来的高等教育国际化发展要在进一步提升战略认识上下功夫。

第三，发挥高校的基本职能，进一步提升高等教育国际化的内涵式发展。人才培养、科学研究、社会服务、文化传承与创新、国际交流与合作是我国新时代高等教育的五大基本职能。高校要始终将这五大职能贯穿于高等教育国际化发展的全过程，助力高等教育国际化朝向更深层次发展。要助力培养国家战略急需的“五类人才”，提升服务意识，推动高等教育国际化的发展为社会主义现代化建设服务；坚持“引进来”与“走出去”并重，在吸收他国文化的同时将本国优秀的文化带到世界各地，使得文化得以传承，并在融合世界各国文化的同时得到创新；要充分发挥国际交流与合作职能，尤其是与“一带一路”共建国家的交流与合作，加强教育互联互通、深化双边和多边教育合作，丰富中外人文交流，促进民心相通。

第四，在建设具有中国特色的高等教育国际化方面发力。在未来的教育国际化研究中，“一带一路”倡议、“双一流”建设以及职业教育国际化办学等相关领域将会成为新一轮研究前沿。这些关键词带有中国自身特色，有利于走中国特色的教育国际化道路。因此，建议未来的研究可以在探索具有中国特色的高等教育国际化方面发力。

第五，发挥党对教育事业的全面领导作用。从整个高等教育国际化 70 年的发展史来看，高等教育的国际化受包括政治、经济、文化、历史、学术在内的各方面因素的影响。而新时期由于党对教育事业的全面领导能力加强，高等教育无论是在人才培养、中外人文交流，还是在教育对外开放的各方面都得到了质的提升。因此，要坚定党对教育事业的全面领导，推动高等教育国际化以我为主、兼收并蓄，朝着更高水平更可持续方向发展，进而推动高等教育国际化为服务人的全面发展、教育强国建设、实现中华民族伟大复兴和构建人类命运共同体做出新的更大贡献。

参考文献

白鹭：《“一带一路”战略引领高等教育国际化的路径探讨》，《新西部》（理论版）2015 年第 15 期。

陈超美：《CiteSpace II：科学文献中新趋势与新动态的识别与可视化》，《情报学报》2009 年第 3 期。

陈昌贵：《1978～2006：我国出国留学政策的演变与未来走向》，《高教探索》2007 年第 5 期。

陈学飞：《谈谈美国高等教育国际化的若干基本要素》，《比较教育研究》1997 年第 2 期。

程今吾：《苏联高等教育情况介绍》，《人民教育》1951 年第 2 期。

龚放、赵曙明：《大学国际化——高等教育发展趋势》，《高等教育研究》1987 年第 4 期。

顾明远：《教育大辞典》，上海教育出版社，1998。

郭文斌：《知识图谱：教育文献内容可视化研究新技术》，《华东师范大学学报》（教育科学版）2016 年第 1 期。

何万宁：《经济全球化与高等教育国际化》，《暨南大学学报》（哲学社会科学版）2001 年第 23 期。

教育部：《中华人民共和国教育大事记（1949～1982）》，教育科学出版社，1984。

江彦桥：《我国对外教育政策研究》，华东师范大学博士学位论文，2006。

刘宝存、张继桥：《改革开放四十年教育对外开放政策变迁的历史考察》，《高校教育管理》2018 年第 6 期。

刘进、陈劲：《改革开放 40 年：面向“一带一路”的高等教育国际化转向》，《河北师范大学学报》（教育科学版）2018 年第 20 期。

卢铁城：《经济全球化与高等教育国际化》，《中国高教研究》2001 年第 11 期。

马叙伦：《五年来新中国的高等教育》，《人民教育》1954 年第 10 期。

任友群：《“双一流”战略下高等教育国际化的未来发展》，《中国高等教育》2016 年第 5 期。

舒志定：《高等教育国际化的内涵、特征与启示》，《外国教育资料》1998 年第 3 期。

宋文红、朱月娥：《21 世纪中国高等教育国际化的思考》，《高等理科教育》2002 年第 4 期。

田泽忠、陈君、王新然：《高等教育国际化概念框架演变趋势研究》，《中国成人教育》2017 年第 14 期。

王留栓：《高等教育的国际化及其中国特色之路》，《上海高教研究》1998 年第 3 期。

王留栓、褚骊：《澳大利亚高等教育国际化概述——从发展教育出口产业谈起》，《复旦教育》1999 年第 2 期。

王庆石、刘伟：《我国高等教育国际化的相关问题及其对策》，《现代教育管理》2009 年第 5 期。

魏腊云：《对全球化背景下高等教育国际化的哲学反思》，《理工高教研究》2002 年第 6 期。

伍宸、宋永华：《改革开放 40 年来我国高等教育国际化发展的变迁与展望》，《中国高教研究》2018 年第 12 期。

熊建辉：《我国教育国际化最新进展与宏观形势：新时代职业教育国际化发展战略与创新路径思考（上）》，《中国职业技术教育》2019 年第 12 期。

熊建辉：《高师院校教育研究国际化进展、学术影响力和趋势——基于 WOS 数据库 2013～2016 年的文献计量学研究》，《中国人民大学教育学刊》2017 年第 3 期。

杨德广、王勤：《从经济全球化到教育国际化的思考》，《教学研究》2000 年第 4 期。

张民选：《经济利益：发达国家在高等教育国际化中的一大收获》，《教育发展研究》1999 年第 11 期。

A·A. 福民、李敬永：《苏联高等教育的改革——在京津高等学校院系调整座谈会上的讲话》，《人民教育》1952 年第 9 期。

Knight, J., *Internationalisation: Elements and Checkpoints*, Canadian Bureau for International Education, Ottawa, 1994.

Callan, H., "Higher Education Internationalization Strategies: Of Marginal Significance or All-pervasive?," *Higher Education in Europe*, 2000, 25 (1): 15–23.

B.11
普通本科院校教学质量及影响因素调查研究

刘自团　彭华安*

摘　要： 本科教学质量是高等教育质量的生命线。本文通过对59所普通本科院校（包括11所独立学院）的3037份教师问卷和29898份学生问卷的分析，明晰了当前不同类型本科院校教学质量的现状和关键制约因素。并据此提出了进一步提升本科院校教学质量的建议：构建以“学”为中心的人才培养机制，建立以学习成果为核心、强调学习增值的人才教学质量评价制度；构建以提升教学能力和实践能力为重点的教师发展计划和教学支持体系，切实提高教师薪资待遇，不断完善教师评聘制度和考核奖励机制；加强实习和实践环节，改善实训、实验条件，进一步强化实践教学；优化课程设置和结构，重视并增强教学内容的实用性，合理增加课程难度；以立德树人为中心，以提升大学生创新精神和实践能力为重点，及时调整人才培养结构和培养模式。

关键词： 普通本科院校　教学质量　教学评价

* 刘自团，博士，江苏省教育科学研究院高等教育研究所副研究员，主要研究方向为高等教育改革与社会发展；彭华安，博士，江苏省教育科学研究院高等教育研究所副研究员，主要研究方向为教育政策。

中国是一个高等教育大国，截至2017年底，共拥有1243所普通本科院校（其中独立学院265所），本科在校生人数1648.63万人。中国高等教育正在由“高教大国”向“高教强国”转变。“高教强国”要求高质量的本科教学，准确把握当前中国本科院校教学质量的现状，理清其主要影响因素，并提出进一步的提升策略是中国建设“高教强国”的根本要求。全国150所高校于2018年6月21日联合发出《成都宣言》，表示“将把本科教育放在人才培养的核心地位、教育教学的基础地位、新时代教育发展的前沿地位，加快建设一流本科教育，为中国高等教育强基固本”。

本报告在梳理已有文献和借鉴已有研究的基础上设计了《普通本科院校教学质量影响因素调查问卷》（分教师卷和学生卷2份），就本科教学质量的相关问题，组织开展了普通本科高校在读学生和教师的问卷调查。共有59所本科院校（包括11所独立学院）参与了问卷调查，共回收教师问卷3040份，学生问卷30203份，剔除掉无效问卷后，有效的教师问卷为3037份，有效的学生问卷为29898份（见表1）。

表1　普通本科院校教学质量调查样本分布情况

高校类型	高校数（所）	教师		学生	
		人数（人）	比例（%）	人数（人）	比例（%）
一流大学建设高校	2	64	2.11	497	1.66
一流学科建设高校	13	631	20.78	5329	17.82
非双一流建设普通本科高校	33	1645	54.17	17348	58.02
独立学院	11	697	22.95	6724	22.49
合　计	59	3037	100	29898	100.00

一　本科院校师生对教学质量认识和对本专业教学质量评价的调查分析

（一）不同类型本科院校师生对教学质量的认识

《普通本科院校教学质量影响因素调查问卷》的教师卷和学生卷中均设

计有“您认为下列各项在多大程度上体现（或反映、代表）了教学质量”一题，共列出了11个题目，每个题目按照“很能体现、较能体现、有点能体现和不能体现”4个等级让被调查者做出评价。调查结果显示，不同类型的本科高校师生对本科教学质量的认识存在一定的差异：一流学科建设高校的教师认为“考试成绩”很能体现和较能体现教学质量，比例排在11个选项的第1位，其他类型本科高校教师则把“校友在招聘人才和学生报考大学时对母校的推荐度”排在第1位；一流大学建设高校学生把“校友在招聘人才和学生报考大学时对母校的推荐度”排在第1位，其他类型本科高校学生则把“用人单位对毕业生的满意度”排在第1位（见表2）。

表2　不同类型本科院校师生对各指标体现教学质量的程度的评价

单位：位

选项	一流大学建设高校		一流学科建设高校		非双一流建设普通本科高校		独立学院	
	教师	学生	教师	学生	教师	学生	教师	学生
考试成绩	3	9	1	9	3	11	2	11
职业技能竞赛获奖	5	8	4	7	4	8	3	7
职业资格证书获得	9	11	9	10	7	7	5	6
毕业设计	2	10	3	11	2	10	4	9
毕业生就业率	4	7	8	5	9	5	9	5
毕业生就业对口率	7	6	5	4	5	6	6	8
毕业生平均起薪水平	10	5	10	8	10	9	10	10
毕业生对就业的满意度	10	3	10	3	10	4	10	3
毕业生就业的稳定性	5	4	6	6	6	3	7	4
用人单位对毕业生的满意度	8	2	7	1	8	1	8	1
校友在招聘人才和学生报考大学时对母校的推荐度	1	1	2	2	1	2	1	2

注：表中的排序是根据对该选项回答为“很能体现”和“较能体现”的人数比例所进行的，限于篇幅，比例的具体数据不再列出。

在对教学质量的认识方面，本科院校的师生存在明显的错位。在11个体现教学质量的选项中，各类型本科院校的学生列入前5位的选项基本都与就业相关，而各类型本科院校的教师列入前5位的选项除了“校友在招聘人才和学生报考大学时对母校的推荐度”外，其余都是诸如“毕业设计”

"考试成绩""职业技能竞赛获奖"。即学生把高质量的教学落脚在高质量的就业上，而教师则认为高质量的教学应体现在学生学习的效果上。

（二）不同类型本科院校师生对本专业教学质量的总体评价

《普通本科院校教学质量影响因素调查问卷》的教师卷和学生卷中均要求被调查者对本专业教学质量做总体评价，选项包括"很好、较好、一般、较差和很差"五个等级。从调查数据来看，一流大学建设高校、一流学科建设高校、非双一流建设普通本科高校和独立学院教师评价本专业教学质量"很好"和"较好"的比例分别为89.06%、82.88%、81.82%和85.08%，学生认为本专业的教学质量"很好"和"较好"的比例分别为81.09%、78.03%、74.27%和70.95%（见表3）。上述比较发现，与同类型高校的教师相比，学生对本专业教学质量的总体评价明显较低，且随着办学水平的由高到低，学生对本专业教学质量的总体评价也在逐步降低。

表3　不同类型本科院校师生对本专业教学质量的总体评价

高校类型	教师		学生	
	比例(%)	排序	比例(%)	排序
一流大学建设高校	89.06	1	81.09	1
一流学科建设高校	82.88	3	78.03	2
非双一流建设普通本科高校	81.82	4	74.27	3
独立学院	85.08	2	70.95	4

注：表中统计的是回答"很好"和"较好"的人数比例。

二　本科院校师生对毕业生知识、能力和素质的重要性认识及对本专业毕业生知识、能力和素质现状满意度评价的调查分析

（一）不同类型本科院校教师对毕业生知识、能力和素质的重要性认识及对本专业毕业生知识、能力和素质现状的满意度评价

教师对毕业生知识、能力和素质的重要性认识及现状满意度评价的测量

是通过教师卷中“请判断下列知识、能力或素质对毕业生的重要性？并对本专业毕业生的这些方面进行满意度评价？”这个题目来实现。对重要性的评价包括“非常重要、比较重要、一般、不太重要和完全不重要”五个等级，对现状满意度的评价包括“非常满意、比较满意、一般、不太满意和完全不满意”五个等级。由表 4 可知，“职业修养”和“分析、综合能力”是一流大学建设高校教师评价重要性程度较高但满意度评价相对较低的项目；“学习能力”“分析、综合能力”“实践动手能力”是一流学科建设高校教师评价重要性程度较高但满意度评价相对较低的项目；“分析、综合能力”“学习能力”是非双一流建设普通本科高校教师评价重要性程度较高但满意度评价相对较低的项目；“学习能力”“实践动手能力”“吃苦耐劳品质”是独立学院教师评价重要性程度较高但满意度评价相对较低的项目。

表 4　不同类型本科院校教师对毕业生知识、能力和素质的重要性认识及满意度评价

知识、能力或素质	一流大学建设高校		一流学科建设高校		非双一流建设普通本科高校		独立学院	
	重要性排序	满意度排名	重要性排名	满意度排名	重要性排名	满意度排名	重要性排名	满意度排名
道德修养	1	1	1	1	1	1	1	1
职业修养	3	8	3	3	3	2	3	3
专业知识	7	11	11	2	10	4	11	6
实践动手能力	8	8	6	10	5	7	5	9
外语应用能力	16	8	16	13	16	14	16	14
计算机应用能力	15	1	14	4	14	8	14	7
信息搜集与处理能力	8	4	10	9	11	10	10	10
批判、创新精神	12	16	12	16	12	15	12	15
分析、综合能力	5	12	5	11	7	13	9	13
沟通、表达能力	2	4	4	6	4	5	4	4
组织管理能力	13	13	13	12	13	11	13	8
学习能力	3	3	2	8	2	9	2	11
团队精神	8	7	8	7	8	6	8	5
身体、心理素质	6	4	7	5	6	3	6	2
吃苦耐劳品质	11	14	9	14	9	12	7	12
国际视野	14	15	15	15	15	16	15	16

注：①重要性排序是采用重要指标统计方法（Importance Index）对知识、能力或素质项目进行的重要性排名；②满意度排名是根据对该选项回答为“非常满意”和“比较满意”的人数比例所进行的。

（二）不同类型本科院校学生对毕业生知识、能力和素质的重要性认识及对本专业毕业生知识、能力和素质现状的满意度评价

学生对毕业生知识、能力和素质的重要性认识及现状满意度评价的测量是通过学生卷中“请判断下列知识、能力或素质对毕业生的重要性？并对本专业毕业生的这些方面进行满意度评价？”这个题目来实现。由表5可知，“创新能力”“沟通、表达能力”是一流大学建设高校学生认为比较重要但实际满意程度不够高的项目；“综合能力”“沟通、表达能力”“实践动手能力”是一流学科建设高校学生认为比较重要但实际满意程度不够高的项目；“综合能力”“沟通、表达能力”是非双一流建设普通本科高校和独立学院学生认为比较重要但实际满意程度不够高的项目。“沟通、表达能力”是各类型本科高校教师都认为比较重要但实际满意程度不够高的项目。

表5　本科院校学生对毕业生知识、能力和素质的重要性认识及满意度评价

知识、能力或素质	一流大学建设高校		一流学科建设高校		非双一流建设普通本科高校		独立学院	
	重要性排序	满意度排名	重要性排名	满意度排名	重要性排名	满意度排名	重要性排名	满意度排名
道德修养	5	1	4	1	2	1	2	1
国际视野	15	16	15	16	15	17	16	17
专业知识	11	15	12	15	12	15	13	16
实践动手能力	8	12	7	12	7	10	8	10
外语应用能力	17	18	16	18	16	18	17	18
计算机应用能力	16	16	17	17	17	16	15	15
信息搜集与处理能力	13	8	13	9	14	11	14	11
批判精神	18	13	18	13	18	13	18	13
创新能力	9	14	10	14	10	14	10	14
分析能力	6	6	6	7	9	7	9	7
综合能力	4	7	1	8	3	8	3	9
沟通、表达能力	3	10	5	10	4	9	4	8
组织管理能力	14	11	14	11	13	12	12	12

续表

知识、能力或素质	一流大学建设高校		一流学科建设高校		非双一流建设普通本科高校		独立学院	
	重要性排序	满意度排名	重要性排名	满意度排名	重要性排名	满意度排名	重要性排名	满意度排名
学习能力	1	4	3	5	5	6	6	6
团队精神	7	2	8	2	6	3	4	3
心理素质	2	5	2	4	1	4	1	4
身体素质	12	9	11	6	11	5	11	5
吃苦耐劳品质	10	3	9	3	8	2	7	2

注：①重要性排序是采用重要指标统计方法（Importance Index）对知识、能力或素质项目进行的重要性排名；②满意度排名是根据对该选项回答为“非常满意”和“比较满意”的人数比例所进行的。

三　本科院校师生对教学质量影响因素的认识及满意度评价的调查分析

（一）本科院校教师对教学质量影响因素的认识及满意度评价

教师对本科教学质量影响因素的认识及对本专业教学质量各影响因素满意度评价的测量是通过教师卷中“请判断下列各项对教学质量的影响程度？并对本专业的现状进行满意度评价？”这个题目来实现。对本科教学质量影响因素的认识包括“很大影响、较大影响、一般、较小影响和没有影响”五个等级，对本专业教学质量各影响因素的满意度评价包括“非常满意、比较满意、一般、不太满意和很不满意”五个等级。由表6可知，“教师待遇”是一流大学建设高校教师认为影响较大但满意度相对较低的教师因素；“教师待遇”“教师实践能力”和“教学内容的实用性”是一流学科建设高校、非双一流建设普通本科高校和独立学院教师认为影响较大但满意度相对较低的教师因素。其中，“教师待遇”是各类型本科高校教师都认为比较重要但实际满意程度不够高的项目。

表 6　本科院校教师对影响教学质量的教师因素的认识及满意度评价

知识、能力或素质	一流大学建设高校		一流学科建设高校		非双一流建设普通本科高校		独立学院	
	影响程度排名	满意度排名	影响程度排名	满意度排名	影响程度排名	满意度排名	影响程度排名	满意度排名
教师专业素养	1	2	1	2	1	4	1	4
教师实践能力	4	7	3	10	3	9	3	10
教师科研能力	11	10	11	10	11	12	14	13
教师职业道德	2	3	2	3	2	2	2	1
教学方法	3	6	4	6	4	7	4	6
教师使用多媒体教学	13	1	14	1	13	1	12	2
教学技能比赛	17	11	17	12	17	10	16	9
教师批改作业及时、细致	12	7	13	8	14	6	13	7
教师评价学生（含考试）客观、公平	8	3	9	4	10	5	10	5
企业等外单位人员参与教学	15	15	16	16	15	15	15	14
教风	5	5	5	5	5	3	6	3
教师一定的教龄	16	7	15	7	16	8	16	8
教师工作量	14	14	12	14	12	14	11	15
教师待遇	5	17	7	17	7	17	7	17
教师参加培训与交流的机会	10	16	10	15	9	16	9	16
教学内容的实用性	9	13	6	13	6	13	5	12
教学内容的难易度	7	12	8	9	7	11	8	11

注：①影响程度排名是根据对该选项回答为“很大影响”和“较大影响”的人数比例所进行的；②满意度排名是根据对该选项回答为“非常满意”和“比较满意”的人数比例所进行的。

由表 7 可知，“学生对课程的兴趣”“学生参与课堂的积极性”是一流大学建设高校教师认为影响较大但满意度相对较低的学生因素；“学风”“学生对课程的兴趣”“学生参与课堂的积极性”是一流学科建设高校、非双一流建设普通本科高校和独立学院教师认为影响较大但满意度相对较低的学生因素。“学生对课程的兴趣”“学生参与课堂的积极性”是各类型高校教师都认为影响较大但满意度相对较低的学生因素。

表 7　本科院校教师对影响教学质量的学生因素的认识及满意度评价

知识、能力或素质	一流大学建设高校		一流学科建设高校		非双一流建设普通本科高校		独立学院	
	影响程度排名	满意度排名	影响程度排名	满意度排名	影响程度排名	满意度排名	影响程度排名	满意度排名
学生的智力水平	9	1	10	1	10	2	10	2
学生的身体、心理健康	8	3	6	2	7	1	7	1
学生的学业基础	4	2	5	3	5	8	6	8
学生对课程的兴趣	1	9	2	10	2	11	2	10
学生选修课程的自由度	11	9	11	9	11	9	12	9
学生课业负担的合理性	9	8	9	6	8	6	9	5
学生参与课堂的积极性	2	9	3	11	3	12	4	12
学生参加职业技能竞赛	12	12	12	12	12	10	11	11
学生评价教师客观、公平	7	7	8	8	9	5	8	6
学生的就业前景	6	4	7	4	6	3	5	3
学风	2	4	1	7	1	7	1	7
课堂纪律	5	4	4	5	4	4	3	4

注：①影响程度排名是根据对该选项回答为"很大影响"和"较大影响"的人数比例所进行的；②满意度排名是根据对该选项回答为"非常满意"和"比较满意"的人数比例所进行的。

由表 8 可知，"人才培养方案的科学性和合理性""教学奖励机制"是一流大学建设高校教师认为影响较大但满意度相对较低的管理因素；"学校评聘教师的客观性和公平性"是一流学科建设高校教师认为影响较大但满意度相对较低的管理因素；"教学奖励机制"是非双一流建设普通本科高校和独立学院教师认为影响较大但满意度相对较低的管理因素。

表 8　本科院校教师对影响教学质量的管理因素的认识及满意度评价

知识、能力或素质	一流大学建设高校		一流学科建设高校		非双一流建设普通本科高校		独立学院	
	影响程度排名	满意度排名	影响程度排名	满意度排名	影响程度排名	满意度排名	影响程度排名	满意度排名
领导的素质和能力	5	1	5	1	5	1	5	1
人才培养方案的科学性和合理性	1	4	1	2	1	2	1	2
教学管理制度	2	2	3	3	2	4	2	3
教学督导与教学质量监控	6	2	6	4	6	3	6	3

续表

知识、能力或素质	一流大学建设高校		一流学科建设高校		非双一流建设普通本科高校		独立学院	
	影响程度排名	满意度排名	影响程度排名	满意度排名	影响程度排名	满意度排名	影响程度排名	满意度排名
教学奖励机制	3	6	4	6	3	6	3	6
学校评聘教师的客观性和公平性	3	5	2	5	4	5	4	5

注：①影响程度排名是根据对该选项回答为“很大影响”和“较大影响”的人数比例所进行的；②满意度排名是根据对该选项回答为“非常满意”和“比较满意”的人数比例所进行的。

一流大学建设高校和一流学科建设高校教师认为“实训、实验条件”和“实习机会”是影响较大但满意度相对较低的条件及其他因素；“实训、实验条件”和“班级规模（能否小班教学）”是非双一流建设普通本科高校教师认为影响较大但满意度相对较低的条件及其他因素；“实训、实验条件”“班级规模（能否小班教学）”和“实习机会”是独立学院教师认为影响较大但满意度相对较低的条件及其他因素。其中，“实训、实验条件”是各类型高校教师都认为影响较大但满意度相对较低的条件及其他因素（见表9）。

表9　本科院校教师对影响教学质量的条件因素的认识及满意度评价

知识、能力或素质	一流大学建设高校		一流学科建设高校		非双一流建设普通本科高校		独立学院	
	影响程度排名	满意度排名	影响程度排名	满意度排名	影响程度排名	满意度排名	影响程度排名	满意度排名
学校网络教学资源	5	1	7	2	7	4	7	4
学术图书资源	7	1	6	1	6	2	6	2
班级规模（能否小班教学）	2	3	3	5	3	8	2	7
实训、实验条件	2	7	2	6	2	5	1	6
实习机会	2	6	4	7	4	6	4	8
师生关系融洽、课外交流多	1	3	1	3	1	1	3	1
校友的反馈和建议	8	8	8	8	8	7	8	5
学风、校风及规章制度建设	6	3	5	4	5	3	5	3

注：①影响程度排名是根据对该选项回答为“很大影响”和“较大影响”的人数比例所进行的；②满意度排名是根据对该选项回答为“非常满意”和“比较满意”的人数比例所进行的。

（二）本科院校学生对教学质量影响因素的认识及满意度评价

学生对本科教学质量影响因素的认识及对本专业教学质量各影响因素满意度评价的测量是通过学生卷中“请判断下列各项对教学质量的影响程度？并对本专业的现状进行满意度评价？”这个题目来实现。由表 10 可知，“教学方法”是各类型本科高校学生均认为影响较大，但满意度较低的教师因素。

表 10 本科院校学生对影响教学质量的教师因素的认识及满意度评价

知识、能力或素质	一流大学建设高校		一流学科建设高校		非双一流建设普通本科高校		独立学院	
	影响程度排名	满意度排名	影响程度排名	满意度排名	影响程度排名	满意度排名	影响程度排名	满意度排名
教师专业水平	2	2	2	2	3	3	3	4
教师实践能力	6	6	5	5	5	6	5	6
教师职业道德	3	1	2	1	2	1	2	1
教学方法	1	7	1	7	1	8	1	7
教师使用多媒体教学	8	3	8	4	8	4	8	2
教师批改作业及时、细致	7	8	7	8	7	7	7	8
教师评价学生（含考试）客观、公平	5	5	6	6	6	5	6	5
企业等外单位人员参与教学	9	9	9	9	9	9	9	9
教风	4	4	4	3	4	2	4	3

注：①影响程度排名是根据对该选项回答为“很大影响”和“较大影响”的人数比例所进行的；②满意度排名是根据对该选项回答为“非常满意”和“比较满意”的人数比例所进行的。

由表 11 可知，“学生课业负担的合理性”“学生参与课堂的积极性”是一流大学建设高校学生认为影响较大，但满意度相对较低的因素；“学生参与课堂的积极性”是一流学科建设高校、非双一流建设普通本科高校和独立学院学生认为影响较大，但满意度相对较低的因素。其中，“学生参与课堂的积极性”是各类型本科高校学生都认为影响较大但满意度相对较低的学生因素。

表 11　本科院校学生对影响教学质量的学生因素的认识及满意度评价

知识、能力或素质	一流大学建设高校		一流学科建设高校		非双一流建设普通本科高校		独立学院	
	影响程度排名	满意度排名	影响程度排名	满意度排名	影响程度排名	满意度排名	影响程度排名	满意度排名
学生已有的学业基础	5	4	5	6	5	6	5	6
学生选修课程的自由度	7	5	7	4	7	4	7	5
学生课业负担的合理性	2	7	3	5	4	5	4	4
学生参与课堂的积极性	3	6	2	7	2	7	2	7
学生参加职业技能竞赛	8	8	8	8	8	8	8	8
学生评价教师客观、公平	6	1	6	1	6	1	6	1
课堂纪律	4	3	4	2	3	3	3	3
学风	1	2	1	2	1	2	1	2

注：①影响程度排名是根据对该选项回答为“很大影响”和“较大影响”的人数比例所进行的；②满意度排名是根据对该选项回答为“非常满意”和“比较满意”的人数比例所进行的。

由表 12 可知，“学生的就业前景”“实习机会”是各类型本科高校学生都认为影响较大但满意度相对较低的管理及条件因素。

表 12　本科院校学生对影响教学质量的管理和条件因素的认识及满意度评价

知识、能力或素质	一流大学建设高校		一流学科建设高校		非双一流建设普通本科高校		独立学院	
	影响程度排名	满意度排名	影响程度排名	满意度排名	影响程度排名	满意度排名	影响程度排名	满意度排名
教学管理有序、课程安排合理	1	2	2	1	3	1	2	1
教学内容的实用性	2	5	1	3	1	3	1	3
学校网络教学资源	8	3	8	4	8	4	8	4
学校图书资源	7	1	7	2	7	2	7	2
校园网速度	10	10	10	10	10	10	10	10
师生关系融洽、课外交流多	4	7	5	5	5	6	5	5
班级规模(能否小班教学)	9	4	9	7	9	7	9	7
实训、实验条件	6	6	6	6	6	5	6	6
实习机会	5	9	4	8	4	9	4	9
学生的就业前景	3	8	3	9	2	8	3	8

注：①影响程度排名是根据对该选项回答为“很大影响”和“较大影响”的人数比例所进行的；②满意度排名是根据对该选项回答为“非常满意”和“比较满意”的人数比例所进行的。

四　进一步提升中国本科教学质量的对策建议

在上述数据调查分析的基础上，结合访谈的情况，本研究提出了如下提升中国本科教学质量的对策建议。

（一）构建以“学”为中心的人才培养机制，建立以学习成果为核心、强调学习增值的人才教学质量评价制度

一是树立“以学生为中心”的理念，建立起以“学”为中心的人才培养模式。其核心是实现人才培养过程从重“教”向促“学”转变，树立以能力培养、素质提升、人格塑造、个性彰显为重点的新型人才培养目标，加强对学生能力的培养，尤其要加强对学生“学习能力”“创新能力”“综合能力”“实践动手能力”和“沟通、表达能力”的培养。把创新型人才培养是高校的第一使命、教学工作是高校中心工作、教学质量是高校发展生命线的理念落到实处，下大力气把高校资源首先配置于教学领域，各种资源和办学条件优先倾向于教学一线。

二是要实施以“学”为中心的课堂教学，提高学生参与课堂教学的积极性。努力改变以教师为中心的知识传授型教学方式，逐步确立学生在学习中的主体地位。提升教师信息化教学的能力和素养，鼓励教师启发性、灵活性、探究性和创造性教学，改变满堂灌、填鸭式的教学方法，积极引入探究式、问题教学、任务驱动教学、合作学习等教学方法。营造独立思考、勇于创新的良好环境，加强师生互动，激发学生的学习兴趣，唤醒学生的学习自觉和内动力，提高学生参与课堂的积极性，把学生置于课堂教学的中心位置。注重培养学生的学习能力，引导学生学会学习、学会思考，要特别鼓励学生开展研究性学习和合作学习。加大对学生自主学习的支持力度，鼓励高校借助网络平台开设自主学习课程，其选题可由学生和教师共同商定，加强对学生学习策略和方法的指导和训练，提高学生学习的效率。

三是要完善以学生为中心、适应学生个性化发展需要的教学管理制度。

继续深化教学改革，全面推进学分制，其实施途径包括主辅修制、双专业制、多项技能等级证书制度等，进一步建立和完善跨学院、跨学校、跨类型、跨区域的选课制度及学分互认机制。努力消除各种人为的壁垒，让学生根据职业生涯规划、职业意愿和时间选择自己喜欢的课程。加强校际合作与交流，增加学生“第二校园”的经历，互补的学科优势、不同的教学风格、多元的校园文化熏陶在开阔学生视野的同时，也能提升学生的学习能力、适应能力和创新能力。

四是要实行以“学”为中心的教学质量评价保障体系。着重改变过去重于“教”及以资源性投入为重点的评价体系，把学生和学习作为教学质量保障体系建设的中心，重点关注学生的学业成果，把学习增值即学生变化的幅度作为重要的评价内容。

（二）构建以提升教学能力和实践能力为重点的教师发展计划和教学支持体系，切实提高教师薪资待遇，不断完善教师评聘制度和考核奖励机制

一是要完善本科院校教师教学能力发展计划，着力提升教师教学能力和实践能力。以教学名师队伍建设为重点，加强优秀教学团队建设，提高教师教学方法，提升教师教学能力，加速培养中青年教学骨干。坚持高标准引进人才，注重引进能够承担本科优质课程资源开发和建设的教师，努力提高引进教师承担本科教学任务的质量与数量。加强“双师型”教师培养和引进，通过送教师进企业挂职锻炼、请行业专家进课堂等方式，加大具有行业企业工作经历或职业资格的教师比例。大力实施教师海外学习和培训计划，提高本科院校具有海外学习经历的教师比例，扩大教师的国际视野，培养其国际化教学的能力。

二是要加快建立教师教学支持体系，用个性化的培训和指导引领教师专业发展。推进教师发展中心建设，制定高校教师发展中心建设规划，引导和支持高校将教师发展中心建设成为教师职业规划、专业培养和技能训练的专业性组织。鼓励和支持高校以教师教学发展中心为平台，结合本校教师队伍

建设的薄弱环节，如教师职业规划、教师知识与能力结构优化以及青年教师教学技能提升等，通过名师工作坊、新教师研习营、教学沙龙等方式，激励教师有针对性地开展教学学术研究和交流，逐步建立教师专业发展的长效机制，不断提升教师队伍的职业素养和专业化水平。此外，加强对教师专业发展的引导和支持，建立包括助教培养、新教师入职培训、在职教师专业发展等在内的完善的教师专业发展制度，增加教师参加培训与交流的机会，加大对教师教学能力培养的力度。

三是要提高教师待遇，完善晋升奖励机制。进一步改善教师待遇，特别是一流大学建设高校的教师待遇；完善教师评聘制度，增强学校评聘教师的客观性和公平性；健全教学奖励机制，激励教学优秀的教师“以教为乐”“以教为业”。

（三）加强实习和实践环节，改善实训、实验条件，进一步强化实践教学

一是要更加重视实践性教学环节。各高校要紧密结合本校的专业特点和人才培养的规格，积极探索科学合理的实习实训创新模式，增加学生的实践机会和有效参与度，适度增加实践教学的比重，不断改革实践教学的内容和方法，逐步改善实践教学的条件和实训设施，建立包括基础性、综合性、创新性、研究性等多种实验的实验教学体系。配齐配强实验室人员，鼓励高水平教师承担实验教学，加大学科实验室和研究项目等资源向学生开放的力度。有效利用生产实习、社会实践、科研训练、毕业实习等多种形式，加强与政府部门、行业企业的产学研合作，使行业企业成为品牌专业建设的重要力量和受益主体。

二是要充实提升校企合作创新实践中心建设水平。见习或实习是个很重要的载体，它能够把理论教学和实践教学很好地整合在一起，使两者相互伴随，相互渗透，有机地结合在一起。要建立稳定的学生社会实践基地，加强校企互动，除了鼓励学生参与企业工程实践外，还要定期邀请企业人员到课堂与学生进行指导交流，参与学校的课程设计。前者可以让学生进行实际操

作训练，最直观地了解和掌握当今社会的需求，后者可以把企业的资源和真实工作情境引入课堂，让学校根据社会现实并结合社会实践进行课程实验设计，工学结合，提高大学生的实践技能及解决实际问题的能力，拓展其可雇用性技能，不断提升其就业能力。

三是探索符合本科人才培养特点的实践教学体系。以提高学生专业实验技能，巩固理论知识、培养创新实践能力为目标，高标准、高起点、高质量推进本科实验教学示范中心建设。以培养学生的基本技能、专业应用能力和创新能力为目标，坚持“实际、实用、实效、实战”四项基本原则，实施产学合作计划，不断提高校企合作水平，依托大中型企业和高新技术企业，继续做强、做大一批规模较大、技术水平高、行业认可度高、接纳能力强的标志性校外实践基地。大力开展大学生学科和技能竞赛活动，逐步扩大科技竞赛的学科范围，增强科技竞赛对学术成长成才机制的提升，引导学生自主、合作和探究学习，培养学生的实践动手能力与创新精神。

四是要开展教师实践教学质量评估。为提升创新人才培养力度，高校应注重对教师实践教学质量的检查和评估，而且将其制度化并落实到学校、院系级教学计划、教学单位和教师个人各个层面，明确基层教学单位对实践教学的质量监控职责。同时，成立专门机构进行培训、咨询、指导和专业服务，以保证评估的规范性、科学性。由高校教师教学发展中心负责制定标准，但充分尊重基层教学单位和教师个人的自主性，要体现教师实践教学质量评估的多样性和灵活性。

（四）优化课程设置和结构，重视并增强教学内容的实用性，合理增加课程难度

一是要依据市场需要变化动态调整课程设置。以社会需求为导向和准则，适时更新课程设置，不断优化课程结构，动态调整专业课程设置，增强教学内容与社会经济发展的契合度，突出教学内容的实用性，使学生掌握和学习到最前沿的知识和技能，以培养适应市场需要的人才。特别是在非双一流建设普通本科高校和独立学院，要根据学生就业和职业发展的需要组织教

学内容，以提升毕业生的就业能力。

二是要优化课程结构。增加实践教学比重，确保各类专业实践教学必要的学分。实施“第二课程”，帮助大学生提高综合素质。满足人性化学习的需要，减少专业必修课，增加专业选修课和自由选修课的比例，扩大学生的选择范围。加大人文与科学的融合，增设更多的国际化课程，优化学生的知识结构，为学生选择职业拓展方向。

三是要合理增加课程难度，拓展课程深度。对大学生合理“增负”，特别是在一流大学建设高校，要提升大学生的学业挑战度，让学生在课程学习中开展深层次认知活动。扩大课程的可选择性，激发学生的学习动力和对课程的兴趣。真正把水课变成有深度、有难度、有挑战的金课。

四是要建立课程监督、评价和退出机制。强调教学质量与课程开设之间形成正反馈，集中清理一批不符合人才培养需求的通识教育核心课程，包括一些因人设课或是质量不达标的课程。

（五）以立德树人为中心，以提升大学生创新精神和实践能力为重点，及时调整人才培养结构和培养模式

一是坚持育人为本、德育为先，把社会主义核心价值体系建设渗透到师生工作学习生活的各个环节，不断创新思想政治教育的内容和方法。大力弘扬民族精神、科学精神和人文精神，引导学生形成正确的世界观、人生观和价值观，着力提高学生的思想道德素质、职业修养、专业知识、能力素质和身体心理素质。把突出文化育人与大学生的社会责任感紧密结合起来，培养社会主义合格的建设者和接班人。树立科学的质量观，把促进人的全面发展、适应社会需要作为衡量教育质量的根本标准，造就有执着信念、有高度责任、有优良品德、有丰富知识、有过硬本领的高素质、创新型拔尖人才。

二是要坚持本科教育与经济社会协调发展，适应国家和地方的经济转型升级及产业结构调整，理清就业市场对人才知识结构和能力素质的需求，结合学校现有的办学条件和办学定位，及时调整优化学科专业结构，创新人才培养模式，确保人才培养方案的科学性和合理性。以市场需求为中心和导

向，坚持机制创新，推进和完善行业、企业参与专业建设与人才培养全程。创新人才培养模式，加强创新实验基地和创新实验建设区，鼓励本科院校大胆探索创新人才培养体系综合改革，满足国家对拔尖创新人才和社会紧缺人才的需要。积极推动人才培养与科技和产业发展紧密结合，着力构建产学研合作培养人才的新机制。推动高校与行业企业合作建立人才培养基地，支持高校与科研院所及行业企业通力协作，加快建设一批战略性新兴产业发展需要的特色学科专业、交叉学科专业、新兴学科专业。

三是要进一步拓宽人才成长通道。按照“厚基础、宽领域、广适应、强能力”的原则，深化教学内容和课程体系改革，努力拓宽学生知识面和就业面，全力推进融合科学基础、实践能力和人文素养等发展特征的人才培养模式，积极推动跨院系、跨学科、跨专业交叉复合人才培养，会同相关部门、科研院所、行业企业联手共同培养，建立联合培养拔尖创新人才的协同育人模式，建立一批具有国际竞争力的英才培养基地。以全面提升社会实践能力为导向，依据“专业嵌入产业链、产业哺育专业群、科研服务产业链”的建设思路，积极探索科学基础、实践能力和人文素养融合发展的应用型、复合型、创新型人才培养模式。加强建设实践教学中心共享平台，重点打造一批国家级实验教学示范中心、国家大学生校外实践教育基地和国家级大学生创新创业孵化基地等。聘请企业家、专业技术人员和能工巧匠担任高校专兼职教师，加强人才培养过程中的创新创业教育，重点建设一批高校学生科技创新创业基地。

四是要强化省域层面的顶层设计和统筹集成，依据国家和地区经济社会发展需要，加强专业建设规划，健全专业建设指南，引导各类高校依据专业规划和本校办学定位自主设置、调整专业。加强对全省专业设置现状的梳理分析，依据不类型高校的特点，研究制定同类型高校之同类专业建设标准，并据此分期分批对现存各类专业进行评估或认证。通过以评促建、以评促改，推动专业内涵的改造，逐步淘汰与社会需求不相适应的老旧专业，完善专业退出机制。同时，在工程、医学等领域推进与国际标准实质等效的专业认证，积极探索高校专业教育和专业评估的国际化。

参考文献

潘懋元、陈春梅：《高等教育质量建设的理论设计》，《高等教育研究》2016 年第 3 期。

潘懋元：《高等教育质量与大学教师发展》，《高等教育研究》2015 年第 1 期。

夏欢欢、钟秉林：《大学生学习结果评价：高等教育质量保障的新视角》，《中国高等教育》2018 年第 12 期。

尹宁伟：《中国一流大学实践教学体系建构的新趋势——基于〈“985 工程”大学 2010 年度本科教学质量报告〉的文本分析》，《中国大学教学》2012 年第 5 期。

吕林海：《中国大学生的课堂沉默及其演生机制——审思“犹豫说话者”的长成与适应》，《中国高教研究》2018 年第 12 期。

洪艺敏：《构建“以学生为中心”的本科教学质量标准》，《中国大学教学》2017 年第 10 期。

陆根书：《从学生课程学习经历看本科教学质量》，《苏州大学学报》（教育科学版）2018 年第 4 期。

刘小强、蒋喜锋：《从“教”到“学”：高校教学质量建设呼唤范式转换——大学生学习视野中的高校教学质量建设研究》，《文化传承创新与建设高等教育强国——2012 年高等教育国际论坛论文集》，第 185 ~ 192 页。

许明：《当代国外大学本科教学模式的改革与创新》，福建教育出版社，2013。

德里克·博克：《回归大学之道：对美国大学本科教育的反思与展望》，侯定凯等译，华东师范大学出版社，2008。

龚放、张红霞、余秀兰、曲铭峰：《教授上讲台：提高高等教育质量的必由之路》，高等教育出版社，2009。

刘延东：《深化高等教育改革　走以提高质量为核心的内涵式发展道路》，《中国高等教育》2012 年第 11 期。

陈均土：《大学生就业能力与高校的课程设置——来自美国高校的启示》，《中国高教研究》2012 年第 3 期。

浙江省教育厅高教处：《提高本科教育质量的工作思路和关键举措》，《中国大学教学》2011 年第 7 期。

B.12

行业特色大学“双一流”建设绩效评价体系构建与实证研究

李兴国*

摘　要： 基于对行业特色型大学概念内涵的深入分析，参照国家第一轮“双一流”建设高校遴选标准，本文构建了以学科影响力、学科贡献度两个维度为导向的“行业特色型大学‘双一流’建设绩效评价指标体系”。应用该评价体系，对12所北京高科大学联盟成员高校的优势学科建设绩效情况进行了实证分析，得出了评价结果，提出了新时期中国行业特色型大学“双一流”建设的对策建议。

关键词： 行业特色型大学　“双一流”建设　绩效评价体系

一　研究背景

习近平主席在全国教育大会上指出，坚持扎根中国大地办教育。从高等教育发展历程看，世界一流大学并非都是以“大而全”为特征的综合性大学，也并不是所有学科都名列前茅。麻省理工学院、加州理工学院、巴黎高等电信学院、韩国浦项科技大学、中国的香港科技大学等均为“小而精”的特色型大学的典范。这些世界名校发展经验表明，走特色化、个性化、创

* 李兴国，管理学博士，燕山大学高等教育发展研究中心，副研究员，副主任，研究方向为学科建设。

新型发展道路，以特色办学服务行业发展是现代高等教育的发展趋势，也是建设世界一流大学的可行路径。

经过半个多世纪的建设和发展，中国的高水平行业特色型大学依托行业特色和优势学科，构建了特色鲜明、结构合理的学科体系，学科整体实力雄厚，一批学科已经达到或者接近世界先进水平，形成了独特的办学优势，成为具有中国特色的高等教育体系的重要构成。在新的历史时期，如何更好地服务国家战略，是行业特色型大学的重要使命。

"双一流"建设是继"211 工程"、"985 工程"后中国高等教育领域的又一项重大建设工程。作为中国高等教育体系重要组成部分的行业特色型大学，在"双一流"建设过程中立足行业特色，更好地服务国家战略，实现不同类别高校在各自领域内办出特色，形成百花齐放、力争一流的生动局面，将成为未来一段时间行业特色型大学的重要发展目标。目前，针对国内行业特色型大学"双一流"建设路径专门研究的文献还较为罕见。本文拟在全面深入研究的基础上探索建立兼具中国特色和世界标准的行业特色大学"双一流"建设绩效评价指标体系，并选取典型的行业特色大学群体进行实证研究，分析学科建设存在不足，探索新时代中国行业特色大学"双一流"建设路径。

二　行业特色型大学概念的内涵和外延

国外学术界目前还没有"行业特色型大学"的明确定义，近似概念有"工业背景大学"，如"industry-university"和"industry-oriented university"等。美国著名学者丹尼尔·若雷和赫伯特·谢尔曼合著的《从战略到变革——高校战略规划实施》首次提出了"专门高校"的概念，与中国"行业特色型大学"比较类似，"专门高校是指利用某一专门学科或一系列相关学科建立起有市场需求支撑的中心，这些中心通常有高水平的研究活动"①。

① 〔美〕丹尼尔·若雷、赫伯特·谢尔曼：《从战略到变革——高校战略规划实施》，周艳、赵炬明译，广西师范大学出版社，2006，第6页。

典型的例子就是美国的科罗拉多矿业学院。该学院是世界一流的公立研究型大学，学院的专业集中于石油勘探和生产领域，致力于工程和应用方面的研究，在资源开发、开采及利用领域是全球科研实力最强的科研机构之一，在全美具有极好的办学声誉。

2007 年，在北京邮电大学发起、承办的全国首届“高水平行业特色型大学发展论坛”上最早提出了“高水平行业特色型大学”的概念，即“具有行业背景和突出学科优势的高水平特色大学”，人才培养目标是“以行业为依托，围绕行业需求，针对行业特点，为特定行业培养高素质专门人才”。2008 年的第二届论坛上，时任教育部副部长陈希首次明确了“高水平行业特色型大学”概念的内涵，行业特色型大学特指中国高等教育管理体制改革前隶属于国务院某个部委，高教管理体制改革后绝大多数直属于教育部，少数仍隶属于国务院其他部委主管，具有明显行业办学特色与突出学科优势的高水平大学[①]。

行业特色大学在中国高等教育体系中是客观存在的一种大学类型，对中国高等教育体系和经济社会发展发挥着极为重要的作用，是中国高等教育办学体制的一个重要特色。从中国高等教育发展史看，“行业特色型大学”是指经历过新中国成立初期全国高等学校院系调整、90 年代末中国高等教育管理体制改革，具有长期行业办学背景和鲜明行业办学特色的高等院校，学校名称构成多为“区域 + 行业 + 大学（学院）”[②]。从学校名称上仍可看出行业特色大学的行业部门管理体制和行业性特征。

中国的行业特色型大学按其归属部门划分，可以分为以下三类。

一是由国务院其他部委划归教育部直属。例如北京化工大学、北京邮电大学、北京林业大学、中国农业大学、中国地质大学、中国矿业大学、中国石油大学、华北电力大学、西安电子科技大学、中央财经大学等。

---

① 党传升：《高水平行业特色型大学核心竞争力评价与培育研究》，北京邮电大学博士学位论文，2012，第 46 页。

② 闫俊凤：《我国行业特色高校发展战略研究》，中国矿业大学博士学位论文，2014，第 30 页。

二是被划归国务院其他部委直属办学。例如中国科学院所属的中国科学技术大学，交通运输部所属的大连海事大学，工业和信息化部所属的哈尔滨工业大学、北京航空航天大学、北京理工大学、西北工业大学等。

三是被划归地方政府管辖。这些地方高校仍保持鲜明的行业特色，在各自行业具有极高的地位和影响。例如原属财政部的东北财经大学，原属司法部的西南政法大学，原属机械部的燕山大学、上海理工大学等。

三　行业特色型大学“双一流”建设绩效评价体系构建

（一）评价指标选取依据

2015 年 10 月，国务院印发了《统筹推进世界一流大学和一流学科建设总体方案》（以下简称《总体方案》），规划了中国建设世界一流大学和高等教育强国的时间表和路线图。2017 年 1 月，教育部、财政部、国家发展改革委等三部委发布了《关于印发〈统筹推进世界一流大学和一流学科建设实施办法（暂行）〉的通知》（以下简称《实施办法》），明确提出了国家“双一流”建设高校的遴选原则。据此原则，三部委组织成立了由政府相关部门、高等院校、科研机构、行业专家等人员组成的“世界一流大学和一流学科建设专家委员会”，根据《总体方案》和《实施办法》精神，以中国特色学科评价为主要依据，参考借鉴国际上大学和学科评价相关因素，综合考虑高校的办学条件、办学质量、学科水平、主要贡献和国际影响等各方面因素，经过充分论证，最终确定了世界一流大学和世界一流学科建设高校的认定标准。

经过对国家首轮“双一流”建设高校遴选结果的分析，总结出本次遴选标准如下：①原“985 工程”和“211 工程”建设高校自动入围，体现了国家高等教育重点建设政策的连续性。39 所“985 工程”高校入围一流大学建设高校。112 所“211 工程”高校入围一流学科建设高校。②考虑国家发展战略和高教资源区域协调，将郑州大学、新疆大学和云南大学增补进“一流大学”建设高校B类。③参考2012年教育部第三轮学科评估结果，在参评的一级博士授权点中进入前2名或前10%的学科入围。④2017年3月ESI世界排名前1‰学科入围。⑤2017年QS世界大学学科排名50强（TOP50）入围。该排名由被视作“世界四大权威大学排名”之一的英国QS发布，在全球范围内具有广泛影响力。⑥近四年获国家科技奖的高校及学科。2012～2015年间获得国家自然科学奖二等奖及以上、技术发明一等奖或科技进步奖一等奖及以上的第一获奖单位所依托学科入围。⑦国家急需和具有重大的行业影响、学科优势突出、具有不可替代性的学科入围，凭该标准入围的共有3所高校，即外交学院、中国人民公安大学、中国音乐学院。参考国家首轮“双一流”建设高校遴选标准，并且考虑行业特色型大学服务行业的特点，借鉴上海软科发布的《2019中国最好大学排名》的相关评价指标，构建以体现“学科影响力”和“学科贡献度”为导向的《中国行业特色型大学“双一流”建设绩效评价指标体系》（见表1）。

本文构建的“行业特色大学‘双一流’建设绩效评价体系”设“学科影响力”和“学科贡献度”两项一级指标。其中，“学科影响力”一级指标下设“国内影响”和“国际影响”2项二级指标，“学科贡献度”一级指标下设“国家需要”和“行业需求”2项二级指标。“国内影响”以教育部第四轮学科评估结果表征。

表1　中国行业特色型大学“双一流”建设绩效评价指标体系

<table>
<tr><th>一级指标</th><th>权重</th><th>二级指标</th><th>权重</th><th>三级指标</th><th>权重</th></tr>
<tr><td rowspan="6">学科影响力</td><td rowspan="6">0.6</td><td rowspan="4">国内影响
（教育部学科评估）</td><td rowspan="4">0.3</td><td>A+学科</td><td>0.16</td></tr>
<tr><td>A学科</td><td>0.08</td></tr>
<tr><td>A-学科</td><td>0.04</td></tr>
<tr><td>B+学科</td><td>0.02</td></tr>
<tr><td rowspan="2">国际影响
（ESI学科数）</td><td rowspan="2">0.3</td><td>ESI前1‰学科</td><td>0.27</td></tr>
<tr><td>ESI前1%学科</td><td>0.03</td></tr>
</table>

续表

一级指标	权重	二级指标	权重	三级指标	权重
学科贡献度	0.4	国家需要（授国家科技奖）	0.3	国家自然科学奖	0.15
				国家技术发明奖	0.1
				国家科技进步奖	0.05
		行业需求（科技服务与成果转化）	0.10	企业科研经费	0.05
				技术转化收入	0.05

因为 B + 档学科是冲击 A 类学科的储备学科，可反映高校“一流学科”建设的潜力，故将其纳入评价体系，“国内影响”二级指标下设 A + 、A、A - 和 B + 等 4 个档次的学科数量；“国际影响”以 ESI 学科数表征，下设 ESI 排名前 1‰和前 1% 学科 2 项三级指标；“国家需要”体现的是学科服务国家战略需求的情况，以国家科技三大奖指标代表，“行业需求”是行业特色型大学区别于其他类型大学的典型特征，体现了高校服务行业发展需求情况，以高校的企业科研经费和技术转化收入 2 项三级指标来表征。值得一提的是，国家“双一流”建设遴选标准中有“QS 世界大学学科排名 50 强”，但中国大陆入围高校基本上都是综合性大学，如表 2 所示，仅有中国农业大学等 6 所行业特色型大学，因此该指标不具有代表性，本文未将其纳入评价体系。

表 2　中国大陆高校入围 2019QS 世界大学学科排名 50 强统计

序号	高校名称	全球排名前 10 学科数	全球排名 11 ~ 50 学科数	学校类型
1	清华大学	2	20	理工
2	北京大学	1	27	综合
3	中国农业大学	1		行业特色
4	复旦大学		10	综合
5	上海交通大学		10	综合
6	浙江大学		5	综合
7	武汉大学		3	综合
8	同济大学		3	理工

续表

序号	高校名称	全球排名 前 10 学科数	全球排名 11~50 学科数	学校类型
9	南京大学		2	综合
10	中山大学		2	综合
11	中国人民大学		2	综合
12	中国科学技术大学		2	理工
13	南京农业大学		1	行业特色
14	中央戏剧学院		1	行业特色
15	华南农业大学		1	行业特色
16	中国矿业大学		1	行业特色
17	中央美术学院		1	行业特色

（二）指标权重赋予说明

通过征求高等教育领域专家、相关高校管理人员的意见，设定"学科影响力∶学科贡献度=0.6∶0.4"。因为教育部学科评估、ESI 排名前 1‰学科、获国家科技三大奖在国家首轮"双一流"建设高校遴选条件中占据同等分量，故而将其比重均设定为 0.3，行业需求二级指标权重设定为 0.1。参考谢辉祥、赵志钦、甘国龙发表的《从全国一级学科评估审视高水平行业特色型大学学科竞争力》[①] 一文的研究成果，将学科评估 A+、A、A-和 B+等四个档次的学科权重设定为"1∶0.5∶0.25∶0.1"的比例；2019 年 3 月，中国大陆共有 53 所高校的 115 个学科进入 ESI 排名前 1‰，260 所高校的 1062 个学科进入 ESI 排名前 1%，ESI 前 1‰和 ESI 前 1% 学科数量约为 1∶9，因此将二者的权重分别设为 0.27、0.03；参考作者《普通高校获国家

① 谢辉祥、赵志钦、甘国龙：《从全国一级学科评估审视高水平行业特色型大学学科竞争力》，《中国高教研究》2018 年第 9 期。

级科技三大奖励的分布特征》① 一文的研究成果，首先根据国家科技三大奖的奖金、授奖数量和各获奖机构对获奖项目的配套奖励额度，设定一等奖和二等奖的比例折算关系为1∶2；其次，根据统计年度区间国家三大科技奖授奖总数、年均授奖数（见表3），估算得国家自然科学奖、国家技术发明奖、国家科技进步奖的权重关系约为3∶2∶1，因此设定国家自然科学奖、国家技术发明奖、国家科技进步奖的权重为0.15、0.10和0.05。

表3　2016～2018年普通高校获国家科技三大奖数统计

年度	自然科学奖		技术发明奖		科技进步奖	
	一等	二等	一等	二等	一等	二等
2016		28		38	5	59
2017	1	23	2	39	6	58
2018	1	28	3	48	11	81
合计	2	79	5	125	22	198
一等奖折合二等奖合计	83		135		242	
年均	28		45		81	

资料来源：教育部科技发展中心，http：//www.cutech.edu.cn/cn/kjjl/A0106index_ 1.htm。

四　实证研究

（一）研究对象选取

北京高科大学联盟是由12所高水平行业特色型大学组成的高校联盟。联盟成员为：北京化工大学、北京交通大学、北京科技大学、北京林业大

① 李兴国：《普通高校获国家级科技三大奖励的分布特征——基于2002～2014年通用获奖项目的分析》，《石家庄铁道大学学报（社会科学版）》2015年第4期。

学、北京邮电大学、华北电力大学、中国地质大学（北京）、中国矿业大学（北京）、中国石油大学（北京）、哈尔滨工程大学、西安电子科技大学和燕山大学。12 所北京高科大学联盟成员高校都具有长期、深厚的行业办学背景和鲜明的学科特色优势。北京高科联盟高校围绕国家重大发展战略和行业关键技术需求，发挥各自在基础科学、前沿技术和成果转化应用方面的特色和优势，为持续提高中国自主创新能力以及促进中国经济社会可持续发展提供强有力的支撑和引领作用。因此，本文选取 12 所北京高科联盟高校为研究对象。

12 所高校中教育部直属高校 10 所，工业和信息化部直属高校 1 所，地方高校 1 所。11 所进入国家“双一流”建设高校序列，1 所进入地方政府“双一流”建设高校行列，20 个学科被确定为“世界一流建设学科”（含 2 个自定学科）。

表 4　北京高科联盟高校“双一流”建设学科统计

序号	高校	国家“双一流”建设学科数	学科名称	学科评估结果
1	北京化工大学	1（自定）	化学工程与技术	A
2	北京交通大学	1	系统科学	A+
3	北京科技大学	4	科学技术史 材料科学与工程 冶金工程 矿业工程	A+ A A+ B+
4	北京林业大学	2	风景园林学 林学	A+ A+
5	北京邮电大学	2	信息与通信工程 计算机科学与技术	A+ A
6	华北电力大学	1（自定）	电气工程	A
7	哈尔滨工程大学	1	船舶与海洋工程	A+
8	西安电子科技大学	2	信息与通信工程 计算机科学与技术	A A-

续表

序号	高校	国家"双一流"建设学科数	学科名称	学科评估结果
9	中国地质大学(北京)	2	地质学 地质资源与地质工程	A+
10	中国矿业大学(北京)	2	安全科学与工程 矿业工程	A+
11	中国石油大学(北京)	2	石油与天然气工程 地质资源与地质工程	A+
12	燕山大学	0		

（二）数据统计分析

1. 学科评估结果

（1）教育部第四轮学科评估概况。学科评估是教育部学位中心按照国务院学位委员会和教育部颁布的《学位授予与人才培养目录》，对全国具有博士或硕士学位授予权的高校开展的一级学科整体水平评估。学科评估2002年首次开展，截至2017年完成了四轮评估①。2016年4月，第四轮学科评估正式启动，评估范围包括95个一级学科（不含军事学），全国有513个单位的7449个一级学科申请参评，其中，全国高校具有博士点的学科有94%参评。2017年12月28日，学位中心公布了全国第四轮学科评估结果，本次评估结果改变了以往公布学科具体得分和名次的方式，改为按照"精准计算、分档呈现"的原则，根据"学科整体水平得分"的百分位次，将学科评估排名前70%的学科分9档公布②。全国共有460所高校（不含科研院所）的5112个学科获得分档排名，各档次学科数量见表5所示。

① 《全国第四轮学科评估结果公布》，http：//www. cdgdc. edu. cn/xwyyjsjyxx/xkpgjg。

② 《以评助建，推动高等教育内涵式发展——教育部学位与研究生教育发展中心负责人就第四轮学科评估有关情况答记者问》，http：//www. cdgdc. edu. cn/xwyyjsjyxx/xkpgjg/283569. shtml。

表5 教育部第四轮学科评估分档标准及各档学科数量分布

百分位	前2%	2%～5%	5%～10%	10%～20%	20%～30%	30%～40%	40%～50%	50%～60%	60%～70%
档次	A+	A	A-	B+	B	B-	C+	C	C-
学科数	210	156	344	722	736	729	761	725	729
占比(%)	4.1	3.1	6.7	14.1	14.4	14.3	14.9	14.2	14.3

（2）北京高科联盟高校优势学科评估结果。对12所北京高科联盟高校优势学科进行统计，结果见表6和表7。12所高校有14个“A+”档学科，5个“A”档学科，13个“A-”档学科。12所高校均有A类学科，表现了传统优势学科的较强实力。然而，北京化工大学、华北电力大学和燕山大学等3校没有“A+”档学科，其中燕山大学甚至没有A档学科；北京林业大学和中国地质大学虽然有2个“A+”档学科，但没有A和“A-”档学科，北京林业大学甚至没有“B+”档学科，优势学科出现断档现象，需要引起相关高校的高度重视。

表6 北京高科联盟高校学科评估“B+”档以上学科数量统计

高校	学科评估等级			
	A+（前2%）	A（2%～5%）	A-（5%～10%）	B+（10%～20%）
北京化工大学		1	1	2
北京交通大学	1		4	7
北京科技大学	2	1		6
北京林业大学	2			
北京邮电大学	1	1	1	1
华北电力大学		1	1	2
哈尔滨工程大学	1		1	5
西安电子科技大学	1	1	1	3
中国地质大学	2			2
中国矿业大学	2		2	4
中国石油大学	2		1	1
燕山大学			1	1
合计(个)	14	5	13	34

注：学位中心公布的学科评估结果中国地质大学、中国矿业大学、中国石油大学未区分两地办学情况，表7同。

表 7　北京高科联盟高校学科评估“A 类”学科名称统计

高校	学科评估等级		
	A + （前 2%）	A （2% ~5%）	A – （5% ~10%）
北京化工大学		化学工程与技术	材料科学与工程
北京交通大学	系统科学		信息与通信工程、计算机科学与技术、交通运输工程、工商管理
北京科技大学	科学技术史 冶金工程	材料科学与工程	
北京林业大学	风景园林学 林学		
北京邮电大学	信息与通信工程	计算机科学与技术	电子科学与技术
华北电力大学		电气工程	动力工程及工程热物理
哈尔滨工程大学	船舶与海洋工程		控制科学与工程
西安电子科技大学	电子科学与技术	信息与通信工程	计算机科学与技术
中国地质大学	地质学 地质资源与地质工程		
中国矿业大学	矿业工程 安全科学与工程		地质资源与地质工程 测绘科学与技术
中国石油大学	地质资源与地质工程 石油与天然气工程		化学工程与技术
燕山大学			机械工程

2. ESI 学科分析

（1）全国高校 ESI 学科概况。2019 年 3 月，中国大陆共有 260 所高校的 1062 个学科进入 ESI 排名前 1%，其中 53 所高校的 115 个学科进入 ESI 排名前 1‰，这 115 个学科分布在 12 个学科领域，中国大陆高校 ESI 前 1‰学科数量和学科领域分布见表 8 和表 9 所示。从高校分布看，53 所高校中有 50 所进入国家“双一流”建设序列，其中包括 33 所“世界一流大学”建设高校，17 所“世界一流学科”建设高校。非“双一流”高校仅有 3 所入围，即首都医科大学、沈阳药科大学和南京医科大学。从学科分布看，工程学、化学、材料科学是中国高校的优势领域，3 个学科领域入围 ESI 前 1‰学科数合计 70 个，占比高达 61.7%。

表8 中国大陆高校 ESI 前1‰学科数量统计（2019.3）

序号	高校	ESI 前1‰学科数	序号	高校	ESI 前1‰学科数
1	北京大学	8	28	厦门大学	1
2	浙江大学	8	29	兰州大学	1
3	中国科学院大学	7	30	同济大学	1
4	上海交通大学	7	31	南开大学	1
5	清华大学	5	32	武汉大学	1
6	中国科学技术大学	4	33	首都医科大学	1
7	复旦大学	4	34	中国地质大学	1
8	华南理工大学	4	35	北京理工大学	1
9	华中科技大学	3	36	电子科技大学	1
10	天津大学	3	37	西北农林科技大学	1
11	四川大学	3	38	华东理工大学	1
12	大连理工大学	3	39	北京航空航天大学	1
13	山东大学	2	40	重庆大学	1
14	南京大学	2	41	江南大学	1
15	中山大学	2	42	南京航空航天大学	1
16	西安交通大学	2	43	北京科技大学	1
17	吉林大学	2	44	中国药科大学	1
18	哈尔滨工业大学	2	45	沈阳药科大学	1
19	东南大学	2	46	北京化工大学	1
20	中国农业大学	2	47	华北电力大学	1
21	苏州大学	2	48	东北大学	1
22	南京农业大学	2	49	北京邮电大学	1
23	西安电子科技大学	2	50	南京理工大学	1
24	北京协和医学院	2	51	南京医科大学	1
25	湖南大学	2	52	西北工业大学	1
26	中南大学	2	53	中国石油大学	1
27	华中农业大学	2	合计		115

表 9　入围 ESI 前 1‰学科的中国大陆高校数量统计（2019.3）

序号	学科	ESI 前 1‰高校数	序号	学科	ESI 前 1‰高校数
1	工程学	28	8	植物学与动物学	5
2	化学	23	9	物理学	3
3	材料科学	19	10	地球科学	3
4	临床医学	9	11	环境学与生态学	2
5	农业科学	8	12	生物与生物化学	1
6	药理学和毒理学	7	合计		115
7	计算机科学	7			

（2）北京高科联盟高校 ESI 学科概况。12 所联盟高校有 48 个学科进入 ESI 排名前 1%，其中 8 个学科进入 ESI 排名前 1‰，详见表 10 和表 11。从 ESI 前 1% 学科维度看，中国地质大学、中国矿业大学和北京林业大学各有 6 个学科进入，在 12 所联盟高校中优势明显。从 ESI 前 1‰学科维度看，西安电子科技大学有 2 个学科进入，表现了极高的学科精度；北京化工大学、北京科技大学、北京邮电大学、华北电力大学、中国地质大学和中国石油大学等 6 所高校各有 1 个学科进入，进入学科均为各高校的传统行业优势学科。

值得关注的是，截至 2019 年 3 月还有 5 所高校没有 1 个学科进入 ESI 前 1‰，分别为北京交通大学、北京林业大学、哈尔滨工程大学、中国矿业大学和燕山大学，这些高校需要集中资源重点投入，力争尽早实现突破。

表 10　北京高科联盟高校 ESI 学科统计表（2019.3）

序号	世界排名	高校名称	ESI 前 1‰学科数（个）	ESI 前 1% 学科数（个）
1	686	中国地质大学	1	6
2	715	北京化工大学	1	4
3	752	北京科技大学	1	4
4	971	中国石油大学	1	4
5	1255	西安电子科技大学	2	2
6	1283	中国矿业大学	0	6
7	1332	哈尔滨工程大学	0	3

续表

序号	世界排名	高校名称	ESI 前 1‰学科数（个）	ESI 前 1% 学科数（个）
8	1401	北京交通大学	0	3
9	1432	华北电力大学	1	4
10	1644	北京林业大学	0	6
11	1717	北京邮电大学	1	3
12	1907	燕山大学	0	3

注：学位中心公布的学科评估结果中国地质大学、中国矿业大学、中国石油大学未区分两地办学情况。

表 11　北京高科联盟高校 ESI 前 1‰学科统计（2019. 3）

序号	高校	学科领域	世界排名	全国入围高校总数(所)
1	北京化工大学	化学	103/1252	23
2	北京科技大学	材料科学	64/878	19
3	北京邮电大学	计算机科学	41/455	7
4	华北电力大学	工程学	107/1461	28
5	中国地质大学	地球科学	27/691	3
6	中国石油大学	工程学	139/1461	28
7	西安电子科技大学	工程学	98/1461	28
		计算机科学	29/455	7

注：学位中心公布的学科评估结果中国地质大学、中国矿业大学、中国石油大学未区分两地办学情况。

3. 获国家科技奖励分析

国家科学技术奖是中国科学技术领域的最高奖项，具有显示度高、影响力大和示范性强的特点，被公认是衡量一个单位或个人学术水平、科研创新能力、科技转化能力和社会贡献的重要指标。2016～2018 年，12 所联盟高校获得国家科技奖励 32 项，其中国家自然科学二等奖 4 项，国家技术发明二等奖 17 项，国家科技进步一等奖 1 项，二等奖 10 项。

从国家科技奖类别看，国家自然科学奖获奖数量最少，仅有 4 项，占同期高校获奖总数的 4.9%，国家技术发明奖获奖数量 17 项，占同期高校获奖总数的 13.1%，国家科技进步奖 11 项，占同期高校获奖总数的 5%。由此可见，行业特色型高校由于其鲜明的学科特色和与行业企业的紧密联系，承担了很多重大的企业技术攻关项目，在获国家技术发明奖方面具有明显优势。但同时也应看到，行业特色高校在自然科学基础研究方面实力偏弱，急需大力加强。

从国家科技奖的校际分布看，西安电子科技大学获奖数为 5 项，位列 12 所联盟高校之首，北京交通大学、北京科技大学和中国石油大学（北京）等 3 所高校获奖数均为 4 项，并列第二位；北京林业大学、北京邮电大学、哈尔滨工程大学和中国矿业大学（北京）等 4 所高校获奖数均为 3 项；燕山大学作为 12 所联盟高校中的唯一一所地方高校，获得 2 项国家技术发明二等奖，表现不俗。

值得关注的是，中国地质大学（北京）、北京化工大学和华北电力大学等 3 所高校的获奖能力偏弱，中国地质大学（北京）近三年仅获得 1 项科技进步二等奖，而北京化工大学和华北电力大学 2 所高校近三年来没有获得一项国家科技奖，需要引起相关高校领导和科研管理部门的深刻反思。

表 12　2016 ~ 2018 年北京高科联盟高校获国家三大科技奖统计

序号	高校	国家科学技术奖(2016 ~ 2018 年)				合计
		自然科学二等	技术发明二等	科技进步一等	科技进步二等	
1	北京化工大学					0
2	北京交通大学		1	1	2	4
3	北京科技大学	2	1		1	4
4	北京林业大学		1		2	3
5	北京邮电大学		2		1	3
6	华北电力大学					0
7	哈尔滨工程大学		2		1	3
8	西安电子科技大学	2	2		1	5
9	中国地质大学(北京)				1	1
10	中国矿业大学(北京)		2		1	3
11	中国石油大学(北京)		4			4
12	燕山大学		2			2
合　计		4	17	1	10	32

4. 服务社会情况分析

北京高科联盟高校由于其鲜明的行业特色，在服务行业企业方面具有得天独厚的优势。2015～2017年间，12所联盟高校获得企业科研经费年均近2.2亿元，获得成果技术转让收入年均237万元。

从企业科研经费的校际分布来看，12所联盟高校数据相差悬殊，哈尔滨工程大学、北京科技大学和中国石油大学（北京）等3所高校居领头羊位置，3所高校年均企业科研经费分别达到5亿、4亿和3亿元；西安电子科技大学、北京交通大学和燕山大学等3所高校位于第二集团，年均企业科研经费均超过了2亿元；华北电力大学、北京邮电大学和北京化工大学等3所高校的年均企业科研经费在1亿至2亿元之间；中国矿业大学（北京）、中国地质大学（北京）和北京林业大学等3所高校的年均企业科研经费相对较少，还不到1亿元。

从技术转让收入的校际分布看，北京交通大学和北京科技大学等2所高校年均技术转让收入均超过了500万，北京邮电大学和北京化工大学等2所高校年均技术转让收入超过300万，西安电子科技大学和北京林业大学等2校为200余万，中国石油大学（北京）、燕山大学和哈尔滨工程大学等3校均为100余万；值得注意的是，华北电力大学、中国地质大学（北京）和中国矿业大学（北京）等3所高校的技术转让收入很少，其中华北电力大学年均仅为81万元，中国地质大学（北京）和中国矿业大学（北京）2校近三年的技术转让收入几乎为零。

表13　2015～2017年北京高科联盟高校服务行业代表性指标统计

高校	企业科研经费(千元)			技术转让收入(千元)		
	2015年	2016年	2017年	2015年	2016年	2017年
北京化工大学	148403	119972	148476	4580	2465	3311
北京交通大学	237187	276113	227094	200	15830	1545
北京科技大学	389533	338517	599090	7362	3033	4856
北京林业大学	50506	38644	77515	3130	3300	1070
北京邮电大学	140156	142780	141579	2500	2764	5709

续表

高校	企业科研经费(千元)			技术转让收入(千元)		
	2015 年	2016 年	2017 年	2015 年	2016 年	2017 年
华北电力大学	113612	220866	197217	2370	0	51
哈尔滨工程大学	359745	509663	639339	2136	1245	390
西安电子科技大学	177779	187003	376411	900	2286	4998
中国地质大学(北京)	93031	83751	58078	0	0	40
中国矿业大学(北京)	92045	99201	97062	0	0	0
中国石油大学(北京)	391796	299991	285324	215	300	4196
燕山大学	255560	155974	203962	1350	1532	1506
均值(千元)	204113	206040	254262	2062	2730	2306

资料来源：2015～2017 年《教育部直属高校基本情况统计资料汇编》。

（三）学科建设绩效评价结果分析

1. 学科绩效评价得分计算

将上节采集的 12 所北京高科联盟高校的数据资料进行汇总，结果见文末附表，由于各指标单位不同，首先对企业科研经费、技术转让收入 2 项指标进行无量纲化处理，将其转化为［0，1］的区间值，然后将全部数据代入表 1 所列的评价指标体系，加权求和得到各高校学科影响力得分、学科贡献度得分以及综合得分，最后将综合得分转化为［0，100］的区间值，结果如表 14 所示。

西安电子科技大学的绩效评价得分位列榜首，其次为北京科技大学，这 2 所高校是仅有的 2 所得分超过 90 分的高校，2 所高校的学科影响力、学科贡献度得分均位列 12 所联盟高校前两位。中国石油大学（北京）、北京邮电大学和北京交通大学等 3 所高校得分也超过了 60 分。从标准化 Z 分数看，6 所高校的 Z 分数大于零，表明其得分高于总体均值，12 所高校综合得分的偏度系数 SK＝0.575，峰度系数 K＝－0.302，表明 12 所高校综合得分呈轻度右偏的扁平分布。

北京化工大学、华北电力大学和燕山大学等3所高校的综合得分显著低于12所联盟高校的平均水平。究其原因，北京化工大学和华北电力大学2所高校近三年来没有获得一项国家科学技术奖，导致两校的学科贡献度得分位居12所高校的最后两名。燕山大学虽然学科贡献度得分位列第8，但该校学科评估仅有1个“A－”和“B＋”档学科，而且没有1个ESI前1‰学科，致使学科影响力得分位列末位，拉低了学校综合得分。

表14　北京高科联盟高校“双一流”建设绩效评价结果

排名	高校	学科影响力		学科贡献度		综合得分	标准得分	Z－SCORE
		得分	排序	得分	排序			
1	西安电子科技大学	0.94	1	0.59	1	1.53	100.00	1.81
2	北京科技大学	0.91	2	0.54	2	1.45	94.26	1.56
3	中国石油大学(北京)	0.77	4	0.44	3	1.21	79.08	0.89
4	北京邮电大学	0.66	5	0.29	6	0.95	61.96	0.14
5	北京交通大学	0.55	7	0.37	4	0.92	60.04	0.06
6	中国矿业大学(北京)	0.66	5	0.25	7	0.91	59.59	0.04
7	中国地质大学(北京)	0.81	3	0.05	10	0.86	56.21	－0.11
8	北京林业大学	0.50	10	0.22	9	0.72	47.00	－0.51
9	哈尔滨工程大学	0.39	11	0.31	5	0.70	45.66	－0.57
10	北京化工大学	0.55	7	0.04	11	0.59	38.37	－0.89
11	华北电力大学	0.55	7	0.02	12	0.57	37.17	－0.94
12	燕山大学	0.15	12	0.23	8	0.38	24.71	－1.49

2. 学科影响力和学科贡献度综合分析

将北京高科联盟12所高校的学科影响力得分、学科贡献度得分分别进行［－0.5，0.5］的区间化处理，再以学科影响力为X轴，学科贡献度为Y轴，作二维散点图，结果如图1所示。

按照学科影响力、学科贡献度两个指标的坐标符号，将12所高校分别划分到平面的四个象限，每个象限内具体高校名称如表15所示。

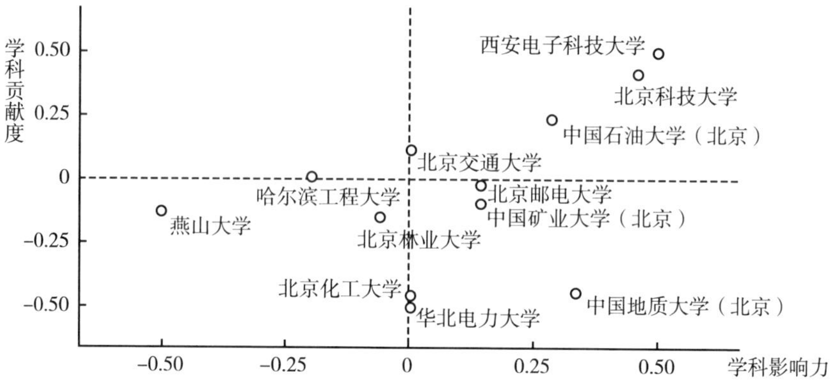

图 1　北京高科联盟高校学科指标得分的散点图

表 15　北京高科联盟高校学科影响力和贡献度综合分析

象限＼指标	学科指标		高校名称
	影响力	贡献度	
第 I 象限(4 所)	高	高	西安电子科技大学、北京科技大学、中国石油大学(北京)、北京交通大学
第 II 象限(1 所)	低	高	哈尔滨工程大学
第 III 象限(2 所)	低	低	北京林业大学、燕山大学
第 IV 象限(5 所)	高	低	北京邮电大学、中国矿业大学(北京)、中国地质大学(北京)、北京化工大学、华北电力大学

第 I 象限（4 所）：该象限高校的学科特征是高影响力、高贡献度。位于第一象限的共有 4 所高校：西安电子科技大学、北京科技大学、中国石油大学（北京）和北京交通大学。这 4 所高校学科发展的各项指标比较均衡。在教育部学科评估、ESI 学科、国家科技奖励、横向科研方面表现均比较出色。如 4 所高校学科评估均有“A +”学科，3 所高校有 ESI 前 1‰学科，4 所高校在获国家科技奖励方面也位居 12 所联盟高校前列，西电和北科大各获 2 项国家自然科学二等奖，中石大获得 4 项国家技术发明二等奖，北交大获得联盟高校唯一的一个国家科技进步一等奖。位于第一象限的 4 所高校学科建设绩效综合评价得分也居于前列。

第II象限（1所）：该象限高校的学科特征是低影响力、高贡献度。位于第二象限的只有哈尔滨工程大学1所高校。哈工大第四轮学科评估表现不佳，仅获得“A+”和“A-”学科各1个，在12所联盟高校中居第9位，而且至今还没有1个ESI前1‰学科，所以其学科影响力得分在联盟高校中居倒数第2位，仅高于非“双一流”高校的燕山大学。该校获国家科技奖励表现在12所联盟高校中居于中等，但该校在服务行业方面领先优势明显，年均企业科研经费达5亿元，是12所联盟高校均值的2.3倍，助力其学科贡献度得分略高于联盟高校均值。

第III象限（2所）：该象限高校的学科特征是低影响力、低贡献度。位于第三象限的有2所高校：北京林业大学、燕山大学。2所高校学科影响力得分排序分列第10、第12位，北京林业大学虽然有2个“A+”学科，但是没有“A、A-、B+”学科，燕山大学仅有1个“A-”学科和1个“B+”学科，两校学科建设存在严重断档，即只有学科高峰、没有学科高原，学科发展后劲不足，而且两校均没有ESI前1‰学科，因此学科影响力得分居12所联盟高校后进行列，两校获国家科技奖励和服务行业表现在联盟高校中均居于中等偏下水平，尤其是北京林业大学的年均企业科研经费仅有5500万元，居倒数第一位。

第IV象限（5所）：该象限高校的学科特征是高影响力、低贡献度。位于第四象限的高校数量最多，有5所：北京邮电大学、中国矿业大学（北京）、中国地质大学（北京）、北京化工大学和华北电力大学。这5所高校的学科建设水平总体较高，均拥有“A+”学科或ESI前1‰学科，其中中国地质大学（北京）、中国矿业大学（北京）各有2个“A+”学科，北京邮电大学有1个“A+”学科和1个ESI前1‰学科，3所高校均代表了本行业高校的最高水平。但值得注意的是，北京化工大学和华北电力大学2所高校没有“A+”学科，近三年没有获得1项国家科技奖，与两校行业优势大学的身份极度不符。总体而言，这5所高校还没有充分发挥应有贡献，学科有较大发展潜力可以挖掘。

五　行业特色型大学“双一流”建设对策建议

当前，中国高等教育已进入“双一流”建设的新时代，作为行业特色型大学如何保持行业特色，巩固和加强学科特色和优势，创办具有“中国特色、世界一流”的行业领军型大学，是所有行业特色大学发展直面的重要课题。

（一）树立自信，找准定位

高校战略定位一般是指高校根据国家发展战略、区域经济社会发展需求以及办学条件，参照高校办学类型和层次划分，经过全面比较分析，认识自身基础、优势和劣势，明确自身在高教系统所处位置，进而确定服务面向、发展目标及任务而进行的系统性、前瞻性的战略思考和规划[①]。科学定位是一所大学发展的第一要务，同时也是战略规划的切入点。一所高校只有定位准确，才能编制科学的发展规划、制定合理的任务目标。

行业特色型大学必须紧跟时代潮流，掌握行业发展的最新动态，深入调研分析与国内外同类高校的现实差距和发展趋势，以“比较优势”和“突出重点”为规划原则，坚守办学传统、办学资源和特色优势，结合国家、行业和地方经济社会发展需求，明确学校建设目标，保持特色学科的领先优势。此外，行业特色型大学在定位时要明确自身“行业型大学”的基本属性，不盲目追求综合性大学“大而全”的学科布局，做到立足行业，面向产业，服务企业，集中全校资源，发挥行业优势，办出学校特色，全面推进优势学科和特色专业发展，打造本学科领域“国内顶尖、世界一流”学科，力争有1～2个国内顶尖的“A+”学科，1～2个ESI世界前1‰学科，提升学校核心竞争力。同时，应充分发挥学科优势，服务国家重大发展战略，

---

① 陈厚丰：《中国高等学校分类与定位问题研究》，湖南大学出版社，2004，第40页。

解决行业关键技术需求，为实现中华民族伟大复兴的中国梦提供一流的人才支撑和智力支持。

（二）学科融合，打造特色

大学战略规划领域有一句话，“没有重点就没有规划”。任何大学的资源都是有限的，有所不为才能有所为。从全球高等教育发展史看，即使世界一流大学在学科布局上也各有侧重，并非所有学科都处于世界顶尖行列。在理学、工学、医学、生命科学、社会科学等5大学科领域均位列世界前20位的仅有2所大学，在5大学科领域均进入世界前100强的大学仅有26所，还有28所大学仅是凭借1~2个优势学科跻身于世界一流大学行列①。正是在某些领域的学术卓越，成就了一流大学的特色，打造了一流大学的品牌。

“双一流”建设的重要原则就是集中有限资源打造比较优势。行业特色型大学要围绕国家重大战略和行业发展需求，瞄准行业发展关键技术领域和国际学术前沿，依托特色优势学科，推进学科交叉融合，凝练能够支撑行业产业转型升级的引领性、前瞻性学科方向，围绕学科方向科学调整专业布局。例如，哈尔滨工程大学以船舶与海洋工程、海洋信息、船舶动力、先进核能与核安全四个一流学科群为牵引，完善学科战略布局，促进学科交叉融合，着力构建主干学科、支撑学科和基础学科相互支撑的“三海一核”特色学科专业体系，在全国第四轮学科评估中，该校的船舶与海洋工程学科被评为“A+”。

（三）面向行业，育人为本

一流大学首先要培养一流人才。教育部部长陈宝生要求高校在“双一流”建设中要做到“四个回归”，行业特色型大学必须以培养行业一流人才

① 《上海交大在新一轮学科建设中主动引入动态调整机制》，http://news.sjtu.edu.cn/info/1023/612471.htm，2015-6-3。

作为首要目标。校企合作是行业特色型大学的立校之本，行业高校离开了行业就相当于鱼没有了水，植物没有了土壤一样。行业特色型大学的人才培养目标应根据行业发展需求，结合学校特色优势确定，人才培养方案应由行业领先企业和高校共同研究制定，教学计划注重行业领域学科前沿知识和交叉知识体系的建设，真正实现由学科优势到人才培养优势的转换，充分发挥优势学科在人才培养中的作用。

例如，华北电力大学是校企合作办学的典型。该校是由国家电网有限公司等 12 家特大型电力集团、中国电力企业联合会组成的理事会与教育部共建的重点高校。学校以理事会为桥梁和纽带，构建与大型能源电力企业的创新战略合作联盟，学校牵头成立了“电力行业的卓越工程师联盟”，有数十家大型企业和高校参与。通过校企合作，学校真正了解到行业需求变化，并据此调整完善教学计划，依托大型电力企业创建校外实践创新基地，加强企业实训锻炼，培养学生的工程实践能力，实现了学校人才培养和企业需求的无缝对接。

（四）引培并举，人才强校

清华大学前校长梅贻琦说过，“大学者，非谓有大楼之谓也，有大师之谓也”。哈佛大学前校长科南特说过，“大学的荣誉不在于校舍和人数，而在于一代又一代教师的质量”。大学的人才培养、科学研究、社会服务和文化传承创新等各项职能的完成都依赖于教师。“双一流”建设的核心就是建设一流的师资队伍。

行业特色型大学应紧紧围绕学科发展、人才培养和科学研究的需求，引进行业领军人物和专家骨干，造就一支结构合理、业务精湛、行业影响力大、引领国际学术前沿的一流师资队伍。如哈尔滨工程大学近年来聚焦“三海一核”主体学科和相关学科，以高端人才和创新团队为突破口，新增中国工程院院士 1 人、“千人计划”和长江学者 15 人、“五青”人才 16 人、“万人计划”和“新世纪百千万人才工程”人才 19 人，高层次人才团队建设取得了显著成绩。

（五）国际交流，开放办学

在高等教育日益全球化的今天，国际化水平已成为衡量高校办学水平的一项重要指标，国际化办学成为创建世界一流大学、世界一流学科的必由之路。行业特色大学承担着培养行业创新型人才的重要历史使命，应当树立国际化的理念和思维，以更加开放的姿态，依托特色优势学科，通过共建国际学院、国际联合实验室，增进师生学术交流、主办或承办国际高水平学术会议等形式，加强与海外知名大学、研究机构、行业国际知名企业开展多层次、宽领域的交流合作，培养具有国际视野的行业精英人才。

例如，北京化工大学 2018 年成立了“一带一路学院”，与“一带一路”沿线 26 个国家的 40 多所大学签署了合作协议，实现了大规模招收留学生。同时，学校在中东、东南亚和南欧三个区域与中石化联合成立了“一带一路研究院”，与国外大学和科研机构合作，服务“一带一路”国家建设，提升学校的国际影响力和竞争力。再如，华北电力大学与华电集团校企合作共建了“一带一路能源学院”，由企业提供办学资金，学校提供智力支撑，校企联合培养特殊化、复合型人才，服务国家“一带一路”建设需求。

附表　北京高科联盟高校“双一流”建设绩效评价原始数据统计

序号	高校	教育部学科评估结果				ESI 学科数（2019.3）		国家科学技术奖（2016～2018 年）				服务社会（2015～2017 年，单位：千元）	
		A +	A	A −	B +	千分之一学科	百分之一学科	自然科学二等奖	技术发明二等奖	科技进步一等奖	科技进步二等奖	科技服务（企业科研经费）	成果转化（技术转让收入）
1	北京化工大学		1	1	2	1	4					416851	10356
2	北京交通大学	1		4	7		3		1	1	2	740394	17575
3	北京科技大学	2	1		6	1	4	2	1		1	1327140	15251
4	北京林业大学	2					6		1		2	166665	7500
5	北京邮电大学	1	1	1	1	1	3		2		1	424515	10973
6	华北电力大学		1	1	2	1	4					531695	2421
7	哈尔滨工程大学	1		1	5		3		2		1	1508747	3771
8	西安电子科技大学	1	1	1	3	2	2	2	2		1	741193	8184
9	中国地质大学（北京）	2			2	1	6				1	234860	40
10	中国矿业大学（北京）	2		2	4		6		2		1	288308	0
11	中国石油大学（北京）	2		1	1	1	4		4			977111	4711
12	燕山大学			1	1		3		2			615496	4388

B.13

孔子学院发展对海丝沿线国家来华留学生招生的影响

韦晓慧　冯　峥*

摘　要： 孔子学院对于“21世纪海上丝绸之路”人文建设具有重要意义。本文选取海丝沿线34个国家为研究对象，探究其孔子学院的发展以及对来华留学生招生工作的影响。研究发现：一是孔子学院的发展卓有成效，东南亚航段建立的孔子学院（课堂）总数最多，其次是非洲航段。二是招生情况具有总体增长速度快、市场潜力大，各航段分布不均、国别差异大的特点。三是孔子学院的国际声誉、教学活动以及文化实力影响来华留学生的招生工作。基于研究结果，本文进一步提出孔子学院应把握好“一带一路”的政策优势，开发海丝沿线国家的生源潜力，充分发挥其在来华留学生招生工作中的作用等建议。

关键词： 孔子学院　来华留学生　海丝沿线国家

随着中国“走出去”范围的纵深发展，愈加频繁的参与国际合作，世界对汉语的需求急剧增加，中国借鉴法、英、德等国家推广本国语言的经

---

* 韦晓慧，经济学博士，广东外语外贸大学国际经济贸易研究中心，讲师，研究方向为国际贸易与投资；冯峥，经济学硕士在读，广东外语外贸大学经济贸易学院，研究方向为国际贸易与投资。

验，于2004年开始在海外建立非营利的公共性机构——孔子学院，致力于推广汉语教学和传播中华文化。

“21世纪海上丝绸之路”（简称“海丝”）是2013年国家主席习近平在出访东南亚期间提出的，其目的是改善对外开放格局，提高对外开放水平，深化对外开放层次，拓宽对外开放领域。随着中国经济实力增强，商品输出已经发展到较高阶段，文化输出应该提上日程。“一带一路”是中国新时期文化沟通交流的重点对象①。中国与海丝沿线国家不断推进文化交流，使丝绸之路经济带的巨大潜力得到全面发挥。孔子学院是传播中华文化的一架桥，沟通了中华文化和海丝沿线国家的文化，让中华文化以更直接的方式走出国门，让全世界人民加强对中华文化的了解，增进与其他文化的交流与融合，推进国家间友好关系的发展，促进海丝沿线国家经济互利，文化互畅，提高区域总体发展水平，发挥“海丝”经济带的特殊优势，为推动构建人类命运共同体而共同努力。

本文将教育服务出口形式之一的孔子学院作为研究对象，探究其对海丝沿线国家来华留学生招生的潜在影响，以期为孔子学院在海丝国家的建设和发展提供“因地制宜”的对策建议，同时为来华留学招生的进一步发展提供有效帮助。

一　海丝沿线国家孔子学院发展现状

孔子学院是中国各大高校与国外高校合作成立的非盈利性质的教育机构，为各国人民提供教育服务，当前在海丝沿线国家广泛分布。目的是提供给各国人民更加方便的学习中文、了解真实中国的机会，促进各地文化交流，鼓励文化向多元方向蓬勃发展。根据《2018年孔子学院年度发展报告》，截至2018年底，在全世界一共建立548所孔子学院，开办了1193个孔子课堂、5665个教学点，覆盖全球5大洲154个国家和地区。在建立孔

① 谢孟军：《文化能否引致出口：“一带一路”的经验数据》，《国际贸易问题》2016年第1期。

子学院的国家和地区中，有184所分布在海上“新丝路”沿线的共77个亚洲和非洲国家，占孔子学院在全球建立数量的33.57%。

“21世纪海上丝绸之路”沿线国家众多，且缺少统一的划分标准，故本文参考陈万灵等的做法，选择沿线的34个节点国家作为研究对象①，分为4个航段，分别为东南亚航段10个国家、南亚航段的5个国家、西亚航段的10个国家和非洲航段的9个国家，来分析孔子学院在这四个区域的建设对这些航段的国家学生来华留学的潜在影响。

（一）东南亚航段国家孔子学院发展现状

东南亚地区一共有11个国家，分别是印度尼西亚、马来西亚、泰国、菲律宾、新加坡、文莱、越南、缅甸、柬埔寨、老挝、东帝汶。在此仅选择前述的10个国家，即东盟十国作为研究对象。根据国家汉办的统计数据，截至2018年，在东盟十国建立的孔子学院共有37所，开设的孔子课堂共有39个。具体来看，在东盟十国中，除了文莱和缅甸仅开设了孔子课堂而未建设孔子学院外，其他8个国家均既建设了孔子学院又开设了孔子课堂。从东南亚地区孔子学院的数量以及分布情况来看，影响孔子学院设立的因素在“供给”方面差异不大，主要影响因素来自所在国的“需求”②。

在东南亚航段，一共建立37所孔子学院。拥有孔子学院最多的是泰国，建设孔子学院16所，开设孔子课堂20个；其次是印度尼西亚，共有7所孔子学院和2个孔子课堂（见表1）。最早启动运行的是泰国的勿洞市孔子学院，由泰国勿洞市市政局和中国重庆大学合作于2006年12月合作共建。面向全社会开展汉语教学，举办汉语培训班，选送优秀学员赴重庆大学参加短期培训，当地学生还有赴华攻读硕士的机会。勿洞市孔子学院的发展也引起周边国家的关注，马来西亚数十家代表团前来访问参观且有积极合作的意

① 陈万灵等：《海上通道——21世纪海上丝绸之路》，重庆大学出版社，2019，第58页。

② 曾征、杨红娟：《东南亚地区孔子学院分布及影响因素分析》，《云南师范大学学报（对外汉语教学与研究版）》2017年第3期。

向，据不完全统计，来访者多达3000余人次①，对促进孔子学院在东南亚的发展产生积极影响。

马来西亚、菲律宾均有4所孔子学院，孔子课堂的数量分别为1所和3所。柬埔寨和老挝均有2所孔子学院，新加坡和越南均有1所孔子学院。虽然数量不多，但是各所孔子学院都迅速发展，规模不断扩大，招生人数增加；所开课程各具特色，奖助体系合理完善；并且组织各种文化体验和社会实践活动，加深了学生对中国的了解。

表1 东南亚航段国家孔子学院和孔子课堂的分布及数量（截至2018年）

国家	孔子学院(所)	孔子课堂(个)	国家	孔子学院(所)	孔子课堂(个)
马来西亚	4	1	老挝	2	5
印度尼西亚	7	2	越南	1	0
泰国	16	20	缅甸	0	3
菲律宾	4	3	柬埔寨	2	3
新加坡	1	2	合计	37	39
文莱	0	0			

资料来源：根据国家汉办官方网站（http：//www. hanban. edu. cn）数据整理得到。

（二）南亚航段国家孔子学院发展现状

南亚航段有孟加拉国、印度、斯里兰卡、马尔代夫、巴基斯坦、尼泊尔和不丹7个国家。本文重点关注前5个国家，即“海上丝绸之路”南亚航段主要的节点国家。根据表2可以看出，在南亚航段选择的5个节点国家中，一共设立了12所孔子学院和7个孔子课堂。具体来看，截至2018年，印度和巴基斯坦均建立4所孔子学院，孟加拉国和斯里兰卡均建立2所孔子学院，马尔代夫目前尚未建立孔子学院和孔子课堂。在南亚航段的5个国家中，建立孔子学院最早的是孟加拉国，于2006年2月14日在达卡市正式挂牌运营了第一所孔子学院——南北大学孔子学院。该孔子学院由孟加拉国南

① 资料来源：孔子学院总部驻泰国代表处官网，http：//www. hanbanthai. org/。

北大学和中国的云南大学合作建立，建院已经12年。目前，南北大学孔子学院已经在孟加拉国设立了9个教学点和2个HSK与HSKK汉语水平考试点，共招收了来自社会各阶层的12941名学员①。孔子学院教学活动内容丰富，例如孟加拉国青少年访华交流营分享会、中国文化月、中国电影巡演以及感受中国历程图片展等。这些活动的开展激发了外国学生对中国的向往和热情，为未来的文化交流奠定基础。孔子学院的教学活动受众不仅包括外国学生，同时也为赴外教师开展岗前培训，比如专为教师开设的孟加拉国的政治及政治史系列讲座，旨在提高中文教师对赴任国家的历史进程、政治制度和文化渊源的认知和理解，更好地开展中文教学与文化传播，使孔子学院的文化传播职能在"一带一路"倡议下充分发挥。

表2　南亚航段国家孔子学院和孔子课堂的分布及数量（截至2018年）

国家	孔子学院(所)	孔子课堂(个)	国家	孔子学院(所)	孔子课堂(个)
孟加拉国	2	1	马尔代夫	0	0
印度	4	2	巴基斯坦	4	2
斯里兰卡	2	2	合计	12	7

资料来源：根据国家汉办官方网站（http：//www. hanban. edu. cn）数据整理得到。

（三）西亚航段国家孔子学院发展现状

西亚区域共有20个国家，本文选取该区域内的10个沿海国家作为研究对象，分别是伊朗、伊拉克、科威特、沙特阿拉伯、阿拉伯联合酋长国（简称"阿联酋"）、土耳其、巴林、阿曼、卡塔尔和也门。一直以来，西亚地区的人口密度都比较低，建立孔子学院的数量在四个航段中最少，仅有9所，涵盖伊朗、阿联酋、土耳其和巴林4个国家；开设的孔子课堂数同样屈指可数，仅在土耳其开设了2个；孔子学院在余下6国中的发展还是一片空白，具体分布情况见表3。土耳其是这一航段中孔

① 资料来源：孟加拉南北大学孔子学院官方网站，http：//nsu. bd. chinesecio. com/。

院最多国家，同时它建立孔院的时间也是最早的，于2008年11月建立了中东技术大学孔子学院。另外值得关注的是巴林大学孔子学院，建立时间正值“一带一路”的倡议提出之后。巴林大学孔子学院积极响应“一带一路”政策，从汉语教学入手，提高汉语教学质量，致力于文化间的交流和融合，丰富孔院文化内涵，系起两国之间高校间合作、“民心相通”的纽带。

表3　西亚航段国家孔子学院和孔子课堂的分布及数量（截至2018年）

国家	孔子学院(所)	孔子课堂(个)	国家	孔子学院(所)	孔子课堂(个)
伊朗	2	0	巴林	1	0
伊拉克	0	0	阿曼	0	0
科威特	0	0	卡塔尔	0	0
沙特阿拉伯	0	0	也门	0	0
阿联酋	2	0	合计	9	2
土耳其	4	2			

资料来源：根据国家汉办官方网站（http：//www.hanban.edu.cn）数据整理得到。

（四）非洲航段国家孔子学院发展现状

非洲一般分为北非、东非、西非、中非和南非5个地区，共60个国家和地区，非洲人口数仅次于亚洲位居世界第二位，并且增长速度较快。在“海上新丝路”的这一航段选取埃及、苏丹、吉布提、厄立特里亚、肯尼亚、坦桑尼亚、莫桑比克、马达加斯加和南非共9国进行研究。截至2018年，在9国中，南非的孔院数量最多，为6个；其次是肯尼亚，建立了4个孔院。除了吉布提暂时还未建立孔院外，其余6国均有建立，具体情况见表4。建立时间最早的孔子学院是埃及的开罗大学孔子学院，建立时间是2008年3月，是由开罗大学和北京大学合作建立，经过10年的发展，已经拥有完善的教学管理体制，形成明晰的奖学金制度，开展多样化的教学活动，不仅有汉语文化教育，也包含技能培养等课程，在鼓励学员赴华留学方面卓有成效。

表 4 非洲航段国家孔子学院和孔子课堂的分布及数量（截至 2018 年）

国家	孔子学院(所)	孔子课堂(个)	国家	孔子学院(所)	孔子课堂(个)
埃及	2	4	坦桑尼亚	2	2
苏丹	1	0	莫桑比克	1	1
吉布提	0	0	马达加斯加	2	1
厄立特里亚	1	0	南非	6	9
肯尼亚	4	3	合计	19	20

资料来源：根据国家汉办官方网站（http：//www. hanban. edu. cn）数据整理得到。

总体看，“21 世纪海上丝绸之路”沿线国家的孔子学院建设和发展呈现以下特点：一是数量和规模发展较快。孔子学院和孔子课堂的总量从 2007 年的 50 个增加至 2018 年的 145 个，孔子学院的发展卓有成效。二是孔子学院和孔子课堂在各个航段的分布有一定差异。从各航段情况来看，截至 2018 年，四个航段中，东南亚建立的孔子学院（课堂）总数最多，占四个航段总数的 52%；其次是非洲航段，占比为 27%；西亚航段国家设立孔子学院以及开设孔子课堂的总数最少，仅占总数的 8%。从孔子学院的分布情况看，34 个国家中拥有孔子学院和孔子课堂的国家有 25 个；文莱、马尔代夫、伊拉克、科威特、沙特阿拉伯、阿曼、卡塔尔、也门和吉布提 9 国尚未建立孔子学院。从孔子学院的办学内容来看，在教学安排上是以满足外国汉语学习者的需要的汉语教学为基础课程，另外还有相关介绍中华文化的课程，且辅助于丰富的其他教学活动，比如举办中国电影宣传月，体验中华传统节日民俗等。在师资力量方面，注重教师队伍的选拔和培训，为赴外教师展开培训等。

二 海丝沿线国家留学生招生发展现状

2000 年以来，随着中国与其他国家贸易往来的增多、全球影响力的提高和国际交往的增加，中国把扩大留学生规模、促进高等教育国际化提上议程。中央政府颁布有关扩大入境国际学生规模的两个政府文件：2001 年签发的《全国教育事业第十个五年计划》和2004年转批教育部《2003～2007年教育振兴行动计划》。2010年，教育部推出“留学中国”计划，政府的最终目标是在2020年之前接收50万名国际学生，成为亚洲最大的国际学生接收国和世界主要留学目的地。2014年12月在北京举行的国际会议上，国家主席习近平和国务院总理李克强再次强调了招收国际学生作为国家战略在加强软实力和国际竞争力上的重要性。十九大报告进一步指出，“要以‘一带一路’建设为重点……建设全新对外开放格局”，“要推进国际传播能力建设，讲好中国故事，加强人文交流……提高国家文化软实力”。如何提升自身实力、扩大宣传力度，吸引海外学生来华留学，如何把握“一带一路”倡议带来的教育方面开展深入合作机会，如何利用随着孔子学院的发展对来华留学生影响的发展机遇，成为国家及高校日益重视的问题。

（一）“新丝路”沿线国家来华留学生增长速度快，市场潜力大

从海丝沿线国家留学生招生的总体情况看，在“一带一路”政策的推动下，海丝沿线国家已成为中国国际教育的重要市场。据《2016来华留学生简明统计》，2016年来华留学生总数为442773名，来自世界205个国家和地区，在中国的829所高等院校、科研所和其他机构中学习、研修、培训，留学生特别是研究生比例上升较快。中国成为亚洲第一、全球第三的留学目的国。究其原因，有以下几个方面：第一是中国经济实力的增强，国家越来越重视教育，逐渐提高教育经费支出，使得教育水平、科研实力不断提高。第二是国家重视推进高等教育国际化的进程。2015年颁布的《推动共建丝绸之路经济带和21世纪海上丝绸之路的愿景和行动》中明确提出“扩大相互间留学生规模”；2016年印发的《关于做好新时期教育对外开放工作的若干意见》，确定了到2020年中国无论是在出国留学服务质量还是来华留学质量上都要得到提高。第三是国内各大高校也实施各项措施吸引留学生，扩大留学生规模，建设国际化高校，提升学校的国际影响力。

在过去的几年里，四个航段沿线国家来华留学生人数一直呈增长趋势，尤其是东南亚航段（见图1）。2016～2017年间，印度、印度尼西亚、老

挝、巴基斯坦和泰国的留学生人数平均增加了20%以上。此外，非洲学生的数量迅速增加，从1999年的1384人增加到2013年的33359人，占总市场的9.3%。从总体看，留学生来华留学数排名前十的国家中，有5个是“一带一路”沿线国家，占据前十位的半壁江山。究其原因可能是：一是教育部先后部署实施多项共建“一带一路”教育行动，与沿线国家继续拓展教育合作，来华留学生规模不断扩大。二是随着中国与海丝沿线国家经贸合作不断深入，需要“语言+专业”的复合型人才，基于提高业务能力的需要，来华留学人数增长①。三是中国致力于同“一带一路”国家一直保持良好平稳的关系，留学生来华留学的意愿强。

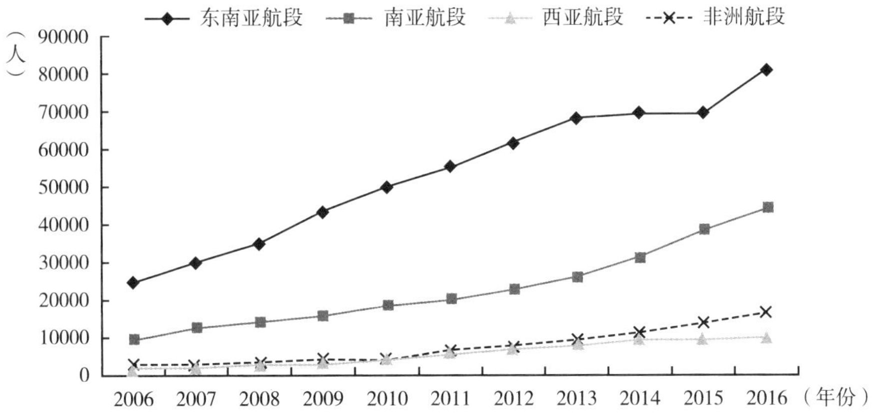

图1　2006～2016年四个航段来华留学人数统计

资料来源：由历年《来华留学生简明统计》整理得到。

（二）各航段来华留学生分布不均，且国别差异大

1. 东南亚航段国家来华留学生规模大，发展态势整体良好

从2006～2016年，东南亚航段的国家来华留学的学生人数一直居于四

---

① 丁浩、尚雪娇、隋广军：《中国与葡语国家合作发展报告（2019）》，社会科学文献出版社，2019，第46页。

个航段首位，是“一带一路”区域生源的中坚力量，是来华留学市场上的重要支柱。其中，泰国表现尤为突出，2014 年，泰国来华留学生人数为 21296 人，继 2013 年超越日本位列来华留学生源第三大国后，至目前一直保持这一位置。2006 ~ 2016 泰国来华留学生人数为 161102 人，占总数的 27.47%；2016 年较 2006 年来华留学人数增加约 3.17 倍，11 年来增速平稳。印度尼西亚和越南来华留学生规模紧随泰国之后，印度尼西亚 2006 ~ 2016 年来华留学人数合计为 115481 人，占东南亚国家 11 年间来华留学人数的 19.68%；越南来华留学人数 123387 人，占总数的 20.04%。泰国、印度尼西亚和越南来华留学生的规模占据东南亚来华留学生总规模的将近 70%。老挝和缅甸两国 2006 年来华留学生人数不足千人，但是增长速度快，到 2016 年，老挝来华留学人数增长至 9907 人，缅甸为 5662 人。除文莱来华留学规模很小以外，其余国家来华留学态势均发展良好（见表 5）。东南亚国家来华留学人数较多可能的原因是：首先，中国政府与各大高校实施的为满足吸引国际化人才的需要而设立的奖学金制度。东南亚航段国家的奖学金留学生人数是四个航段中最多的。其次是近年来中国与马来西亚、印度尼西亚、菲律宾、老挝、越南签署了学历互认协议，这些教育合作方面的协议推动东南亚学生来华留学。最后是东南亚国家和中国在地理位置、文化融合以及发展历程上都有所联系，提高了来华留学生的规模①。另外，中国和东盟签署自由贸易协定，也推动东南亚学生来华留学事业的发展。

表 5　2006 ~ 2016 年东南亚航段国家来华留学生人数统计

国家	2006	2007	2008	2009	2010	2011	2012	2013	2014	2015	2016
马来西亚	1743	1908	2114	2792	3885	4259	6045	6126	6645	6650	6880
印度尼西亚	5652	6590	7084	7926	9539	10957	13144	13492	13689	12694	14714
泰国	5522	7306	8476	11379	13177	14145	16675	20106	21296	19976	23044

① 刘宝存、胡瑞：《东南亚国家来华留学教育：进展、问题与对策》，《华南师范大学学报（社会科学版）》2018 年第 5 期。

续表

国家	2006	2007	2008	2009	2010	2011	2012	2013	2014	2015	2016
菲律宾	1512	1335	2362	2273	2989	2662	2642	2917	2929	3343	3061
新加坡	1392	1480	2155	3198	3608	4483	4250	5290	5031	4865	4983
文莱	10	13	36	22	31	36	44	29	87	62	70
老挝	833	943	1161	1557	1859	2395	2773	3999	5040	4918	9907
越南	7310	9702	10396	12247	13018	13549	13038	12799	10658	10031	10639
缅甸	538	645	652	1026	972	1529	1872	2299	2317	4733	5662
柬埔寨	221	225	299	406	502	775	1336	1390	1446	1829	2250
合计	24733	30147	34735	42826	49580	54790	61819	68447	69138	69101	81210

资料来源：历年《来华留学生简明统计》。

2. 南亚航段国家来华留学生市场潜力大，发展前景广阔

从总体上看，南亚航段国家留学生规模在四个航段位居第二，在“新丝路”沿线区域中具有优势。根据表 6 数据可知，在南亚航段选取的 5 国中，巴基斯坦和印度来华留学人数基数较大，且一直以来都保持良好的增长趋势。南亚航段的国家来华留学生的典型特征基本以攻读医学、工程类专业为主①。孟加拉国的来华留学人数从 2006 年的 209 人增加至 2016 年的 4905 人；斯里兰卡来华留学人数从 2006 年的 449 人增加至 2016 年的 2311 人，发展速度快，发展步伐紧跟印度和巴基斯坦，发展规模远大于马尔代夫，发展前景广阔（见表6）。中国与南亚各国具有开展国际教育的合作优势，第一是具有文化合作的渊源，中国和孟加拉国 1976 年就开始互派留学生，1979 年签署两国政府文化合作协定，自此之后两国文化方面的交流和合作一直稳步推进。第二是中国与印度、斯里兰卡、马尔代夫均签署学历互认协议，对中国教育学历的认可一定程度上能够促进留学生选择来华留学。第三是随着“一带一路”政策的推进，教育合作程度将不断加深，南亚航段国家将成为来华留学生招生的主要阵地。

① 资料来源：《2014 年度来华留学调查报告》。

表 6　2006～2016 年南亚航段国家来华留学生人数统计

国家	2006	2007	2008	2009	2010	2011	2012	2013	2014	2015	2016
孟加拉国	209	263	293	412	587	941	1253	1964	2566	3765	4905
印度	5634	7190	8145	8468	9014	9370	10237	11781	13578	16694	18171
斯里兰卡	449	625	768	901	1099	1079	1068	1331	1708	2109	2311
马尔代夫	17	61	76	94	117	140	158	207	198	179	186
巴基斯坦	3308	4450	5199	5738	7406	8516	9630	10941	13360	15654	18626
合计	9617	12589	14481	15613	18223	20046	22346	26224	31410	38401	44199

资料来源：历年《来华留学生简明统计》。

3. 西亚航段国家来华留学生规模小，发展速度慢

西亚国家多为发展层次比较低、教育水平不高的国家。因此来华留学生人数较少，发展基础弱，速度缓慢，截至 2016 年西亚各国来华留学生规模仍然很小。表 7 显示，除了也门从 2006 年的 262 人增加至 2016 年的 910 人，其余各国来华留学人数近年来几乎没有增加，科威特、沙特阿拉伯和卡塔尔甚至出现了负增长。制约南亚航段留学生招生发展的因素可能有以下方面：第一是中国与西亚各国的文化差异大，发展阶段和发展水平不同影响留学生的招生。第二是中国高等教育发展水平与发达国家相比仍有一定差距，不足以吸引大规模留学生来华留学。第三是西亚各国人口总量较少，来华留学供给不足。当前，如何扩大西亚各国来华留学生招生规模应该是中国关注的重点问题。要加强国家间沟通，通过召开各种国际论坛和建立孔子学院等方式加深国家间的了解和认识，从而形成良好的外交关系，这也是扩大留学生招生规模的基础。孔子学院在西亚地区的建设为中国和西亚各国的文化注入新的活力，有助于促进来华留学招生规模的扩大。

表 7　2006～2016 年西亚航段国家来华留学生人数统计

国家	2006	2007	2008	2009	2010	2011	2012	2013	2014	2015	2016
伊朗	31	31	42	68	87	97	117	159	227	267	310
伊拉克	57	57	65	89	96	97	108	114	110	119	120
科威特	5	5	0	2	1	0	0	0	0	0	0

续表

国家	2006	2007	2008	2009	2010	2011	2012	2013	2014	2015	2016
沙特阿拉伯	6	8	5	8	9	8	7	7	7	6	8
阿联酋	4	6	6	6	5	3	4	1	1	1	1
土耳其	14	22	30	50	60	81	111	129	137	148	170
巴林	4	3	6	10	11	14	12	13	7	7	11
阿曼	8	9	11	21	23	24	22	18	15	12	13
卡塔尔	0	0	0	1	1	1	2	1	0	0	0
也门	262	269	294	364	403	445	490	558	643	703	910
合计	391	410	459	619	696	770	873	1000	1147	1263	1543

资料来源：历年《来华留学生简明统计》。

4. 非洲航段国家来华留学生规模逐渐扩大，但国家间差异大

非洲航段的国家来华留学规模不及东南亚和南亚但增速提高，2006～2016年来华留学人数一直呈现上升趋势，稳步提高，为来华留学生源注入新动源。从非洲航段各国的具体情况看，埃及、苏丹、肯尼亚、坦桑尼亚、南非2006年来华留学生基数不大，但一直平稳增长，到2016年，留学生规模显著。截至2016年，吉布提、厄立特里亚的来华留学生规模与其他非洲国家相比仍然偏小。莫桑比克和马达加斯加分别由2006年的31人、58人增加至2016年的496人和875人，虽相比埃及、苏丹等国来华留学人数不具有优势，但发展潜力巨大。应借助“一带一路”的契机，广泛开拓非洲各国来华留学市场。

现阶段，非洲国家来华留学规模虽不及东南亚和南亚，但是发展潜力大。首先中国与非洲各国友好外交关系的发展是来华留学规模持续扩大的基础，对非洲国家进行援助，帮扶非洲国家培养人才的各项举措有力地推动非洲学生来华留学。其中，孔子学院的建设也是推动来华留学人数增加的重要原因，通过教授汉语课程以及设立奖学金吸引非洲学生。另外，随着中国经济实力的发展和科技水平的提高，非洲学生也希望学习中国先进的技术，享受到中国高质量的高等教育服务。

表 8　2006～2016 年非洲航段国家来华留学生人数统计

国家	2006	2007	2008	2009	2010	2011	2012	2013	2014	2015	2016
埃及	84	117	190	337	464	576	715	745	838	1067	1352
苏丹	160	261	338	473	681	859	1066	1329	1698	2002	2629
吉布提	21	18	48	81	94	126	199	257	323	535	615
厄立特里亚	13	17	32	60	87	118	140	157	146	162	212
肯尼亚	110	224	356	461	729	955	1129	1319	1529	1714	2414
坦桑尼亚	321	374	409	540	98	731	873	1167	1991	2804	3520
莫桑比克	31	65	85	104	26	249	284	322	280	328	496
马达加斯加	58	95	157	203	95	511	858	883	925	912	875
南非	96	162	224	293	151	577	793	1019	1783	2062	2299
合计	2900	3340	3847	4561	4435	6713	8069	9211	11527	13601	16428

资料来源：历年《来华留学生简明统计》。

三　孔子学院对留学生招生的潜在影响分析

孔子学院作为一张宣传中华文化的“名片”，为世界人民提供更加直接的认识中国、了解中国教育的渠道。根据来华留学生统计数据可以看到，发展中国家留学生是来华留学的主力军，选取的四个航段沿线的 34 个较有代表性的节点国家均是发展中国家，随着“一带一路”政策的逐步推进，可以预测未来这些国家将成为来华留学的主要生源地。孔子学院的发展与海丝沿线国家来华留学招生情况有着千丝万缕的联系，从孔子学院建立的数量与来华留学生人数来看，两者呈现相一致的增长趋势（见图 2）。自从“一带一路”政策实施以来，国家重视与海丝沿线国家之间在教育科学领域的共同发展问题。近年来，中国经济实力不断提高，教育规模逐步扩大，教育水平逐渐提升，教育体系不断完善，来华留学优势凸显，加之孔子学院的大力宣传，均增强了对海丝沿线国家的吸引力。

分析孔子学院在海丝沿线国家的发展与来华留学招生之间的关系，将对孔子学院在海丝沿线国家的建立、布局以及如何发展提供建议。以下将从孔

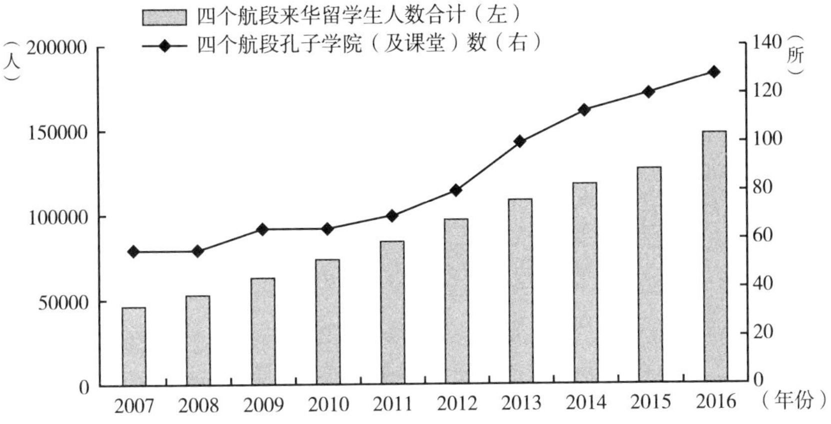

图 2　四个航段的孔子学院发展与来华留学人数增长趋势

资料来源：根据《来华留学生简明统计》以及《孔子学院年度发展报告》整理得到。

子学院的国际声誉、教学活动和文化实力三个方面（见图 3）分析海丝沿线国家孔子学院的发展对来华留学招生产生的影响。

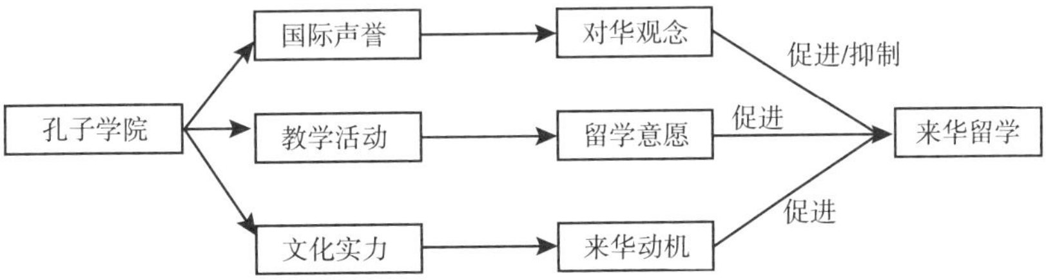

图 3　孔子学院对留学生招生的潜在影响分析

（一）孔子学院的国际声誉影响留学生对华观念

1. 孔子学院以实际行动塑造良好形象，吸引留学生来华留学

孔子学院的建立是为了给世界上有需求、有意愿、有条件的国家的汉语学习者提供方便、优良的条件，同时助力汉语国际推广工作的展开。文化传播降低了文化差异带来的负面影响，孔子学院以其实际行动包容文化间的差异，为文化融合、和谐发展而努力。媒体赞扬“孔子学院促进世界各国对

中国的了解”，“是迄今为止中国最妙的出口品”。同时，它的建立也进一步拉近了学员与中国的距离，以其良好的国际声誉对中华文化的宣传起到积极正面的作用，使留学生对华观念发生改变，激发其来华留学的动机。孔子学院进一步加强制度建设，制定和修订了管理措施方法，加强评估检查，打造高水平的师资队伍建设、做好汉语教材的开发和推广，提高孔子学院的教学成果，展示中国快速发展的高等教育现状，提高国际影响力，在国际社会形成良好的声誉。

2. 西方媒体的新闻舆论对留学生来华留学意向的影响

孔子学院的国际形象影响中国的国家形象。国家形象是公众对一个国家国际形象的总体认知，是国家在国际政治、经济、文化等多个方面相互交往的过程中给其他国家及其民众留下的印象，不仅是一个国家综合国力的反映，也是在国际舞台上良好形象的重要展示①。国家形象的树立首先要让世界认识中国，外国公众对中国形象的认识来自以下两个方面：首先是本国媒介的宣传，例如新闻、报纸及互联网信息，其次是中国的自我宣传。作为正在崛起的全球大国，由于和西方国家存在日益增长的经济和地缘政治竞争，因此一些西方发达国家对中国抱有偏见，认为中国政府利用孔子学院影响外国学术机构，造成媒体在进行报道的时候主观评判色彩浓厚。2014 年孔子学院受到西方媒体的密切关注，一些美国大学出于对校园学术自由和审查制度的担忧，选择终止与中国政府的合作，与中国有密切关系的 100 多所美国大学受到美国大学教授协会的强烈指责。2017 年，美国全国学者协会报告声称，有 103 所孔子学院在美国校园运营，文中提到“中国在美国校园的有害存在”。这些报道损害孔子学院的形象，不利于海外扩招，也使得有意愿来华留学的学生开始重新审视留学选择。

孔子学院是中国进行自我宣传的有益尝试，孔子学院为国外公众提供认识中国的直接渠道。学生是一个特殊的群体类型，代表国家未来的后备力

---

① 陈文：《两广地区东南亚留学生眼中的中国国家形象》，《世界经济与政治》2012 年第 11 期。

量。随着“一带一路”政策的逐渐深入发展，中国与海丝国家的合作将向各个领域延伸。因此，孔子学院作为中国国家形象在国际舞台上的展示的一方面，显得尤为重要。其影响着留学生对华观念，从而对来华留学生招生产生影响。

孔子学院自2004年第一所建立以来，一直致力于与世界各国加强文化交流与合作，建立友好和谐的关系，发挥良好的文化宣传职能，传播中华文化不是文化制霸，也不是一家独大，而是传达中国旨在和谐发展、共建人类命运共同体的心愿。然而，孔子学院的快速发展以及同中国政府之间的关系，使得国际社会对孔子学院心怀戒备，质疑和指责此起彼伏①。随着孔子学院国际影响力的增加，西方媒体对孔子学院的报道在数量上逐年上升，国际社会对于孔子学院的关注程度提高。分国家媒体和地方媒体来看，由于孔子学院的发展着实为当地提高教育活动的多样化以及满足当地民众学习汉语的需要带来好处，因此地方媒体对孔子学院往往持积极的看法；而西方发达国家的国家媒体作为其国家声音的传声筒对孔子学院的负面报道较多，对中国持有警戒和猜忌之心。

媒体报道是获取信息的重要渠道之一。毫无疑问，留学生来华留学会受到关于孔子学院的媒体舆论的影响。对孔子学院负面的报道、批评和指责使孔子学院面临着复杂的国际舆论环境，一定程度上使孔子学院国际形象受损，可能引起发展中国家对“中国威胁论”的担忧，抑制来华留学生招生。

（二）孔子学院的教学活动影响来华留学的需求

1. 课程内容刺激海外学生实地学习的需求

一方面，孔子学院的发展对来华留学产生促进作用。孔子学院所在国的学生在学院进行一段时间的学习后，中文水平提高，对中国的了解和认识加深。在“一带一路”新理念的倡导下，各地孔子课堂充分发挥自身优势，

① 张东辉、和亚林：《孔子学院的国际舆论环境研究——基于西方媒体报道的分析》，《中国人民大学教育学刊》2016年第1期。

秉承“创新、合作、包容、共享”的办学主题，肩负中外文明交流互鉴的“架桥人”的重任①。孔子学院（课堂）在对外进行汉语教学和文化推广时，采用多元化的教学设计，结合当地情况因地制宜地开展教学活动。开设丰富的课程内容，不仅仅是中文的学习，还包括有关中国传统文化方面的课程，比如汉语学习与中医相结合，以及太极拳、武术、书法和民族舞蹈表演等课程。另外，孔子学院还特别举办“汉语桥”世界大中学生中文比赛。国外学员在学习的过程中感悟中华文化，激发对中华文化的兴趣，萌生“百闻不如一见”的念头，希望能够通过自己的观察和体会见证中华文化的发展以及中国的变化，对中国的认知和了解不仅仅局限于课堂和书本，产生想要实地来中国体验、真切感悟中华文化的意愿。来华留学则是他们真实感受中华文化、近距离接触中华文明的最便捷的选择。同时孔子学院设立奖学金，为学生来华留学提供支持，鼓励其来华留学；设立“孔子新汉学计划”鼓励外国留学生来华攻读学位、参加学术会议以及学术访问。孔子学院提供了一个短期授课的汉语学习规划及汉语环境满足学生学习中文的需要，在经历孔子学院的短期教学后，学生基于进一步求学的需求可能会选择来华留学。地方孔子学院在教授汉语的同时，也做了大量的文化介绍工作和宣传活动，比如举办中国电影周、中国文化节，展示中国人民的娱乐休闲内容；每逢中国的传统节日，比如春节、元宵节、中秋节举办联欢会，直观地介绍中国传统节日民俗，展示源远流长的中国历史和历久弥新的中华文化，也让各国民众了解中国社会社情；国内高校以中华优秀文化为主题开展艺术巡演，组织学者学术巡讲，组织孔院学生到中国进行游学交流活动。孔子学院为中华文明“走出去”打开一扇门，让世界了解中国，激发海外学生来华留学的动机。

另一方面，孔子学院的发展也可能对来华留学产生抑制作用。孔子学院的开设使其所在国有兴趣学习汉语有意愿来华学习的学生不用走出国门，在

① 《让世界读懂文明中国》，《光明日报》，2016 年 12 月 20 日，http：//news. ifeng. com/a/50443120_ 0. shtml。

本国就可以享受到良好的汉语教学，在一定程度上对所在国学生来华留学具有替代作用[①]。比如，自从埃及成为中国公民旅游目的国后，中国游客的数量急剧增加，激发对汉语人才的需要，催生当地的汉语热，在开罗大学的孔子学院，招生信息网在校内网公布之后，出现200多万学生报名的火爆场面。因此，孔子学院的发展可能会分流一部分有意愿来华留学的学生生源，对留学生来华留学产生抑制作用。孔子学院教学活动的开展对留学生来华留学的影响不能简单类归为消极或积极影响，整体影响取决于促进作用和抑制作用的综合效果。

2. 孔子学院为海外学生来华留学提供多种支持

孔子学院为海外学生来华留学提供留学信息咨询服务。孔子学院的功能多元，不仅提供课程教学服务，而且提供来华留学的相关咨询服务。满足所在国学生的各种信息需求。为所在国学生提供关于学校的介绍、优势专业以及相关奖学金方面的咨询，为获取来华留学方面的信息提供了可靠、官方的渠道，促进所在国学生对中国高等教育的了解。

孔子学院提供奖助支持吸引人才。与2015年相比，2016年来华奖学金留学生总数增长20.7%，获得奖学金的学生来自五大洲的183个国家和地区，其中来自亚洲的奖学金留学生占54.8%，非洲占20.5%，欧洲占15.5%，美洲和大洋洲分别占7.8%、1.4%。选取的四个航段国家均为亚非国家，获取奖学金的比例占据总数的一半以上。同时，孔子学院也举办考试优秀人才来华留学。例如，泰国的朱拉隆功大学孔子学院举行“留学中国—北京大学”面试选拔，招收优秀学生来华留学，并且为入选来华留学的学生学习生活提供方便条件。朱拉隆功大学孔子学院在为北京大学选拔输送优秀泰国人才方面起到了桥梁的作用，来华留学生也将有机会获得留华工作的机会。

（三）孔子学院的文化实力增强来华留学的吸引力

孔子学院作为在海外设立的汉语文化推广机构，是中国致力于在国际上

① 林航、谢志忠、郑瑞云：《孔子学院是否促进了海外学生来华留学——基于40个国家2004～2014年面板数据的实证检验》，《国际商务（对外经济贸易大学学报）》2016年第5期。

推广中国语言文化政策的重要组成部分，有利于展示中国文化软实力，从而发展公共外交。发展公共外交有以下方面：发展民族品牌、发展国家声誉的运动和关系公共国际交流与文化接触形式的外交①。文化外交是公共外交和国际交流的重要组成部分，中国在这三个方面都很活跃。孔子学院的发展有利于国家推进发展公共外交的进程，提升中国的文化软实力。“软实力”是指通过吸引获得所需的能力，起源于一个国家的文化、政治思想和政策的吸引力，且依赖于塑造他人偏好的能力②。高等教育国际化的发展同样是国家软实力提升的过程。

孔子学院的建立有效促进文化资源在海外传播，提供与外国公众接触和沟通的路径，发挥了文化软实力的吸引力，激发海外学生渴望学习、开拓事业的需求，推动来华留学招生的发展。

四 启示与建议

（一）把握“一带一路”的政策优势，拓展来华留学生生源地范围

来自美国、日本等发达国家的留学生人数呈逐渐下降的趋势，增长已经接近饱和状态。在这样的留学大环境下，为了扩大来华留学生的规模，要抓住机遇，把握“一带一路”的政策优势，开发“新丝路”沿线国家的生源潜力。在“新丝路”沿线按照不同国家的实际情况合理增设孔子学院，形成展示、体验并举的综合平台③。充分发挥孔子学院对来华留学招生的引力效应。同时，在国外留学生来华留学之前，可以开设专门的语

① Metzgar, E. T., "Institutions of Higher Education as Public Diplomacy Tools: China-Based University Programs for the 21st Century", *Journal of Studies in International Education*, 2016 (20): 223 -241.

② 张文英、李凤敏：《中译外人力资本与国家文化软实力提升》，《学习与探索》2012 年第 4 期。

③ 吴才天子：《基于层次分析法的孔子学院评估指标体系研究》，《亚太教育》2016 年第 36 期。

言班和来华所学课程的预科，语言班具体学习时间的长短根据学生的学习水平以及个人意愿确定，这样一方面可以方便留学生尽快适应来华学习的生活和节奏，另一方面也有助于提高生源质量，充分发挥孔子学院的作用。孔子学院的定位应在语言培训机构的基础上增加更为丰富的内涵，孔子学院是同国内外高校合力建设的，完全可以借助高校丰富的教学资源开展留学预科课程，为留学生来华学习做好充分的准备。另外，可以增加孔子学院推荐来华留学生的人数比例，学生在孔子学院进行了一段时间的学习生活后，孔子学院可以根据学习时间的长短、具体的课业成绩、汉语水平选拔出真正热爱中华文化、爱华友华的外国学生来华学习，既可以加大孔子学院在来华留学生选拔上的话语权，又能够提高来华留学的效益。

（二）发挥孔子学院的宣传优势，吸引学生来华留学的兴趣

推动出国留学的因素主要与出国留学的质量和可获得性有关，这在很大程度上取决于声誉和别人的推荐。利用孔子学院的宣传优势打造中国教育良好的口碑，在全球赢得积极的声誉。在海外留学生选择留学国家的过程中，目的国的教学实力和科研水平是非常重要的，留学生选择出国留学往往是对母国的教育环境不满意，希望能够以出国留学的方式接受更好的教育。近年来，在党的十九大强调高质量发展的大背景下，中国的高等教育质量也有了较大的提高，如何让海外学生用动态的、发展的眼光看到新时代中国飞速发展的教育水平，这就要求孔子学院充分发挥其宣传职能。一方面，孔子学院可设专有部门提供公开详细的留学咨询服务，为有意来华的学牛提供获取信息的渠道，帮助来华留学生做好择校择业等选择。另一方面，要做好宣传工作，特别是面向“新丝路”沿线国家展现中国热爱和平、寻求共同发展的良好形象，让外国学生真正了解中国。要让外国学生看到来华留学特有的优势。首先，中国政治局势稳定，拥有和平、友好的学习环境，广泛容纳来自不同国家的多元化和多文化的学生主体。其次，新时期中国经济高速增长，为毕业生提供广泛的就业平台，留学生可

以回国发展，也可以在中国寻找合适的就业机会，拥有更多的选择的可能性。最后，对于优秀的留学生，设立丰厚的奖学金，为来华留学提供支持。为了有针对性地吸引国际学生，孔子学院应该首先了解“新丝路”沿线国家有意留学的学生的决策过程、需求和偏好。选取“新丝路”沿线四个航段的国家多为发展中国家，他们的留学生留学的目的和动机与发达国家学生的目的动机不尽相同。吸引他们来华留学的重要因素可能有中国提供给优秀学生丰厚的奖学金以及由于地理上相近而形成的较高的文化认同感。这就要求孔子学院要开设丰富的课程让学生受到中华文化的熏陶，激发学生的文化认同感，同时为国际学生提供各种奖学金或其他相关的财政支持，使教育成本对于其家庭来说是合理可控的。另外，孔子学院可以开展短期的来华访问活动，让学生深切感受来华生活的便捷和社会服务的完善，吸引学生来华留学的兴趣。在文化交流中，语言往往发挥巨大作用。孔子学院应为不同语言的国际学生提供多种语言可供选择的网站，推广来华留学项目，设计招生工作，为不同学习小组的国际学生安排多样化的学习内容、开设学习课程。

（三）安排多元化课程内容，引发学生来华留学动机

海外学生选择来华留学的一个重要原因是想要体验与自己国家不同的文化，孔子学院在课程开设方面，既要体现与众不同的中华文化的特点，同时也要兼具国际化特色。在所在地文化的大环境下，将全球视野嵌入课程当中，体现包容性、多元性、国际化。另外需要注意的是，无论是教师本土化还是课程差异化上，要根据不同国家的风俗习惯、语言习惯以及和中国的文化差异具体设置①。比如，在课程设计上，可以将中国风俗习惯和当地风土人情进行对比，追根溯源，引出对中国历史文化的介绍，激发学生兴趣。在教学方式上，不仅仅局限于诵读等方式，同时可鼓励学生用中文为大家介绍

① 李国青、万丁丁：《孔子学院的影响和发展策略研究述评》，《改革与开放》2018 年第 17 期。

当地的社会风貌、发展变迁、自身感悟。通过对中文的灵活运用，帮助学生切实掌握一门语言，吸引他们兴趣，增强学生想要来华实地体验的热情和来华留学的动机。对即将来华的留学生，在他们出发前的培训中提供更广泛选修内容，比如中国的历史、风土人情以及地方文化差异的介绍，以便他们更加深入地了解中国，尽快适应留学生活。

B.14

新时代视域下的大国公民及其教育*

朱海龙**

摘　要： 进入21世纪，新公民教育步入快车道。建设中国特色社会主义的新时代，也需要未来有“精气神儿”，具备强烈认同意识、责任担当和使命感、崇德用法、拥有复合型能力的大国公民。他们在气质特征、信念特点、精神风貌、文化自觉、道德表征和能力素养方面具备超越一般公民的高辨识度和社会价值。教育发展经验也证明，新时代大国公民的造就需要遵循教育的规律，依托前瞻、系统的战略规划和适切、可靠的教育路径长期培养实现。要立足中央与地方互动、规划设计先行，精准培养、阶段实施的培养思路；从融合教育模式、讲授场域结合、线上线下互通、“一出一进”互助的具体方式入手，系统培养大国公民。

关键词： 大国公民　公民教育　新时代教育

一　新时代培养大国公民必要性

新时代意味着新机遇和新挑战。国际领域，全球化步入融合发展的新阶

* 本文系国家社会科学基金2018年度教育学一般课题“新时代大国公民与价值观认同研究”，课题号：BEA180114的研究成果。

** 朱海龙，博士，广东外语外贸大学副教授，硕士生导师，研究方向为道德心理与文化。

段，“人类命运共同体”意识得到了加强，但也面临着新民粹主义、单边主义、霸权主义等“逆全球化”思潮的阻击。国际社会期待听到“中国声音”，看到“中国方案”。国家层面上，中国历经改革开放四十年，成绩斐然。但要决胜建成全面小康社会，提升人民的获得感、幸福感还有巨大发展空间。在社会与公民层面上，无论是社会治理，还是体系化教育，都有显著提升。但不容否认的是，面对经济全球化、科技 AI 化、价值观多元化浪潮，基层社会在抵御意识形态风险、建构和谐社会方面还有软肋。尤其在培养新时代高素质公民领域，依然存在投入不足、保障不利、经验不够、特色不彰等问题。

进入 21 世纪后，海外国家新公民教育规划陆续推出。发达国家和新兴经济体国家，都提出了培养与国家发展进程相匹配的大国公民教育计划。美国于 2002 年推出《2002 ~ 2007 年战略规划》，目标是“要加强学校公民教育，培养新时期负责任的具有爱国主义精神的高素质公民”①。欧盟于 2012 年公布了《欧盟公民》报告，重点强化欧洲公民的身份认同，“使其以全新面貌迎接新世纪挑战”。英国推行《公民教育计划》（2000）、将公民教育作为初中阶段（7 ~ 11 年级）国家法定课程基础科目（2000）、颁布公民教育白皮书——《课程检视：多样性与公民权利与义务》（2007），提出“不列颠基本价值观（British Values）”（2012）等一系列举措，培育新时代具备英国价值观的大国公民。② 俄罗斯在“普京主义”的旗帜下实现了国家认同、身份认同、文化认同，开始着手培养能够“代表俄罗斯”③的新公民。日本于 2017 年出台了《2040 年高等教育总体规划报告》，聚焦“培养不拘泥于文理分科，掌握通识和通用技能的公民人才”④。新加坡于

---

① *U. S. Department of Education*, *Strategic Plan 2002 - 2007*. https://www2.ed.gov/about/reports/start/plan2002-07/index.html, 2007-12-10.

② European Commission, “European Citizenship”, *Standard Eurobarometer* 17, Spring 2012, May 2012, P. 23, 24.

③ 张树华等译：《普京文集（2002 ~ 2008）》，中国社会科学出版社，2008，第 686 页。

④ 陈晓婷：《日本发布〈2040 年高等教育总体规划报告〉》，《世界教育信息》2019 年第 4 期，第 74 页。

2014 年实施品格与公民课程改革，于 2016 年建成贯穿大中小学的德育课程体系，专注培养有大国抱负的新加坡公民。[①] 韩国、印度等国相继提出了本国新世纪公民教育计划，等等。联合国教科文组织（UNESCO）2018 年 12 月 3 日组织召开全球教育会议，通过了《布鲁塞尔宣言》。明确了八大教育优先领域，“加强全球公民及可持续发展教育”[②] 位列第五，足见公民教育的重要性。

中国是一个大国，根据国家统计局公布的数据，截至 2018 年末，中国大陆总人口 139538 万人，全年出生人口 1523 万人，出生率为 10.94‰，自然增长率为 3.81‰。其中，达到 18 岁法定公民年龄的人口数为 73185 万人。但是，接受过大专及以上教育人口数为 147953 万人，仅为 20.21%，公民教育素养与西方发达国家差距依然较大。为此，中国也在 2001 年顺应时代发展的迫切要求，发布了《公民道德建设实施纲要》，凝聚全社会力量聚焦公民教育。2019 年，中共中央、国务院新近印发的《中国教育现代化 2035》中提出“坚定实施科教兴国战略，人才强国战略……培养社会主义建设者和接班人。到 2035 年……推动我国成为学习大国、人力资源强国和人才强国。”明确了培育新时代大国公民的能力标准和时间表。

二　大国公民：身份界定与特征辨识

（一）大国公民的身份界定

公民是主权国家中依照宪法享有平等权利和承担平等义务的平等社会成员。大国公民是法律与政治意义的交集概念，他们源自公民社会，却又

① Ministry of Education Singapore. Student-Centric, Values-Driven Education: Nurturing an Inclusive and Stronger Singapore [EB/OL].

② 徐玲玲：《全球教育会议设定八大教育优先行动领域》，《世界教育信息》2019 年第 2 期，第 72 页。

超越一般公民。专指观念层面涵纳政治素养、道德素养、法律素养、文化素养，技能层面聚焦复合能力的高素质“时代新人”。他们在展示、维护国家形象、社会形象、公民形象、文化形象、法治形象、道德水平，建构国家软实力，以及处理关涉国家利益的国内外事务中发挥着重大作用，是不可替代的战略人才资源。大国公民具备鲜明特征和社会价值，可辨识度高。

（二）大国公民的特征辨识

1.“精气神儿”是大国公民的气质特征

大国公民的“精气神儿”源自公民的大国自信、大国心态、大国风范和大国情怀。历经四十年的改革开放，新时代的中国取得了丰硕建设成果的同时，也深刻改变着每位公民的精神状态，而公民的“精气神儿”反映社会价值动向，预示未来前景。“中国特色社会主义道路自信、理论自信、制度自信、文化自信”① 诠释了蓬勃发展的国家需要公民具备何种精神状态，清晰勾勒出大国公民自信的内容来源。

截至 2018 年，全国范围内城镇非私营单位的从业人员平均月工资已经达到 82461 元，是 1978 年改革开放之初的 134 倍，年平均增长率达到 13.0%。扣除物价上涨和通货膨胀因素，实际增长达到 18.3 倍，年平均实际增长率为 7.7%，高于全球平均水平。截至 2018 年年底，参加基本医疗保险的总人数由 1993 年的 290 万人增加到了 134452 万人，全国参加基本养老保险的总人数由 1989 年的 5710 万人增加到 94293 万人，参加工伤保险的总人数由 1993 年的 1104 万人增加到 23874 万人，参加失业保险的总人数由 1992 年的 7443 万人增加到 19643 万人②。这进一步巩固了中国公民对国家发展和个人幸福追求的信心。

大国风范是大国心态的行为表现，具体指公民的文明行为和言语谈吐。

---

① 《国家主席习近平 2018 年在庆祝中国共产党成立 95 周年上的讲话》，http：//www.xinhuanet.com/politics/2016 - 07/01/c_ 1119150660.htm。

② 资料来源：《中国统计年鉴（2019）》，中国统计出版社，2019。

公民素养的显性表现即公共空间中的行为和言语，是检视公民是否具有大国风范的立体指标。从遵守交通规则、卫生习惯、文明礼仪、救助他人到出境旅游，尊重当地文化风俗、法律规范等等都是公民省思、教育的具体内容。大国情怀则是大国自信、大国心态、大国风范的合理逻辑延伸与意境表达，区分大国公民和一般公民的标识性特征。大国公民在行动中“有超越自身利益的勇气，从全球治理的视角看问题”①。最终拥有从“自我”到“他我”，从局限国内到展望国际的宽广视野和内心格局。大国自信、大国心态、大国风范和大国情怀四者层层递进，互为因果，构成了大国公民“精气神儿”的气质特点和结构逻辑。

2. 价值观认同意识是大国公民的信念特点

“认同”意指“共同认可，一致承认”②。价值观认同包括“归属性的、地域性的，经济的，文化的，政治的，社会的以及国别的”③。较之于一般公民，大国公民的不同主要体现在对国家认同、身份认同、政治认同、文化认同的坚定信守以及坚决执行上，成为国家意志的忠实执行者、建设者和国家利益的积极维护者。

由中国青年报社社会调查中心2019年4月，在全国31个省（区、市），抽取有效样本10393个进行的“新中国70年暨五四100年”调查结果显示，45.0%的受访青年表示“非常认同”马克思和马克思主义，42.6%的受访青年表示“比较认同”，表示认同的人数已经占到了全国受访青年总人数的87.6%。穿插并结合因素分析方法后发现，2000年后出生的“千禧一代”受访青年认同马克思主义的比例最高，达到了89.3%。接下来依次是“80”后青年（88.0%）和90后青年（87.8%）。④在公民诸多认同中，国家认同是首要和基础的，也是公民身份认同的前提条件。政治认同是指公民对国家

① 〔德〕于尔根·哈贝马斯：《后民族结构》，曹卫东译，上海人民出版社，2002，第124页。

② 舒新城：《辞海》，上海辞书出版社，1989，第1004页。

③ 〔美〕塞缪尔·亨廷顿：《我们是谁：美国国家特性面临的挑战》，程克雄译，新华出版社，2005，第21~22页。

④ 《87.6%受访青年明确认同马克思主义，00后认同度最高》，https://www.chinanews.com/gn/2019/05-10/8832651.shtml。

政治制度、政治理论、政治价值观、政治文化等政治“治理”形式与内容的肯定和遵从。文化认同是指公民对民族文化的态度倾向性和价值归属性认可，它与政治认同之间存在交叉和支持关系。四方面的价值观认同支撑新时代大国公民的信念结构。

3. 责任担当是大国公民的时代精神

“世界那么大，问题那么多，国际社会期待听到中国声音，看到中国方案，中国不能缺席。”所以，中国“要更有责任和行动”①。作为国际政治舞台上举世公认的大国，中国正在走向世界的中心，承担更多的国际责任，在深度构建“人类命运共同体”的过程中，还将持续发挥领导作用，提供“中国方案”。需要能够履行中国责任、维护中国利益、扮演中国角色、综合素养优异的大国公民以高度的责任意识，深度参与到国内外建设事务中来，把国际责任、国家责任、社会责任、公民责任落实到具体建设实践上。随着接受本专科及以上教育的公民人数逐步增加（见图 1），中国也迎来了培养具有高度责任感的大国公民的教育红利。

大国公民政治上坚守“四个意识”，在积极参政、议政的基础上引领社会其他公民投身政治建设，坚持中国特色社会主义核心价值观，积极讲好“中国人民奋斗圆梦的故事，中国坚持和平发展合作共赢的故事”②；经济上投身国家的改革事业，支持国家战略，贡献大国公民的聪明才智；文化上坚持“自信”开拓创新，做中华优秀传统文化的守护者和宣讲人；道德上，崇德尚行，自觉抵制各类不良风气，传播社会正能量；社会服务上，主动投身国内国际的建设服务，如国内重大赛事、会议的服务工作以及国际支教、国际扶贫开发、国际医疗服务等等。

① 《国家主席习近平 2016 年新年贺词》，http：//politics. people. com. cn/n1/2015/1231/c1001 - 28001757. html。

② 《国家主席习近平 2018 年在全国宣传思想工作会议上的讲话》，http：//www. sov. cn/xinwen/2018 - 08/22/content - 5315723. html。

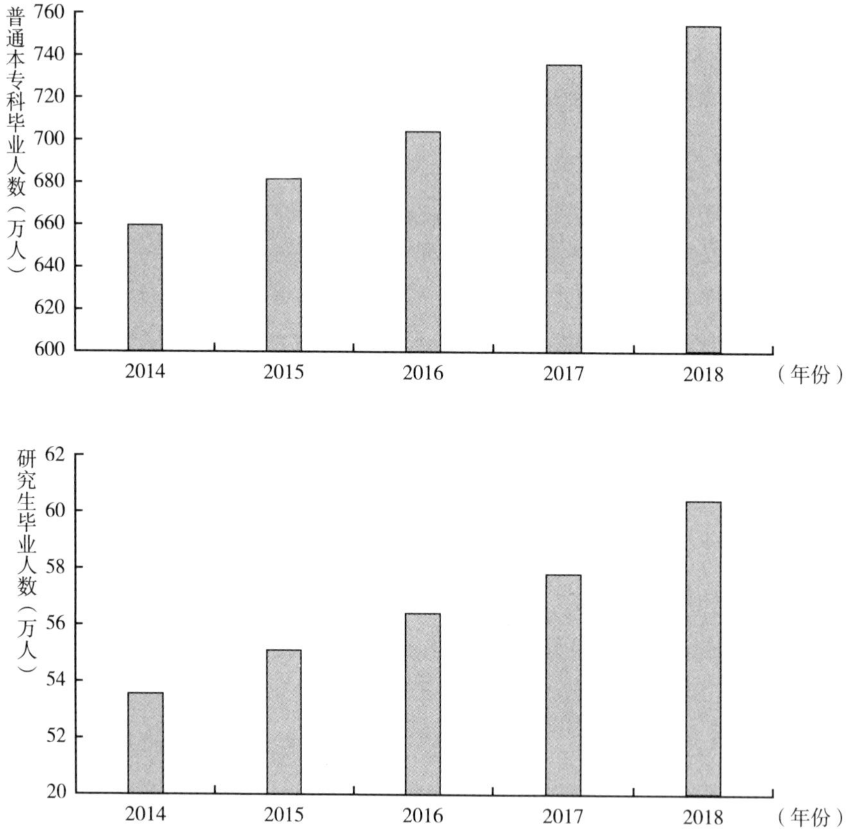

图1　2014～2018 中国公民接受高等教育统计

资料来源：《国家统计数据库 2018》。

4. 使命感是大国公民的文化自觉

大国公民具有强烈的国家使命感，以民族复兴、国家强盛、人民幸福、社会荣辱为己任。时代变迁、国家发展，“使命感”不仅是大国公民发自内心、践行于生活的文化自觉，也是推动国家、民族发展的隐性力量。以科技研发为例，目前中国科技对社会贡献率已经达到 58.5%（见图 2）。其中，肩负高度使命感的研发团队人员发挥了至关重要的作用。曾经的汉字输入系统、青蒿素研究，如今中国的量子通信、北斗导航、高铁、天眼“FAST”、

5G 通信系统、AI 人工智能，就是一批像王选、屠呦呦、黄大年、罗阳、南仁东等大国公民奋斗的成果。在干部驻村、大学生支教、援疆援藏、“一带一路”建设、亚投行运作及打造“人类命运共同体”热潮中，不忘初心的使命感是激励着大国公民持续奋斗的精神动力。

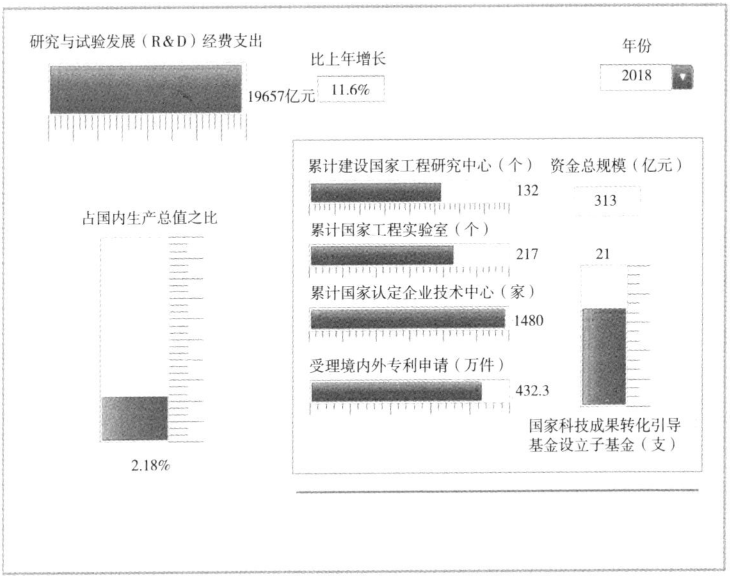

图 2　2014～2018 中国科研投入统计

注：2014～2017 年数据来源于近期中国统计年鉴或相关部门最新资料，2018 年数据来源于 2018 年统计公报；若与部门数据存在不一致，以部门发布数据为准。

5. 崇德用法是大国公民的道德表征

“崇德”超越了“有德”的公民道德底线要求。意味着推崇、仰慕道德，展示出大国公民追求德行、提升道德修养、净化精神世界的持续诉求。“用法”超越了一般公民“守法”的基本道德要求，意味着大国公民有能力娴熟运用法律工具，主动介入对公共、个体利益的调解进程。经过多年公民教育，目前，中国公民的法律、道德素养已经有了明显提升。截至 2018 年，中国共有在读硕士 233.11 万人，其中法学硕士 12.66 万人，占在读硕士的

8.46%。在读法学学士为55.07万人，占全部在读学士2831.03万人的1.95%①。加之多年的社区普法、企业普法，使大国公民的培养有了坚实的法律人才基础。

自2002年10月，中国举办首届“感动中国”人物评选以来，评选活动历经17年，评选了大批凝聚社会道德的公民楷模，涟漪效应得到体现。“崇德用法”弘扬了大国公民对道德价值的追求，以及对法律意义的充分理解和践行，成为具有实体意义的道德表征。以道德尊崇引领新时代社会风尚，建设中国特色社会主义精神文明，以知法用法维护社会秩序，捍卫国家、社会、个人的正当权益，崇德用法已然成为大国公民的突出道德表征。

6. 复合型素养是大国公民的能力特征

“人的现代化是国家现代化必不可少的因素。它并不是现代化的过程结束后的副产品，而是现代化制度与经济赖以长期发展并取得成功的先决条件。”② 如果没有具备复合能力和高素质的时代新人，国家的现代化就无从谈起。人才是国家发展的不竭动力源泉已经成为国际共识。为了能够在激烈的国际竞争中争得一席之地，甚至掌握话语权，世界大国不约而同地把公民人才的能力建设作为重要依托和突破口。培养具备优异复合能力素养的“大国公民”则是重中之重。

习近平总书记在2018年全国教育大会上着重指出，既要“在增强综合素质上下功夫”③，也要“培养一批具有国际视野，通晓国际规则，能够参与国际事务和国际竞争的国际化人才”④。中共中央、国务院新近印发的《中国教育现代化2035》中提出“再经过15年努力，到2035年……推动我国成为学习大国、人力资源强国和人才强国”，明确了中国培育新时代大国公民与时俱进的能力标准和时间表。

---

① 资料来源：《中国统计年鉴（2019）》，中国统计出版社，2019。

② 〔美〕英格尔斯：《人的现代化》，殷陆君编译，四川人民出版社，1985，第8页。

③ 《国家主席习近平2018年在全国教育大会上的讲话》，http：//politics.people.com.cn/n1/2018/0910/c1001－30284629.html。

④ 《国家中长期教育改革和发展规划纲要（2010～2020）》，http：//www.moe.edu.cn/srcsite/A01/s7048/201007/t20100729_ 171904.html。

三　培养大国公民：教育战略规划与实施路径

历经改革开放年四十年征程，中国公民的文化素养、权力意识、能力水平和精神面貌均有显著提高。但是，当前社会依然面临诸如共享单车频遭毁坏、霸座现象不断出现、道德底线失守事件屡屡发生等一系列社会道德新挑战，急需扭转。公民教育既是国家长远战略，也是系统的社会教育工程，应该“遵照教育规律”，从厘定教育规划和明确实施路径两个层面入手，逐步推进。

（一）系统战略规划是成功实施大国公民教育的前提条件

1. 顶层规划，前瞻设计，先行先试

大国公民的教育首先需要国家战略层面的顶层规划和前瞻设计。“我们要抓住机遇，超前布局，以更高远的历史站位、更宽广的国际视野、更深邃的战略眼光，对建设教育强国做出总体部署和战略设计……教育引导学生成为有大爱大德大情怀的人。”① 截至目前，中国已经推出了《国家中长期教育改革和发展规划纲要（2010～2020）》、《公民道德建设实施纲要》等一批里程碑式的教育文件，但尚未推出针对全面培养大国公民的专门指导性文件和顶层规划方案。对大国公民的概念界定、理论形态、内容边界、教育评价、未来发展等前沿教育问题还没有进行前瞻性设计，不利于当下以及未来中国在国际社会中的长期竞争力培养。有必要从国家战略角度出发，着手制定、完善大国公民培养的系统教育方案。并且先行试点，边试边改，在改革实施中具体修正完善。

2. 中央统筹，地方鼓励，上下联动

“教育是国之大计、党之大计”。大国公民是保持国家综合竞争力的战

① 《国家主席习近平 2018 年在全国教育大会上的讲话》，http：//politics. people. com. cn/n1/2018/0910/c1001 －30284629. html。

略资源，“对增强中华民族创新创作活力、实现中华民族伟大复兴具有决定性意义”①。需要中央统筹，推出系统的国家战略规划，地方政府则要积极配合，调动区域力量，整合资源，依托本身地缘特色、经济特色、文化特色、民族特色和教育水平，出台地方的公民教育规划，量身打造具有鲜明特征的大国公民。如东北省份可面向东北亚，西北省份面向“一带一路”国家，西南省份面向“东盟”，东南省份面向海上丝绸之路经济带，中部省份积极承接以上四个方向的发展机遇，积极打造国际视野开阔、掌握某一外语的“创新型、复合型、应用型”公民人才。地方政府需要审时度势地调整优化高校区域布局、专业设置、学科结构，为培养品德高尚、素养优异，具有国际视野的大国公民谋划布局。

3. 重视差异、精准培养，阶段实施

正如区域间经济发展不平衡一样，中国区域教育水平也不尽相同，总体呈现“东强西弱，逐级递减”的教育水平层级。这是实施大国公民教育过程理应正视的问题，需要依托精准培养、分阶段实施的思路予以破解。首先，人文底蕴深厚、经济发展迅速、教育水平高的省份，甚至同一省份内综合实力较强的城市，如省会城市，理应承担更多的公民教育责任，应尽早培养一批具有高度复合型能力、能够代表本省整体发展水平的大国公民人才。其次，在公民群体上，宜作适当甄别，实行精准培养，如先从教师、公务人员、科研人员、大学生、外资公司从业人员等群体切入，对他们施以更高层次的国民礼仪教育、国际政治教育、外语语言教育、国情省情舆情教育，尽早提升这类公民群体的综合素养。进而推至其他群体，使其培养成为能够“主动阐释好中国道路、中国特色，又有效维护我国政治安全和文化安全”②，具有国际理解力、国际交流力、国际文化力和国际事务力的新时代高素质国际化公民人才。同时，尚需在重视差异、精准培养的基础上，分批

① 《国家主席习近平 2018 年在全国教育大会上的讲话》，http：//politics. people. com. cn/n1/2018/0910/c1001 -30284629. html。

② 《国家主席习近平 2018 年在全国宣传思想工作会议上的讲话》，http：//www. sov. cn/xinwen/2018 -08/22/content -5315723. html。

次、分阶段，循序渐进地实施。中央政府可以制定诸如“大国公民教育五年计划”、地方政府则对应推出与其衔接的“大国公民教育五年实施方案”等地方性政策安排，发挥两级合力作用，提高人才培养的质量和效率。

（二）适切的培养路径是大国公民教育成功的关键

1. 学校、政府、家庭和社会的融合教育模式

各级各类学校作为公民教育的重要阵地是业已形成的教育共识。学校教育是公民健康人格和美德培养的主要阵地，与此同时，还在传授学科知识之外，通过学校结构、组织和风俗习惯等对公民进行着初步的社会化教育。但各级各类学校不能成为唯一阵地，政府、家庭与社会的教育力量如若被无视则是巨大的资源浪费，理应将三者结合起来，实施“校内 + 校外”全要素、全方位、全系统、全过程的教育。“办好教育事业，家庭、学校、政府、社会都有责任。”① 只有当政府、家庭和社会的教育力量与学校统筹在一起，同向而行，才能最大限度地发挥“四合一”聚合效应。大国公民的启蒙培养在于家庭需要先教导子女“扣好人生的第一粒扣子”，教育周期是终身的、动态的，教育介质则贯穿学校、政府、家庭和社会全要素，公民教育的成果反哺社会发展，形成周而复始的良性互动。

2. 课堂讲授与实践平台相结合

学校课堂作为公民教育的地位具有不可替代性，并且是从小学至大学全过程教育中最理论化、体系化的教育场域。也正是由于学校教育的自身特点，在客观上，形成了与现实生活“最后一米”的阻隔。为此，需要与社会生活充分“融入”，通过生活实践来验证课堂讲授内容的正确性。公民教育应该是“通过公民生活”② 的教育。“公民只有‘参与’他们才能成为公

① 《国家主席习近平 2018 年在全国教育大会上的讲话》，http：//politics. people. com. cn/n1/2018/0910/c1001 –30284629. html。

② 〔英〕德里克·希特：《何谓公民身份》，郭忠华译，吉林出版集团责任公司，2007，第 183 页。

民。"[①] 实践参与是感性和有效的介入路径。同时，实践是具体的，学生可以依据年龄、身份和能力特点参与各类社会服务，其他群体可以通过社区机构广泛参与多样的公益服务，通过国家志愿服务平台参与代表国家意志的国际服务活动，诸如海外孔子学院志愿者、国际医疗服务、扶贫开发、"三支一扶"等，培养公民积极向善的个人道德品质和社会风气。课堂讲授与实践平台相结合的公民教育方式实现了对两种教育路径各自不足的"相互补位"，更加有利于培养学理根基扎实、生活实践能力突出、社会服务水平过硬的大国公民。

3. "网上"与"网下"教育共同发力

新时代也是自媒体兴盛的网络资讯化时代，公民生活已经与网络相互嵌入，步入"你中有我"和"我中有你"的交互状态。可以把"网上"的网络教育与"网下"的生活教育整合起来，发挥聚合效应，提升学校、政府、社会、家庭对每一位公民进行教育以及公民自我教育能力。目前，中国已经建设了完善的国家、省级、校级网络课程（MOOC）系统，建成10余个地域全覆盖、学科全覆盖的大型网络慕课平台。"学堂在线"、"爱课程网"已居国内外领先行列。由460多所高水平大学建设的3200余门慕课在课程平台成功上线，5500万人次在校大学生和社会学习者选学课程初步完善。教育部也于2019年首次公布认定了801门"国家精品在线开放课程"名单，供免费学习[②]，大量涉及公民伦理教育、政治教育、文化教育、历史教育、外语教育等等，可以提供丰富的自我教育资源。学校是"网上"、"网下"双向渠道实施公民教育的主要力量，"鼓励各级各类学校与时俱进创新教育理念和人才培养模式，发展互联网+教育"[③]。

政府和社会要做"网上"与"网下"教育中正能量传播的谋划者和鼓号

① 〔美〕本杰明·巴伯：《强势民主彭斌》，吴润洲译，吉林人民出版社，2006，第184页。

② 《801门课程入选为2018年国家精品在线开放课程》，http：//www. edu. cn/xxh/zyyyy/zxjy/201901/t20190123_ 1643131. shtml。

③ 《国家主席习近平2018年在全国教育大会上的讲话》，http：//politics. people. com. cn/n1/2018/0910/c1001 -30284629. html。

手，“自觉承担起举旗帜、聚民心、育新人、兴文化、展形象的使命任务”①。坚定地抵制、打击诸如黄赌毒等低俗网络文化，传播激荡人心的社会正能量，讴歌新时代中国特色社会主义文化建设成果，确保公民“网上”网络生活风清气正。“网下”生活则要加强公民道德价值观引导及规范执行，公民自身则应积极遵照道德标准，开展自我教育，如规范停放共享单车，积极救助他人，以及在海外旅游时展现大国公民的礼仪素养等等。“网上”、“网下”、教育和自我教育的共同发力，就能缔造一个“社会成员相互之间的行为体现出公民精神的社会”②，为大国公民的培养提供虚拟与现实的双向健康环境。

4. “走出去”与“请进来”的互通借鉴模式

“在全球化时代，全球共同性在增加。”③ 共同性推动了人才与信息的全球流动，公民教育在流动过程中取长补短，可由“走出去”和“请进来”两种路径实现公民的相互学习和交流。伴随着中国“一带一路”国家建设的深入推进、亚投行的成功运营，中欧合作、中非合作、东盟合作，上海合作组织的持续深化，中国技术、中国资金和中国智慧正在使合作国家与我们实现“道路相通、语言相通、民心相通、信息相通”。

具有高度复合型素养的大国公民是合作路上的关键成功要素，需要经由国内“走出去”和国外“请进来”的互相借鉴的双向渠道，有重点、有目标、有规划地培养。例如具体可以从高校、科研院所、企业等与海外事务频繁接触的机构中选拔人才，报考国际公务员、海外组织等。在海外服务的过程中积累、学习、借鉴他国的先进教育方法和内容，系统培养中方人才的国际化素养。同时，积极引进域外国家在公民教育领域的先进内容、成熟的方法等，使公民教育在“你来我往”的互通流动中实现，在服务实践的生活中培养能力卓越的大国公民。

---

① 《国家主席习近平 2018 年在全国宣传思想工作会议上的讲话》，http：//www. sov. cn/xinwen/2018 - 08/22/content - 5315723. html。

② Edwards Slills. “*The Virtue of Civility*: *Selected Essays on Liberalism*, *Tradition and Civil Society*”. Indianapolis: Liberay Fund Inc, 1997. p. 322.

③ 〔德〕于尔根·哈贝马斯：《后民族结构》，曹卫东译，上海人民出版社，2002，第 124 页。

大国公民是国家长期繁荣稳定，保持大国实力、大国形象、大国尊严的战略人才。步入新时代的中国行稳致远，需要大国实力，也需要能为此提供强力支撑的大国公民。

参考文献

A. MacIntyre, "*After Virture*", Duckworth, 2nd edn, 1985.

M. Janowitz, "*The Good Citizen-A Threatened Species*", in W. K. Cummings et al., Revival of Values Education.

"*Qualifications and Curriculum Authority, Education for Citizenship and Teaching of Democracy in Schools (Crick Report)*". London: QCA, 1998. And also QCA, Citizenship at key Stages 3 and 4: initial guidance for School. London: QCA, 2000.

T. H. McLaughlin, "Citizenship, Diversity and Education: A Philosophical Perspective." *Journal of Moral Education*, Vol. 21, 1992, p. 241.

陈书良:《梁启超文集》，燕山出版社，2009。

单中惠、杨汉麟:《西方教育学名著提要》，江西人民出版社，2000。

〔古希腊〕亚里士多德:《尼各马可伦理学》，廖申白译，商务印书馆，2006。

《国家主席习近平2018年在北京大学师生座谈会上的讲话》，http://www.xinhuanet.com/2018-05/03c_1122774230.htm。

梁启超:《新民说》，宋志明选注，辽宁出版社，1994。

《马克思恩格斯选集（第1卷）》，人民出版社，1995。

孙兰芝:《埃蒙凯伦"公民教育与道德政治"观辨析》，《国家教育行政学院学报》2002年第3期。

张岱年、方克立:《中国文化概论》，北京师范大学出版社，2004。

郑玄:《礼记·中庸》，中华书局，2003。

Abstract

The Report on Chinese Higher Education Development (*2019*) is the first bluebook elaborating on the status quo of higher education development in China, issued by the Center for Higher Education Research in Guangdong University of Foreign Studies (GDUFS) . The writers involved in the report come from research institutes including the National Center for Education Development Research, GDUFS, Fujian Academy of Social Sciences, Wuhan University of Technology, Hefei College, Shunde Polytechnic, Hebei University, Yanshan University, Jiangsu Academy of Educational Sciences.

The Report on Chinese Higher Education Development (2019) consists of a general report, four sub – reports, four regional reports, and five special reports. These reports cover a wide range of topics from the status quo of Chinese higher education, the undergraduate education of applied or foreign – study higher education institutions (HEIs), new – built HEIs, vocational higher education, to regional higher educational studies in Beijing – Tianjin – Hebei, Guangdong – Hong Kong – Macao Greater Bay Area, as well as the local higher education development in Guangdong. Basically, the bluebook touches on all relevant fields of higher education in China.

First, the report contributes to the comprehensive elaboration of the status quo in all areas of Chinese higher education. The year of 2018 witnessed a stable trend regarding the scale of higher education, followed by an orderly progress highlighting the intensive development of the whole higher education enterprise; amid the increasing construction of the "double world – class", the teaching in HEIs was overtly improved, and the enhancement of faculty team has stepped into a new era. In recent years, applied universities have spontaneously carried out many practices aiming at applied undergraduate education, which stimulated the blossom of various types of alliances emerged to coordinate resources, particularly the movement in enhancing faculty team construction in local newly – built HEIs. In terms of vocational higher education, the year of 2018 is regarded as a watershed with major reforms in China. Higher vocational education has taken up half of Chinese higher education. The pattern, characteristics and path of vocational higher education with Chinese characteristics have become increasingly prominent.

Secondly, the report contributes to the analyses of the problems and challenges facing Chinese higher education. Although the effectiveness of Chinese higher education reforms has initially worked out, it still has serious problems including the imbalanced development across regions, the dilemma of the transformation of applied universities, the imperfect integration of production and education in vocational higher education, and the far – from – reach informatization of higher education. The development of applied undergraduate education was impeded by the classification development of applied universities, the deviation of policy objectives and policy implementation, and the sole emphasis on the forms instead of deep cooperation among alliances across HEIs. The structure of faculty team in newly – established HEIs is still to be improved due to insufficient training and exercises; there is an increasing demand for the "double – qualified & double – capable" faculty and experimentalist; faculty' s lagging information technology affects their teaching effectiveness; the applied research in HEISs still has a long way to go since it cannot strongly support and lead regional innovative development; faculty' s self – transformation is short of driving force. There are many problems in foreign – study HEIs, such as the lack of a talent training mechanism for international organizations, inadequate teaching quality assurance systems, outdated teaching methods, high student – teacher ratios, and insufficient curriculum resources.

Third, the report contributes to corresponding countermeasures to meet future challenges. It is predicted that Chinese higher education will usher in the key points of popularization in 2020. Higher education will keep advancing on the road of intensive development and quality improvement. The responsibilities of HEIs involved in the "double world – class" movement will become clearer, and the role of the opening – up policy in higher education will be prominent. Higher education shoulders the epoch – making mission of building a strong power in education enterprise, and it is recommended to further promote the gathering of high – quality teaching resources and improve the quality of undergraduate education; strengthen the construction of faculty team and promote their professional development; highlight the Chinese characteristics and give play to the role of think tanks in HEIs; actively boast the integrative development of higher education and uplift the cluster effect; grasp the opening – up policy and the "Belt and Road" initiative and strive to improve the internationalization of higher education, and provide a strong support for the high – quality development of social economic development in the new era. In terms of the applied undergraduate education, it is necessary to base on the gradual development mode, strengthen the professional standardization of faculty training and design corresponding policies for applied undergraduate education. Regarding the construction of faculty team in newly – established HEIs, the structure should be optimized by continuously increasing the number of early – career faculty. Throughout the bluebook, it focuses on the analyses of practical issues and the tracking of policy issues. It has also made breakthroughs in research methods even the research field. It has practical significance and important value for enriching theoretical research, policy analysis, and strategic evaluation of higher education in China. The bluebook can provide references and suggestions for domestic governments at all levels, HEIs, scientific research institutions, and enterprises.

Contents

Ⅰ General Report

Abstract: In 2018, China's higher education has stridden into a fast developing period, the development of higher education in China has made remarkable achievements. The scale of higher education expands steadily. The speed of constructing the "double first-class" has been accelerated, The connotative development has been promoted in an orderly manner, The professional development of teachers has entered into a new stage. 2019, China's higher education comes to the key point of popularization, The focus of the development has shifted from the extensive scale expansion to the connotative quality improvement. The construction of the "double first-class" has become an important strategy. And the outbound exchange and education has ushered in new development. However, the imbalance of regional development is still grim. The integration of production and education in high vocational education needs to be deepened, the transformation of application-oriented is facing challenges, and the informatization has a long way to go. Therefore this report proposes that China's higher education should be strengthened through aggregating high-quality teaching resources, promoting the professional development of teachers, enhancing the establishment of think tanks, promoting the integrated development in the regional area, and striving to promote the internationalization of higher education.

Keywords: Higher Education; Quality of Education; Connotation Development; China

Ⅱ Study Reports

Abstract: Application-oriented undergraduate education is the main part of undergraduate education in China based on the number of local colleges and universities and their enrollment scale. Some universities have spontaneously implemented application-oriented undergraduate education for many years through the analysis of the National Teaching Achievement Award. In order to develop applied undergraduate education, the local government promulgated various policies to promote the pilot reform that formed a diversified talent training model, such as the integration of vocational education and application-oriented undergraduate education, the fusion of industry and education, and international cooperation. Local colleges and universities formed various types of alliances to coordinate resources, to deepen the practice of application-oriented undergraduate education. However, the development of application-oriented undergraduate education is hindered by the classification of colleges and universities, the deviation of policy objectives and policy implementation, and the surface cooperative alliances. It is argued that we should focus on gradual development, strengthening the professional standardization of talent training model and combining the applied undergraduate education policy are the future development direction of applied undergraduate education.

Keywords: Applied undergraduate Education; The Fusion of Industry and Education; College Alliance; Local Colleges and Universities

B. 3 A Report on the Undergraduate Teaching Quality of Chinese Universities of Foreign Studies in 2019

Yuan Changqing, Lai Wencai and Cai Wenjuan / 052

Abstract: Chinese universities of foreign studies shoulder the great responsibilities of talent development and providing intellectual support for "The Belt and Road" and "Overseas Promotion" of Chinese culture. This report, focusing on 14 universities of foreign studies nationwide, analyzes and compares their statistics released from The Report on Undergraduate Teaching Quality from 2017 to 2018. Suggestions for improvement are made accordingly.

Keywords: Universities of Foreign Studies; An Annual Quality Report; Undergraduate Teaching; Talent Development; Quality

B. 4 Report on faculty Development of Newly-Established Universities

Xia Li / 089

Abstract: Newly-established universities are an important part of China's higher education system, which has impact on the quality of the whole higher education. Teachers of newly-established universities is an effective guarantee for the training of applied talents and one of the core driving forces for the transformation and development of universities. Based on the perspective of qualification assessment and the relevant data of faculty development in newly-established universities, this report outlines the overall development status of teachers in Newly-established universities and analyses the problems faced by the construction of teacher team, with a view to providing guidance for the development of teachers in Newly-established universities in China and making suggestions for promoting the construction of teacher team in order to promote the transformation and connotative development of newly-established universities.

Keywords: Newly-established Universities; Faculty Development; Challenge; Chance

Abstract: The year 2018 is an important year of making major reform in higher vocational education of China. Higher vocational education has occupied half of China higher education, and the model has gradual maturity. The attraction for students continues to increase and the foundation of vocational education has been consolidated. International influence is expanding day by day. This paper suggests that higher vocational education should further strengthen the construction of the national vocational qualification framework and further deepen the integration of production and education in order to better solve the contradiction between the high-quality economic development and the supply of high-skilled human resources in the new era.

Keywords: Conceiving Major Reform; Consolidated Foundation; Continuous Promotion

Ⅲ Regional Reports

Abstract: The coordinated development of higher education is an important link in the national strategy of Beijing-Tianjin-Hebei coordinated development, and has important strategic significance in promoting the economic and social development of Beijing-Tianjin-Hebei region. At present, the coordinated development of higher education in Beijing-Tianjin-Hebei has achieved some results, but this is not sufficient to construct a dynamic higher education system that can serve the economic and social development effectively. From the perspective of

Synergetics Theory, this paper studies the basic theory and scientific framework of the coordinated development of higher education in Beijing-Tianjin-Hebei, makes an in-depth analysis of the current situation of the coordinated development of higher education in Beijing-Tianjin-Hebei, and studies the successful cases of the coordinated development of regional higher education home and abroad. Meanwhile, this paper puts forward some countermeasures and suggestions on the problems existing in the coordinated development of higher education in Beijing-Tianjin-Hebei.

Keywords: Synergetics; Beijing-Tianjin-Hebei; Higher Education; Coordinated Development

Abstract: The Outline Development Plan for Guangdong-Hong Kong-Macao Greater Bay Area, published by the Communist Party of China Central Committee and State Council in February 2019, has proposed some strategic goals including building a Greater Bay Area and a world-class city cluster as well as developing the International Innovation and Technology Hub. The implementation of these goals are closely related to the construction of education and talent highland, the promotion of higher education cooperation among Guangdong, Hong Kong and Macao, as well as the enhancement of the core competitiveness and overall level of higher education. Based on the analysis of the overall educational resources and the present situation of higher education cooperation, as well as the social needs and the existing institutional environment of Guangdong, Hong Kong and Macao, this article proposes the following policy recommendations: improving relevant laws and regulations, signing cooperation agreements among Guangdong, Hong Kong and Macau, establishing an integrated mechanism of organization and coordination as well as making relative plans and providing some effective solutions. Recommendations also include complementing each other's disciplines, innovating talent developing mode, promoting scientific research innovation and construction of think tanks, attracting and gathering high-level talents and deepening the educational cooperation, as well as building the spirit of how to make the Bay Area better in a new area and more funding support in order to deepen cooperation in higher education in the Greater Bay Area.

Keywords: Guangdong-Hong Kong-Macao Greater Bay Area; Higher Education; Cooperation

B. 8 Promoting the Development of Guangdong Higher Education in the New Era with Structural Optimization

Dong Xiaolin / 175

Abstract: Guangdong higher education has made great progress since the reform and opening up policy was implemented, and has become one of the largest provinces in the scale of higher education in China. Guangdong must seize a series of important historical opportunities in the new era, accelerate the structural optimization of the supply side of higher education from multiple perspectives, in order to create a new high ground for educational development in the construction of Guangdong-Hong Kong-Macao Greater Bay Area. In the new stage of development from the popularization of higher education to the universal higher education, the historical transformation from a large province of higher education to a strong province of higher education will be realized.

Keywords: Guangdong Higher Education; New era; Higher Education Structure; Making Innovations

Abstract: After entering the New Era, the development of Guangdong Province demands more intelligence support from the university think tanks. However, the reform of university think tanks in Guangdong still faces numerous difficulties. Our research confirms that university think tanks in Guangdong have contributed to industrial upgrade, building open economy, construction of the Greater Bay Area, and the stability of social security network. However, we also find that the quantity of high-standard university think tanks is limited, the quality of their research is compromised, the existence of institutional obstacles is prevalent, and the channels of exerting social influence are unsatisfying. Therefore we propose some policy recommendations. First, we should promote institutional reform, including reforms of reviewing, employing and financing mechanism. Second, we should optimize research products, including strengthening cooperation with other think tanks, insisting on data-driven analysis, and joining market competition. Third, we should upgrade the channel of social communications, including promoting marketing activities, sharing the research result with the society in innovative ways, and maintaining proper right of speech in international research.

Keywords: New Type of Think Tank with Chinese Characteristics; University Think Tank; Guangdong

Ⅳ Special Reports

Abstract: By using CiteSpace, this paper visualized relevant research literature of the internationalization of China's higher education from CNKI since 1949. Through the research, it is found that studies on this field possessed six characteristics: for researchers, there were many researchers in this field with outstanding contributions; for institutions, many institutions have had researches on the internationalization of higher education, among which, education institutions were the majority, universities were the main places; for research contents, there were many hot topics like higher education, talent cultivation, international students, economic systems and internationalization and etc. ; for cooperation, both researchers and institutions were lack of cooperation; for development models, the internationalization of China's higher education has evolved from one-way learning model to dual reciprocity and balanced mobility mechanism; for hot spots development trend, the internationalization of higher education has gone through five different development stages. Based on the above analysis, it is suggested that the development of the internationalization of China's higher education in the new era should pay more attention to the deeper cooperation between institutions and researchers, focus on connotative development, quality promotion, and higher and sustainable development. By doing so, it can make contributions to strengthening China's higher education, servicing China's modernization construction, enhancing China's international influence, and realizing the all-round development of people, the rejuvenation of the Chinese nation and human progress.

Keywords: Higher Education; Internationalization; New China; 70 years

Abstract: The quality of undergraduate teaching is the lifeline of universities. Through the analysis of the questionnaires from 3, 037 teachers and

29, 898 students in 59 undergraduate colleges (including 11 independent colleges), this paper examines the current status and key constraints of teaching quality in different types of undergraduate colleges. Then the author puts forward some suggestions to further improve the teaching quality of undergraduate colleges. We should construct a talent cultivation mechanism which centers on "learning" and establish an evaluation system of teaching quality which emphasizes value-added learning and outcome-orientedness. We should develop teaching support system focusing on teaching and practical abilities improvement. Meanwhile we should effectively improve teachers' welfare and teacher evaluation system, optimize curriculum setting and structure, value and enhance the practicality of teaching content, and reasonably increase the difficulty of the curriculums; set the morality and cultivating people as the center, focus on improving the innovation and practical ability of college students, and timely adjust the talent training structure and mode.

Keywords: Ordinary Undergraduate Colleges; Teaching Quality; Teaching Evaluation

Abstract: By conducting an analysis of the concept of university with industry characteristics, and with reference to the selection criteria of the first round of national "double first-class" Universities, this paper aims to develop a performance evaluation index system of "double first-class" construction of industry characteristic universities, which is guided by two dimensions of discipline influence and discipline contribution. Based on the evaluation system, this paper analyzes the performance of the construction of dominant disciplines of 12 Universities of Cooperation Consortium of Beijing High Technology. The evaluation results are obtained, and the countermeasures and suggestions for the construction of industry characteristic universities in China in the new period are put forward.

Keywords: Industry Characteristic Universities; Double-first-class Construction; Performance Evaluation

Abstract: This paper selects 34 countries divided into four segments along the 21st-Century Maritime Silk Road as the research object, to analyze the development status of the Confucius Institute in the four segments and its influence on the enrollment of overseas students in China. It shows that firstly the development of Confucius institutes is very spectacular, the number of Confucius Institutes (classrooms) established by the Southeast Asian section is the largest, followed by the African segment. Secondly, the enrollment of overseas students to China has the characteristics of fast growth, large market potential, uneven distribution of each segment and large differences among countries. Thirdly, international reputation, teaching activities and cultural strength of Confucius Institutes affect the enrollment of overseas students in China. Based on the result the paper proposes that Confucius Institutes need to seize the policy advantages of the Belt and Road Initiative, develop the potential of students from countries along the 21st-Century Maritime Silk Road, and give full play to their role in promoting overseas students to study in China.

Keywords: Confucius Institute; Overseas students to China; Enrollment

B. 14 The Great Country Citizenry and Citizenship Education in A New Era

Zhu Hailong / 308

Abstract: In the 21st century, new citizenship education has entered a fast track. In this new era of constructing a socialist country with Chinese characteristics, we need to build up a citizenry with strong sense of recognition, responsibility and mission, worshipping morality and abiding by law. Compared with general concept of citizenry, the great country citizenry has obvious identification and social value in six layers from the temperament, faith, spirit, culture, morality to savoir-faire. 'Spiritual fate decides educational contents.' To foster the great country citizenry is never an easy task, so we should design prospective strategy and available educational methods based on educational principles. I We should cultivate great country citizenry through basing on the interaction between central government and local governments, with careful planning and design, precise training, and stage-by-stage implementation and integrating teaching fields, online and offline communication, and "one out of one" mutual aid.

Keywords: New era; Great country; Civilian; Education

S 基本子库
UB DATABASE

中国社会发展数据库（下设 12 个子库）

全面整合国内外中国社会发展研究成果，汇聚独家统计数据、深度分析报告，涉及社会、人口、政治、教育、法律等 12 个领域，为了解中国社会发展动态、跟踪社会核心热点、分析社会发展趋势提供一站式资源搜索和数据分析与挖掘服务。

中国经济发展数据库（下设 12 个子库）

基于"皮书系列"中涉及中国经济发展的研究资料构建，内容涵盖宏观经济、农业经济、工业经济、产业经济等 12 个重点经济领域，为实时掌控经济运行态势、把握经济发展规律、洞察经济形势、进行经济决策提供参考和依据。

中国行业发展数据库（下设 17 个子库）

以中国国民经济行业分类为依据，覆盖金融业、旅游、医疗卫生、交通运输、能源矿产等 100 多个行业，跟踪分析国民经济相关行业市场运行状况和政策导向，汇集行业发展前沿资讯，为投资、从业及各种经济决策提供理论基础和实践指导。

中国区域发展数据库（下设 6 个子库）

对中国特定区域内的经济、社会、文化等领域现状与发展情况进行深度分析和预测，研究层级至县及县以下行政区，涉及地区、区域经济体、城市、农村等不同维度。为地方经济社会宏观态势研究、发展经验研究、案例分析提供数据服务。

中国文化传媒数据库（下设 18 个子库）

汇聚文化传媒领域专家观点、热点资讯，梳理国内外中国文化发展相关学术研究成果、一手统计数据，涵盖文化产业、新闻传播、电影娱乐、文学艺术、群众文化等 18 个重点研究领域。为文化传媒研究提供相关数据、研究报告和综合分析服务。

世界经济与国际关系数据库（下设 6 个子库）

立足"皮书系列"世界经济、国际关系相关学术资源，整合世界经济、国际政治、世界文化与科技、全球性问题、国际组织与国际法、区域研究 6 大领域研究成果，为世界经济与国际关系研究提供全方位数据分析，为决策和形势研判提供参考。

法律声明